浙江省公路工程全过程造价编码标准化指南

浙江省交通工程管理中心　组织编写

人民交通出版社

北京

图书在版编目(CIP)数据

浙江省公路工程全过程造价编码标准化指南 / 浙江省交通工程管理中心组织编写. — 北京：人民交通出版社股份有限公司, 2025.4. — ISBN 978-7-114-20323-7

Ⅰ. U415.13-62

中国国家版本馆 CIP 数据核字第 2025VM8265 号

Zhejiang Sheng Gonglu Gongcheng Quanguocheng Zaojia Bianma Biaozhunhua Zhinan

书　　名	浙江省公路工程全过程造价编码标准化指南
著 作 者	浙江省交通工程管理中心
责任编辑	黎小东　朱伟康
责任校对	龙　雪
责任印制	张　凯
出版发行	人民交通出版社
地　　址	(100011)北京市朝阳区安定门外外馆斜街 3 号
网　　址	http://www.ccpcl.com.cn
销售电话	(010)85285857
总 经 销	人民交通出版社发行部
经　　销	各地新华书店
印　　刷	北京市密东印刷有限公司
开　　本	880×1230　1/16
印　　张	22.5
字　　数	670 千
版　　次	2025 年 4 月　第 1 版
印　　次	2025 年 4 月　第 1 次印刷
书　　号	ISBN 978-7-114-20323-7
定　　价	160.00 元

(有印刷、装订质量问题的图书，由本社负责调换)

《浙江省公路工程全过程造价编码标准化指南》

编写委员会

主编单位：浙江省交通工程管理中心

参编单位：浙江远大工程咨询有限公司

　　　　　珠海纵横创新软件有限公司

主　　编：涂荣辉

副 主 编：封　露　陈　帅　秦英庆

编写人员：徐慧霞　陈振宇　何　翔　黄　俊　王东妹

　　　　　孟林涛　王　鸢　章　涛　陈叶根　俞跃海

　　　　　郑苗东　苗　成　谭玉堂　卢　顺　林元钊

　　　　　孙　尧　许仙萍　李盖盖

前 言

为深入贯彻落实《交通强国建设纲要》《国家综合立体交通网规划纲要》精神，推动交通基础设施建设高质量发展，构建现代化工程管理体系。浙江交通结合数字化转型，打造全过程阳光造价管理体系，统筹组织编制《浙江省公路工程全过程造价编码标准化指南》。指南以"标准化筑基、数字化赋能、阳光化提质"为主线，在构建"全链条贯通、全要素协同、全周期可控"的公路工程造价管理体系上迈出关键一步，为实现全过程阳光造价管理奠定了基础。

本指南旨在定义估算、概算、预算、结算、决算标准化要素费用项目编码和清单子目编码，实现要素费用编码与工程量清单子目编码的有效挂接，贯通估概预结决标准化编码体系，实现全过程造价管理。

本指南的管理权归属、日常解释和管理工作由浙江省交通工程管理中心负责。为了提高本指南质量，请各单位在执行中注意总结经验，将发现的问题和意见及时反馈到浙江省交通工程管理中心(地址：浙江省杭州市拱墅区湖墅南路186-1号美达丽阳国际大厦15F，邮政编码：310000)，以便修订时研用。

浙江省交通工程管理中心

2025 年 3 月

目 录

1 一般规定 ··· 1

2 要素费用项目 ·· 2

3 分项清单编码格式文件编制示例 ··· 3

附表 ·· 7

   附表1 浙江省公路工程全过程造价标准化编码 ······································ 9

   附表2 浙江省公路工程全过程造价标准化编码分表 ······························· 69

   附表3 分项清单编码格式文件衔接示例 ··· 123

1 一般规定

1.1 浙江省公路工程全过程造价标准化编码(以下简称"标准编码")遵循现行《公路工程建设项目造价文件管理导则》(JTG 3810)的规则,按照《公路工程建设项目投资估算编制办法》(JTG 3820)、《公路工程建设项目概算预算编制办法》(JTG 3830)、《交通建设工程工程量清单计价规范 第1部分:公路工程》(DB 33/T 628.1),以及《公路工程建设项目工程决算编制办法》(交公路发〔2004〕507号)等的规定,结合《浙江省公路工程全过程阳光造价管理工作指引(试行)》(浙交〔2025〕5号)(以下简称"指引")的要求进行编制。

1.2 标准编码适用于我省公路建设项目投资估算、设计概算、施工图预算、工程量清单预算、合同工程量清单、计量支付、造价管理台账、工程变更费用、工程结算、竣工决算等各阶段造价文件的编制。

1.3 编制各阶段造价文件时,采用的造价费用项目应符合标准编码中要素费用项目编码的设置规定,并通过标准要素费用项目编码来联通实现前后阶段的造价对比,进行全过程造价管理。

1.4 编制投资估算文件时,应按标准编码中估算文件要素费用项目编码要求进行编制,缺项编码可参照概预算项目编码进行调用。

1.5 编制设计概算文件时,应按标准编码中概算文件要素费用项目编码要求进行编制,并结合本项目投资估算文件中要素费用项目编码进行编制。

1.6 编制施工图预算、结算、决算文件时,应按标准编码中要素费用项目编码要求进行编制,并结合本项目设计概算文件要素费用项目编码进行编制。

1.7 编制前期阶段造价文件要素费用项目编码应保持"编码继承"关系。例如,编制施工图预算文件时,应延用设计概算要素费用项目编码(如有),并在设计概算要素费用项目编码基础上进行细化和补充(即设计概算同施工图预算要素费用编码保持一致,设计概算文件中已有编码但施工图预算文件中已删除的内容,在施工图预算中不再列项要素费用项目编码;设计概算文件中无但施工图预算文件中增加的内容需新增要素费用项目编码)。

1.8 实施阶段、竣(交)工阶段造价文件均应包含对应内容的分项清单编码格式文件(概预算形式工程变更费用除外)。

1.9 分项清单编码格式文件按现行《公路工程建设项目造价文件管理导则》(JTG 3810)要求,将要素费用项目编码与工程量清单子目编码相匹配并进行挂接,形成分项清单标准化编码,打通前期阶段和实施阶段、竣(交)工阶段造价数据,形成全过程造价动态对比。

1.10 分项清单编码格式文件中,要素费用项目编码原则上应采用施工图预算要素费用项目编码,若建设项目采用概算招标(非传统模式项目),也可采用设计概算要素费用项目编码。分项清单编码格式文件中,工程量清单子目直接采用现行《交通建设工程工程量清单计价规范 第1部分:公路工程》(DB 33/T 628.1)中编码进行编制。附件中,分项清单编码格式文件衔接表为参考用表,实际项目编制时应结合概预算造价文件组成内容及工程量清单计量支付规则进行匹配挂接,填入工程数量。分项清单编码格式文件衔接表中对个别缺项子目进行补充,编制时可自行调整。

1.11 分项清单编码格式文件应按指引要求在工程量清单预算阶段进行编制,鼓励在施工图预算阶段同步编制(即先编制分项清单编码格式文件,并直接调用计价依据同步编制施工图预算、工程量清单预算)。其他实施阶段、竣(交)工阶段造价文件在工程量清单预算阶段分项清单编码格式文件基础上进行编制。

1.12 分项清单编码格式文件的编制是实现全过程造价对比的重要环节,建设单位应按指引要求严格执行,统筹考虑分项清单编码格式文件编制费用。

2 要素费用项目

2.1 要素费用项目编码对现行《公路工程建设项目投资估算编制办法》(JTG 3820)、《公路工程建设项目概算预算编制办法》(JTG 3830)中的编码进行了修订,表中所列每一条要素费用项目编码、名称、单位、备注内容均应一一对应,不得更改。

2.2 要素费用项目编码包含主表和分表,主表编码为数字编码,分表编码为大写英文字母+数字编码(例如,LJ0101 清理与掘除,即代表路基工程中清理与掘除)。主表与分表应搭配使用,原理同现行《公路工程建设项目投资估算编制办法》(JTG 3820)、《公路工程建设项目概算预算编制办法》(JTG 3830)。

2.3 要素费用项目编码采用阿拉伯数字分级组合,新增同级要素费用项目编码按递进原则编制(不占用标准编码中已有编码,例如,原同级编码为 10101,需在此编码后新增同级编码则为 10102);递进编码应遵守原有编码的步距规则编制(例如,原 LJ05011105 为直径 800mm 混凝土管桩,且 LJ050111 混凝土管桩步距为 100mm 递进,若新增直径 1000mm 混凝土管桩,编码应递进 2 个步距为 LJ05011107);新增子项要素费用项目编码时,按原有父项编码后加两位编码原则编制(例如,原父项编码为 10101,需在此父项编码下新增子项编码则为 1010101)。

2.4 为了保证要素费用项目编码的"唯一性",标准编码在"106 节 交叉工程"和"109 节 其他工程"中采用了多级编码原则进行编制,多级编码中以符号"-"进行衔接。例如,"1090101-10601-102"代表"1090101 其他工程中联络线支线工程中的 10601 互通工程平面交叉中的 102 路基工程"。

2.5 桥梁以中心桩号或结构物名称+跨径及梁型进行要素费用项目命名,例如,K9+656 大桥(6-30m T 梁)或柳山桥(6-30m T 梁),其中梁型参照 QL03 分表上部结构梁型进行编制;隧道以中心桩号或结构物名称进行要素费用项目命名,例如,K9+652 中隧道或柳山隧道。

2.6 各阶段构成公路基本造价的要素费用项目的"部""项"层级主要包括下列内容:

1. 第一部分 建筑安装工程费

    101 临时工程
    102 路基工程
    103 路面工程
    104 桥梁涵洞工程
    105 隧道工程
    106 交叉工程
    107 交通工程及沿线设施
    108 绿化及环境保护工程
    109 其他工程
    110 专项费用

2. 第二部分 土地使用及拆迁补偿费

    201 土地使用费
    202 拆迁补偿费
    203 其他补偿费

3. 第三部分 工程建设其他费

    301 建设项目管理费

302　研究试验费
303　建设项目前期工作费
304　专项评价(估)费
305　联合试运转费
306　生产准备费
307　工程保通管理费
308　工程保险费
309　其他相关费用

4. 第四部分　预备费

401　基本预备费
402　价差预备费

5. 第五部分　建设期贷款利息

3　分项清单编码格式文件编制示例

3.1　分项清单编码格式文件编制是将要素费用项目编码对应分部分项内容所包含的工程量清单子目进行衔接,工程量清单预算阶段分项清单编码格式文件编制示例见表3.1。

分项清单编码格式文件编制示例——工程量清单预算编制阶段　　表3.1

要素费用项目编码[①]	工程量清单子目编码[②]	工程或费用名称(或清单子目名称)	单位	数量[③]	单价	合价
104		桥梁涵洞工程	km	0.18		
10404		大桥工程	m/座	180/1		
1040401		K9+652 柳山桥(6-30m T梁)	m²/m	1620/180		
QL01		基础工程	m³/m²	1454/1620		
QL0101		桩基础	m³/m²	1131/1620		
QL010104		桩径1.2m	m³/m	1131/1000		
	403-1	基础钢筋				
	403-1-1	光圆钢筋	kg	9048		
	403-1-2	带肋钢筋	kg	81432		
	405-3	钻孔灌注桩(不区分水中、陆上桩)				
	405-3-4	桩径1.2m	m	1000		
	405-4	声测管	kg	11550		
QL0102		承台	m³/m²	323/1620		
	403-1	基础钢筋				
	403-1-2	带肋钢筋	kg	20995		
	403-1-3	冷轧带肋钢筋焊接网	kg	4845		
	410-1	混凝土基础				
	410-1-4	C30混凝土	m³	323		

注:①要素费用项目编码延用概预算编码。
　　②工程量清单子目编码按工程量清单预算子目编码。
　　③要素费用项目对应数量按概预算设计文件提供的设计数量填入,工程量清单对应数量按工程量清单计量规则计算出的工程量填入。

3.2 合同工程量清单分项清单编码格式文件是将中标单价填入工程量清单预算阶段分项清单编码格式文件后自动形成。

3.3 0#清单、计量支付、工程变更费用、造价管理台账、工程结算、竣工决算等造价文件应在合同工程量清单中分项清单编码格式文件的基础上进行细化(按项目管理要求细化程度)。实施阶段、竣(交)工阶段分项清单编码格式文件编制时有两种方式。方式一:采用分部分项工程对应工程量清单形式进行衔接;方式二:采用工程量清单对应分部分项工程形式进行衔接。可根据项目管理需要采用其中任一方式,具体示例见表3.3-1和表3.3-2。

分项清单编码格式文件编制示例——实施阶段、竣(交)工阶段格式(方式一) 表3.3-1

要素费用项目编码[①]	工程量清单子目编码	工程或费用名称(或清单子目名称)	单位	数量[②]	单价	合价
104		桥梁涵洞工程	km	0.18		
10404		大桥工程	m/座	180/1		
1040401		K9+652柳山桥(6-30m T梁)	m²/m	1620/180		
QL01		基础工程	m³/m²	1454/1620		
QL0101		桩基础	m³/m²	1131/1620		
QL010104		桩径1.2m	m³/m	1131/1000		
QL010104-1		0-1号桩(示例:0号台1号桩)				
	403-1	基础钢筋				
	403-1-1	光圆钢筋	kg	452.4		
	403-1-2	带肋钢筋	kg	4071.6		
	405-3	钻孔灌注桩(不区分水中、陆上桩)				
	405-3-4	桩径1.2m	m	50		
	405-4	声测管	kg	577.5		
QL010104-2		0-2号桩				
	403-1	基础钢筋				
	403-1-1	光圆钢筋	kg	542.3		
	403-1-2	带肋钢筋	kg	4885.9		
	405-3	钻孔灌注桩(不区分水中、陆上桩)				
	405-3-4	桩径1.2m	m	60		
	405-4	声测管	kg	693		
		……(按桩基编制方式以此类推)				
QL0102		承台	m³/m²	323/1620		
QL0102-1		1号承台(示例:1号墩承台)				
	403-1	基础钢筋				
	403-1-2	带肋钢筋	kg	4199		
	403-1-3	冷轧带肋钢筋焊接网	kg	969		
	410-1	混凝土基础				
	410-1-4	C30混凝土	m³	64.6		
QL0102-2		2号承台				
		……(按承台编制方式以此类推)				

注:①要素费用项目编码延用合同工程量清单中分项工程编码格式文件要素费用项目编码,按项目管理要求在此基础上细化编码。
②要素费用项目对应数量延用上一阶段数量,工程量清单对应数量按细化后的分部分项工程计算出的工程量填入。

分项清单编码格式文件编制示例——实施阶段、竣(交)工阶段格式(方式二) 表3.3-2

要素费用项目编码①	工程量清单子目编码	工程或费用名称（或清单子目名称）	单位	数量②	单价	合价
104		桥梁涵洞工程	km	0.18		
10404		大桥工程	m/座	180/1		
1040401		K9+652 柳山桥(6-30m T梁)	m²/m	1620/180		
QL01		基础工程	m³/m²	1454/1620		
QL0101		桩基础	m³/m²	1131/1620		
QL010104		桩径1.2m	m³/m	1131/1000		
	403-1	基础钢筋				
	403-1-1	光圆钢筋	kg	9048		
		0-1号桩(示例:0号台1号桩)	kg	452.4		
		0-2号桩(示例:0号台2号桩)	kg	542.3		
		……（以此类推）				
	403-1-2	带肋钢筋	kg	81432		
		0-1号桩(示例:0号台1号桩)	kg	4071.6		
		0-2号桩(示例:0号台2号桩)	kg	4885.9		
		……				
	405-3	钻孔灌注桩(不区分水中、陆上桩)				
	405-3-4	桩径1.2m	m	1000		
		0-1号桩(示例:0号台1号桩)	m	50		
		0-2号桩(示例:0号台2号桩)	m	60		
		……				
	405-4	声测管	kg	11550		
		0-1号桩(示例:0号台1号桩)	kg	577.5		
		0-2号桩(示例:0号台2号桩)	kg	693		
		……				
QL0102		承台	m³/m²	323/1620		
	403-1	基础钢筋				
	403-1-2	带肋钢筋	kg	20995		
		1号承台(示例:1号墩承台)	kg	4199		
		2号承台	kg			
		……				
	403-1-3	冷轧带肋钢筋焊接网	kg	4845		
		1号承台(示例:1号墩承台)	kg	969		
		2号承台	kg			
		……				
	410-1	混凝土基础				

续上表

要素费用项目编码[①]	工程量清单子目编码	工程或费用名称(或清单子目名称)	单位	数量[②]	单价	合价
	410-1-4	C30 混凝土	m³	323		
		1号承台(示例:1号墩承台)	m³	64.6		
		2号承台	m³			
		……(按承台编制方式以此类推)				

注:①要素费用项目编码延用合同工程量清单中分项工程编码格式文件要素费用项目编码,按项目管理要求在此基础上细化编码。
②要素费用项目对应数量延用上一阶段数量,工程量清单对应数量按细化后的分部分项工程计算出的工程量填入。

附表

附表1 浙江省公路工程全过程造价标准化编码

要素费用项目编码	工程或费用名称（或清单子目名称）	单位	估算	概算	施工图预算	结算	决算	主要工程内容	备注
1	**第一部分 建筑安装工程费**	公路公里	√	√	√	√	√	包含路基、路面、桥梁、隧道、交叉等分部分项工程费用和专项工程费用	指建设项目路线总长度（主线长度）
101	临时工程	公路公里	√	√	√	√	√	临时工程包括临时道路（涵）、便桥工程、临时码头、保通便道、其他临时工程等	指建设项目路线总长度（主线长度）
10101	临时道路	km	√	√	√	√	√		指新建便道、利用原有道路、便桥的总长
1010101	临时便道（修建、拆除与维护）	km	√	√	√				指新建便道、便桥、便涵。本项含便涵
1010102	原有道路的维护与恢复	km	√	√	√				指利用原有道路长度
1010103	保通便道	km	√	√	√				指保通便道长度
101010301	保通便道（修建、拆除与维护）	km	√	√	√				修建、拆除与维护
101010302	保通临时安全设施	km	√	√	√				临时安全设施修建、拆除与维护
10102	临时便桥	m²/座	√	√	√	√	√		指临时便桥的长度及座数
10103	临时码头	座	√	√	√	√	√		可按不同的形式分列子项
10104	大型临时工程和设施		√	√	√	√	√		指有专项设计的大型临时工程

续上表

要素费用项目编码	工程或费用名称（或清单子目名称）	单位	估算	概算	施工图预算	结算	决算	主要工程内容	备注
1010401	临时栈桥修建、养护与拆除	m²/座	√	√	√				指临时栈桥的长度及座数
1010402	临时码头修建、养护与拆除	座	√	√	√				可按不同形式分列子项
10105	交通组织维护费	km	√	√	√	√	√	包含交通组织设施费、全封闭围挡等内容	指交通组织维护长度
10106	其他临时工程	公路公里	√	√	√	√	√		拌和设施安拆、其他临时零星工程等
1010601	临时供电设施架设、维护与拆除	总额	√	√	√				包含临时电力线路（不包括场外高压供电线路）
1010602	拌和设施安拆	座	√	√	√				
1010603	其他临时零星工程	总额	√	√	√				
……									
102	路基工程	km	√	√	√	√	√	下挂LJ路基分表。包括路基土石方工程、特殊路基处理、排水工程及路基防护工程等	指扣除主线桥梁、隧道和互通立交桥梁或隧道接长度；独立桥梁或引道为引道接线长度
103	路面工程	km	√	√	√	√	√	下挂LM路面分表。包括面层、基层、底基层、垫层、透层、封层及路面排水等工程	指扣除主线桥梁、隧道和互通立交桥梁或隧道接长度；独立桥梁或引道为引道接线长度
104	桥梁涵洞工程	km	√	√	√	√	√	包括桥梁工程和涵洞工程等	指桥梁长度（不含互通内含互通范围非主线线上跨桥）

续上表

要素费用编码项目编码	工程或费用名称（或清单子目名称）	单位	估算	概算	施工图预算	结算	决算	主要工程内容	备注
10401	涵洞工程	m/道	√	√	√	√	√	下挂HD涵洞分表。包括盖板涵、管涵、拱涵、箱涵等	指涵洞长度和道数
10402	小桥工程	m/座	√	√	√	√	√		指桥长和座数。可按桥梁桩号逐座计列
1040201	Kx+××× 小桥（示例：1-13m矮T梁）	m²/m		√	√	√		下挂QL桥梁分表	桥梁面积和桥梁长度。按桥梁桩号逐座计列
1040202	Kx+××× 小桥（示例：1-13m空心板）	m²/m		√	√	√		下挂QL桥梁分表	
……									
10403	中桥工程	m/座	√	√	√	√	√		指桥长和座数。按桥梁桩号逐座计列
1040301	Kx+××× 桥（跨径、桥型）(示例:2-30m T梁)	m²/m		√	√	√		下挂QL桥梁分表项	桥梁面积和桥梁长度
1040302	Kx+××× 桥（跨径、桥型）(示例:2-20m T梁)	m²/m		√	√	√		下挂QL桥梁分表项	桥梁面积和桥梁长度
……									
10404	大桥工程	m/座	√	√	√	√	√		指桥长和座数
1040401	Kx+××× 桥（跨径、桥型）(示例:6-30m T梁)	m²/m	√	√	√	√	√	下挂QL桥梁分表项	指桥梁面积和桥梁长度
1040402	Kx+×××（示例:5-40m 现浇连续箱梁）	m²/m	√	√	√	√	√		指桥梁面积和桥梁长度

续上表

要素费用项目编码	工程或费用名称（或清单子目名称）	单位	估算	概算	施工图预算	结算	决算	主要工程内容	备注
	……								
10405	特大桥工程	m/座	√	√	√	√	√		指桥梁长度和座数
1040501	××特大桥工程（跨径、桥型）	m²/m	√	√	√	√	√		指桥梁面积和桥梁长度
104050101	引桥工程（跨径、桥型）	m²/m	√	√	√	√	√	下挂QL桥梁分表列项	
104050102	主桥工程（跨径、桥型）	m²/m	√	√	√	√	√	下挂QL桥梁分表列项	
1040502	××特大桥工程（跨径、桥型）	m²/m	√	√	√	√	√		指桥梁面积和桥梁长度
	……								
10406	桥面铺装	m²/m	√	√	√	√	√	下挂QL桥梁沥青路面和钢桥面铺装汇总在此分项	
105	隧道工程	km/座	√	√	√	√	√	包含隧道土建工程（不含隧道内机电交安工程）	隧道长度/座数（分离式隧道长度按单侧隧道长度之和/2计）
10501	连拱隧道	km/座	√	√	√	√	√	包含洞门及洞身、隧道防排水,路面、装饰及辅助坑道等工程	
1050101	K×+××× 某某隧道	m/m²	√	√	√	√	√	下挂SD隧道分表	指洞长,面积指隧道建筑限界平面投影面积。面积按隧道建筑限界净宽乘以隧道洞长

附表1 浙江省公路工程全过程造价标准化编码

续上表

要素费用项目编码	工程或费用名称（或清单子目名称）	单位	估算	概算	施工图预算	结算	决算	主要工程内容	备注
	……								
10502	小净距隧道	km/座		√	√	√	√	按SD隧道分表列项	同连拱隧道分列子项
1050201	K×+××× 某某隧道	m/m²	√	√	√	√	√		
10503	分离式隧道	km/座	√	√	√	√	√	按SD隧道分表列项	指双洞平均长度。同连拱隧道分列子项
1050301	K×+××× 某某隧道	m/m²	√	√	√	√	√		
10504	下沉式隧道	km/座	√	√	√	√	√	按SD隧道分表列项	指洞长
1050401	K×+××× 某某隧道	m/m²	√	√	√	√			指洞长、面积指隧道建筑限界平面投影面积。分列子项参照连拱或小净距隧道
105040101	敞开段	m/m²	√	√	√	√			指敞开段长度和面积，面积按隧道建筑界净宽乘以敞开段长度
10504010101	洞身工程	m/m²		√	√	√			
1050401010101	基坑开挖、回填及支护	m³		√	√	√			
1050401010102	主体结构工程	m³		√	√	√			
105040102	洞内路面、排水工程	m/m²		√	√	√			
105040103	辅助坑道及其他	m/m²		√	√	√			可按围护结构类型分列子项
105040102	暗埋段	m/m²	√	√	√	√			指暗埋段长度和面积，面积按隧道建筑界净宽乘以暗埋段长度。同敞开段分列子项

13

续上表

要素费用项目编码	工程或费用名称（或清单子目名称）	单位	估算	概算	施工图预算	结算	决算	主要工程内容	备注
10504010201	洞身工程	m/m²		√	√	√			
10504010201 01	基坑开挖、回填及支护	m³		√	√	√			
10504010201 02	主体结构工程	m³		√	√	√			
10504010202	洞内路面、排水工程	m/m²		√	√	√			
10504010203	辅助坑道及其他	m/m²		√	√	√			
10505	沉管隧道	km/座	√	√	√	√	√		指洞长和数量
1050501	K××××× 某某隧道	m/m²	√	√	√	√	√		指洞长、面积指隧道建筑限界平面投影面积
105050101	敞开段	m/m²	√	√	√	√	√		指敞开段长度和面积，面积按隧道建筑限界净宽乘以敞开段长度
105050101 01	洞身工程	m/m²		√	√	√			
105050101 01 01	基坑开挖、回填及支护	m³		√	√	√			
105050101 01 02	主体结构工程	m³		√	√	√			
105050101 02	洞内路面、排水、装饰工程	m/m²		√	√	√			
105050101 03	辅助坑道及其他	m/m²		√	√	√			
105050102	暗埋段	m/m²		√	√	√	√		指暗埋段长度和面积，面积按隧道建筑限界净宽乘以暗埋段长度。同敞开段分列子项
105050102 01	洞身工程	m/m²		√	√	√			
105050102 01 01	基坑开挖、回填及支护	m³		√	√	√			

附表1 浙江省公路工程全过程造价标准化编码

续上表

要素费用项目编码	工程或费用名称（或清单子目名称）	单位	估算	概算	施工图预算	结算	决算	主要工程内容	备注
105050102010102	主体结构工程	m³		√	√	√			
10505010202	洞内路面、排水工程	m/m²		√	√	√			
10505010203	辅助坑道及其他	m/m²		√	√	√			
105050103	沉管段	m/m²	√	√	√	√	√		指沉管长度和面积
10505010301	沉管基础	m³		√	√	√			
1050501030101	基槽开挖	m³		√	√	√			
1050501030102	基槽回填防护	m³		√	√	√			
1050501030103	地基处理	m³		√	√	√			
10505010302	沉管段管段结构	m		√	√	√			
1050501030201	主体结构	m		√	√	√			
1050501030202	接头结构	节		√	√	√			
1050501030203	防火处理	m		√	√	√			
1050501030204	管节浮运安装	节		√	√	√			
10505010303	洞内路面、排水、装饰工程	m/m²		√	√	√			
10506	盾构隧道	km/座	√	√	√	√	√		指洞长和数量
1050601	K×+×××某某隧道	m/m²	√	√	√	√	√		指洞长，面积指隧道建筑界净宽平面投影面积
105060101	敞口段	m/m²	√	√	√	√	√		指敞口段的长度和面积。如有多个敞口段，则按个数分列子项
10506010101	洞身工程	m/m²		√	√	√			
1050601010101	基坑开挖、回填及支护	m³		√	√	√			

续上表

要素费用编码	工程或费用名称（或清单子目名称）	单位	估算	概算	施工图预算	结算	决算	主要工程内容	备注
10506010101102	主体结构工程	m³		√	√	√			
10506010101103	洞内路面、排水、装饰工程	m/m²		√	√	√			
10506010102	辅助坑道及其他	m/m²		√	√	√			
10506010102	暗埋段	m/m²	√	√	√	√	√		指暗埋段的长度和面积。同敞口段分列子项
10506010201	洞身工程	m/m²		√	√	√			
10506010201101	基坑开挖、回填及支护	m³		√	√	√			
10506010201102	主体结构工程	m³		√	√	√			
10506010202	洞内路面、排水工程	m/m²		√	√	√			
10506010203	辅助坑道及其他	m/m²		√	√	√			
10506010301	盾构段	m/m²	√	√	√	√	√		指盾构段的长度和面积
10506010301	洞门工程（开挖及支护）	m/m²		√	√	√			
10506010301101	盾构端头加固	m³		√	√	√			
10506010301102	盾构掘进	m/m²		√	√	√			
10506010301103	洞身及洞门装饰	m/m²		√	√	√			
10506010302	洞内路面、排水、装饰工程	m/m²		√	√	√			
10506010303	辅助坑道及其他	m/m²		√	√	√			
10506010301	横洞	m		√	√	√			
10506010304	竖井	m		√	√	√	√	始发井、接收井、后续段、暗挖工作井及附属结构	同敞口段分列子项
10507	其他形式隧道	km/座	√	√	√	√	√		指洞长和数量

附表1 浙江省公路工程全过程造价标准化编码

续上表

要素费用项目编码	工程或费用名称（或清单子目名称）	单位	估算	概算	施工图预算	结算	决算	主要工程内容	备注
1050701	K×+×××　某某隧道	m/m²	√	√	√	√	√		指洞长，面积指隧道建筑限界平面投影面积
10508	隧道沥青路面	m²/m	√	√	√	√	√	下挂SD隧道分表。所有隧道沥青路面均汇总在此分项	
106	交叉工程	处	√	√	√	√	√	包括平面交叉、通道、天桥、渡槽和立体交叉等	指交叉处数
10601	平面交叉	处	√	√	√	√	√	公路与公路在同一平面上的公路交叉。包括路基、路面、涵洞工程等	
10601-102	路基工程	km		√	√	√		下挂LJ路基分表	
10601-103	路面工程	km		√	√	√		下挂LM路面分表	
10602	通道	m/道	√	√	√	√	√	包括基础、墙身、路面等	指通道长度和处数。按结构形式分列子项
1060201	箱式通道	m/道	√	√	√	√		下挂HD涵洞分表	可按通道桩号逐座计列，列明孔数、孔径
1060202	板式通道	m/道	√	√	√	√		下挂HD涵洞分表	可按通道桩号逐座计列，列明孔数、孔径
1060203	拱式通道	m/道	√	√	√	√		下挂HD涵洞分表	可按通道桩号逐座计列，列明孔数、孔径
10603	天桥	m/座	√	√	√	√	√	包括桥台、桥墩基础、下部结构、上部结构、桥面系和附属结构等	按桥梁桩号逐座计列，注明结构类型

续上表

要素费用项目编码	工程或费用名称（或清单子目名称）	单位	估算	概算	施工图预算	结算	决算	主要工程内容	备注
1060301	××天桥（跨径、桥型）（示例：1-13m空心板）	m²/m		√	√	√		下挂QL桥梁分表	指桥梁部分的面积和桥长
10604	渡槽	m/处	√	√	√	√		包括进出口段、槽身、支承结构和基础等	指渡槽长度和处数。可按结构类型分列子项
10605	分离式立体交叉	km/处	√	√	√	√	√	包括被交道路（指被交跨路上跨主线）的路基、路面、桥梁、涵洞、交通工程等。被交路下穿时列入主线桥梁工程	主线下穿时，上跨立交线的才计入分离立交，按交叉名称分列子项
1060501	××路（跨径、桥型）	km	√	√	√	√		下挂LJ路基分表	
1060501-102	路基工程	km		√	√	√		下挂LJ路基分表	
1060501-103	路面工程	km		√	√	√		下挂LM路面分表	
1060501-104	桥梁涵洞工程	km		√	√	√		下挂HD涵洞分表	
1060501-10401	涵洞工程	m/道		√	√	√		下挂HD涵洞分表	
1060501-10402	小桥工程	m/座		√	√	√		下挂QL桥梁分表	
1060501-1040201	K×+×××　小桥（示例）：1-10m实心板	m²/m		√	√	√		下挂QL桥梁分表	
1060501-10403	中桥工程	m/座		√	√	√		下挂QL桥梁分表	
1060501-1040301	××桥（跨径、桥型）（示例）：2-30m T梁	m²/m		√	√	√		下挂QL桥梁分表	
1060501-10404	大桥工程	m/座		√	√	√		下挂QL桥梁分表	
1060501-1040401	××桥（跨径、桥型）（示例）：35m+2×50m+40m现浇连续箱梁	m²/m		√	√	√		下挂QL桥梁分表	

附表1 浙江省公路工程全过程造价标准化编码

续上表

要素费用项目编码	工程或费用名称（或清单子目名称）	单位	估算	概算	施工图预算	结算	决算	主要工程内容	备注
1060501-10405	特大桥工程	m/座		√	√	√			
1060501-1040501	××特大桥工程(跨径,桥型)	m²/m		√	√	√			
1060501-104050101	引桥工程(跨径,桥型)	m²/m		√	√	√		下挂QL桥梁分表	
1060501-104050102	主桥工程(跨径,桥型)	m²/m		√	√	√		下挂QL桥梁分表	
1060501-10406	桥面铺装	m²/m		√	√	√			
10606	互通式立体交叉	km/处	√	√	√	√	√	包括主线、匝道、被交道等	互通主线长度合计,按互通立交名称分列子项
1060601	××互通式立体交叉(类型)	km	√	√	√	√	√	包括单(双)喇叭、菱形、苜蓿叶等形式	注明类型,如单喇叭,单位为互通主线长度
106060101	主线工程	km	√	√	√	√	√	包括路基、路面、桥梁、涵洞、隧道等工程,同主线深度	指互通主线长度
106060101-102	路基工程	km	√	√	√	√	√	下挂LJ路基分表	
106060101-103	路面工程	km	√	√	√	√	√	下挂LM路面分表	
106060101-104	桥梁涵洞工程	km	√	√	√	√	√		
106060101-10401	涵洞工程	m/道		√	√	√	√	下挂HD涵洞分表	
106060101-10402	小桥工程	m/座	√	√	√	√	√		
106060101-1040201	K×+××× 小桥(示例)：1-10m实心板	m²/m		√	√	√	√	下挂QL桥梁分表	
106060101-10403	中桥工程	m/座	√	√	√	√	√		
106060101-1040301	××(跨径,桥型)(示例)：2-30m T梁	m²/m		√	√	√	√	下挂QL桥梁分表	
106060101-10404	大桥工程	m/座	√	√	√	√	√		

续上表

要素费用编码项目编码	工程或费用名称（或清单子目名称）	单位	估算	概算	施工图预算	结算	决算	主要工程内容	备注
106060101-1040401	××桥（跨径、桥型）（示例）：35m＋2×50m＋40m 现浇连续箱梁	m²/m	√	√	√	√	√	下挂 QL 桥梁分表	
106060101-1040405	特大桥工程	m/座	√	√	√	√	√		
106060101-1040501	××特大桥工程（跨径、桥型）	m²/m	√	√	√	√	√	下挂 QL 桥梁分表	
106060101-104050101	引桥工程（跨径、桥型）	m²/m	√	√	√	√	√	下挂 QL 桥梁分表	
106060101-104050102	主桥工程（跨径、桥型）	m²/m	√	√	√	√	√	下挂 QL 桥梁分表	
106060101-10406	桥面铺装	m²/m	√	√	√	√	√		
106060102	匝道工程	km	√	√	√	√	√	包括路基、路面、桥梁、涵洞、隧道等工程	匝道路线长度
106060102-102	路基工程	km	√	√	√	√	√	下挂 LJ 路基分表	
106060102-103	路面工程	km	√	√	√	√	√	下挂 LM 路面分表	
106060102-104	桥梁涵洞工程			√	√	√	√		
106060102-10401	涵洞工程	m/道	√	√	√	√	√	下挂 HD 涵洞分表	
106060102-10402	小桥工程	m/座	√	√	√	√	√		
106060102-1040201	K×＋×××小桥（示例）：1-10m 实心板	m²/m	√	√	√	√	√		
106060102-10403	中桥工程	m/座	√	√	√	√	√	下挂 QL 桥梁分表	
106060102-1040301	××桥（跨径、桥型）（示例）：2-30m T梁	m²/m	√	√	√	√	√	下挂 QL 桥梁分表	
106060102-10404	大桥工程	m/座			√	√	√		

附表1 浙江省公路工程全过程造价标准化编码

续上表

要素费用项目编码	工程或费用名称（或清单子目名称）	单位	估算	概算	施工图预算	结算	决算	主要工程内容	备注
106060102-1040401	××桥（跨径，桥型）（示例：35m+2×50m+40m现浇连续箱梁）	m²/m			√	√	√	下挂QL桥梁分表	
106060102-10405	特大桥工程	m/座			√	√	√		
106060102-1040501	××特大桥工程（跨径，桥型）	m²/m			√	√	√	下挂QL桥梁分表	
106060102-104050101	引桥工程（跨径，桥型）	m²/m			√	√	√	下挂QL桥梁分表	
106060102-104050102	主桥工程（跨径，桥型）	m²/m			√	√	√	下挂QL桥梁分表	
106060102-10406	桥面铺装	m²/m			√	√	√		
10606103	被交道	km	√	√	√	√			下挂路基、路面、涵洞工程项目分表
10606103-102	路基工程	km		√	√	√		下挂LJ路基分表	
10606103-103	路面工程	km		√	√	√		下挂LM路面分表	
10606103-104	桥梁涵洞工程	km		√	√	√			
10606103-10401	涵洞工程	m/道		√	√	√		下挂HD涵洞分表	
1060602	××互通式立体交叉（类型）	km	√	√	√	√	√		注明类型，如单喇叭。单位为互通主线长度
10607	管理、养护、服务匝道及场区工程	km	√	√	√	√	√		匝道合计长度。按管理中心、养护工区、服务区、停车区、收费站等分列子项
1060701	××管理中心匝道及场区	km		√	√	√	√		指进出场区路线长度。包括进出场区范围的匝道工程、场区的土石方工程等

21

续上表

要素费用编码	工程或费用名称（或清单子目名称）	单位	估算	概算	施工图预算	结算	决算	主要工程内容	备注
106070101	匝道工程	km		√	√	√			指面道路线长度
106070101-102	路基工程	km		√	√	√		下挂 LJ 路基分表	
106070101-103	路面工程	km		√	√	√		下挂 LM 路面分表	
106070101-104	桥梁涵洞工程	km		√	√	√			
106070101-10401	涵洞工程	m/道		√	√	√		下挂 HD 涵洞分表	
106070101-10402	小桥工程	m/座		√	√	√			
106070101-1040201	K×+×××小桥（示例：1-10m 实心板）	m²/m		√	√	√		下挂 QL 桥梁分表	
106070101-10403	中桥工程	m/座		√	√	√			
106070101-1040301	××桥（跨径、桥型）（示例：2-30m T梁）	m²/m		√	√	√		下挂 QL 桥梁分表	
106070101-10404	大桥工程	m/座		√	√	√			
106070101-1040401	××桥（跨径、桥型）（示例：35m+2×50m+40m 现浇连续箱梁）	m²/m		√	√	√		下挂 QL 桥梁分表	
106070101-10406	桥面铺装			√	√	√			
106070102	场区工程	m²		√	√	√			指场内容占地面积。主要内容为防水工程，软基处理及排水工程。参照互通匝道
106070102-102	路基工程	km		√	√	√		下挂 LJ 路基分表	
106070102-103	路面工程	km		√	√	√		下挂 LM 路面分表	
106070102-104	桥梁涵洞工程	km		√	√	√			

附表1 浙江省公路工程全过程造价标准化编码

续上表

要素费用项目编码	工程或费用项目名称（或清单子目名称）	单位	估算	概算	施工图预算	结算	决算	主要工程内容	备注
106070102-10401	涵洞工程	m/道					√	下挂 HD 涵洞分表	
1060702	××养护工区匝道及场区	km	√						指匝道路线长度。包括进出场区的匝道工程，场区范围的土石方工程等
106070201	匝道工程	km		√	√	√			
106070201-102	路基工程	km		√	√	√		下挂 LJ 路基分表	
106070201-103	路面工程	km		√	√	√		下挂 LM 路面分表	
106070201-104	桥梁涵洞工程	km		√	√	√			
106070201-10401	涵洞工程	m/道		√	√	√		下挂 HD 涵洞分表	
106070201-10402	小桥工程	m/座		√	√	√			
106070201-1040201	K×+××× 小桥（示例）：1-10m 实心板	m²/m		√	√	√		下挂 QL 桥梁分表	
106070201-10403	中桥工程	m/座		√	√	√			
106070201-1040301	××桥（跨径、桥型）（示例）：2-30m T梁	m²/m		√	√	√		下挂 QL 桥梁分表	
106070201-10404	大桥工程	m/座		√	√	√			
106070201-1040401	××桥（跨径、桥型）（示例）：35m+2×50m+40m 现浇连续箱梁	m²/m		√	√	√		下挂 QL 桥梁分表	
106070201-10406	桥面铺装	m²/m		√	√	√			
106070202	场区工程	m²		√	√	√			指场区占地面积。主要内容为土石方、软基处理及防排水工程。参照互通匝道

23

续上表

要素费用项目编码	工程或费用名称（或清单子目名称）	单位	估算	概算	施工图预算	结算	决算	主要工程内容	备注
10607020202-102	路基工程	km		√	√	√		下挂 LJ 路基分表	
10607020202-103	路面工程	km		√	√	√		下挂 LM 路面分表	
10607020202-104	桥梁涵洞工程	km		√	√	√			
10607020202-10401	涵洞工程	m/道		√	√	√		下挂 HD 涵洞分表	
107	交通工程及沿线设施	公路公里	√	√	√	√	√	包括公路沿线交通安全、管理、服务等设施	指建设项目路线总长度（主线长度）
10701	交通安全设施	公路公里	√	√	√	√	√	下挂 JA 交安分表。包括沿线设置的护栏、标柱、标线等设施的总称	指建设项目路线总长度（主线长度）
10702	收费系统	车道/处	√	√	√	√	√	包括收费设备及安装、收费岛及相应的配电工程	收费车道数/收费站数。包含子收费功能相关的常用设施
1070201	收费中心	处		√	√	√			指收费中心处数（如有）。含设备及配套附件、相关软件采购、安装、调试
1070202	收费站	车道/处		√	√	√			
10702020201	收费岛工程	收费车道			√	√			
10702020202	收费车道	收费车道			√	√			
1070202020201	ETC 车道	车道			√	√			
1070202020202	计重车道	车道			√	√			
1070202020203	混合车道	车道			√	√			
10702020204	收费亭	个			√	√			
10702020203	收费站机房	处			√	√			

续上表

要素费用编码	工程或费用名称（或清单子目名称）	单位	估算	概算	施工图预算	结算	决算	主要工程内容	备注
107020204	匝道收费系统	处			√	√			
1070203	收费系统配电工程	收费车道			√	√			指土建车道数
1070204	ETC门架	处		√	√	√			
107020401	2+1ETC门架	处		√	√	√			
107020402	3+1ETC门架	处			√	√			
107020403	4+1ETC门架	处			√	√			
10703	监控系统	公路公里	√	√	√	√	√	包括监控（分）中心、外场监控设备及安装，以及相应的配电工程等	指建设项目路线总长度（主线长度）
1070301	监控中心、分中心	处		√	√	√			含相关设备及配套附件、相关软件采购，安装、调试
107030101	监控中心	处			√	√			相关设备及配套附件、相关软件采购，安装、调试
107030102	监控分中心	处		√	√	√			相关设备及配套附件、相关软件采购，安装、调试
107030103	其他管理站	处			√	√			含隧道、桥梁等管理站。相关设备及配套附件、相关软件采购，安装、调试
1070302	外场监控	公路公里		√	√	√			指建设项目路线总长度（主线长度）。含路线、收费广场、服务区、停车区、养护工区、管理中心等外场监控

续上表

要素费用编码	工程或费用项目名称（或清单子目名称）	单位	估算	概算	施工图预算	结算	决算	主要工程内容	备注
1070303	监控系统配电工程	公路公里		√	√	√			指建设项目路线总长度（主线长度）
10704	通信系统	公路公里	√	√	√	√	√	包括通信设备及安装、缆线工程及配套的土建工程等	指建设项目路线总长度（主线长度）
1070401	通信设备及安装	公路公里		√	√	√			指建设项目路线总长度（主线长度）。含相关设备及配套（主线长度）。含相关软件采购、附件、相关安装、调试
1070402	管道和线缆	km		√	√	√			指建设项目路线总长度
107040201	缆线	公路公里		√	√	√			指建设项目路线总长度（主线长度）。可按主材和安装费分列子项
107040202	管道	km		√	√	√			指路基长度（含互通主线）。含主线路基区域内的纵、横向管道
107040203	人(手)孔	个		√	√	√			
10705	隧道机电工程	km/座	√	√	√	√	√	包括隧道内通风、照明、消防、监控、供配电等设备及安装等	按双洞平均长度计算，按单座隧道进行分列子项
1070501	K×+××× 某某隧道	km	√	√	√	√	√		指隧道双洞平均长度

续上表

要素费用编码	工程或费用名称（或清单子目名称）	单位	估算	概算	施工图预算	结算	决算	主要工程内容	备注
1070502	K××+××× 某某隧道	km	√	√	√	√	√	按SJ隧道机电分表列项	指隧道双洞平均长度
10706	供电及照明系统	km		√	√	√	√	包括道路、桥梁设施、场区的供配电及照明设备及安装（不含隧道内）	指主线路线长度扣除主线隧道长度
1070601	供电系统设备及安装	km		√	√	√			指主线路线长度扣除不同的部位分列子项
1070602	照明系统设备及安装	km		√	√	√			指主线路线长度扣除主线隧道长度
1070603	景观照明	km		√	√	√			指设置景观照明的路线长度
10707	管理养护、服务房建工程	m²/处	√	√	√	√	√		建筑面积/处数
1070701	管理中心	m²/处	√	√	√	√	√	包括管理中心、集中住宿区、收费站、服务区、养护工区等	管理中心总建筑面积/管理中心处数。含集中住宿区
107070101	××管理中心	m²/m²	√	√	√	√	√	包括房屋土建、装饰、安装（含设备购置）、室外工程等	建筑面积/占地面积
10707010101	房建工程	m²	√	√	√	√			建筑面积
107070101010101	建筑装饰工程	m²		√	√	√			建筑面积
107070101010102	安装工程	m²		√	√	√			建筑面积
10707010102	室外工程	m²	√	√	√	√			占地面积

续上表

要素费用编码	工程或费用名称（或清单子目名称）	单位	估算	概算	施工图预算	结算	决算	主要工程内容	备注
107070101020l	建筑装饰工程	m²				√			占地面积
1070701010202	安装工程	m²				√			占地面积，含室外电缆、保护管、电缆沟、充电桩、电缆井、路灯、运动场灯具及室外防雷工程等
1070702	养护工区	m²/处	√	√	√	√	√		养护工区面积/养护工区处数
10707020l	××养护工区	m²/m²	√	√	√	√	√		建筑面积/占地面积
1070702010l	房建工程	m²		√	√	√			建筑面积
107070201010l	建筑装饰工程	m²		√	√	√			建筑面积
1070702010102	安装工程	m²		√	√	√			建筑面积
10707020102	室外工程	m²	√	√	√	√			占地面积
1070702020l	建筑装饰工程	m²		√	√	√			同管理中心
10707020202	安装工程	m²	√	√	√	√			同管理中心
1070703	服务区	m²/处	√	√	√	√	√		服务区总建筑面积/服务区处数
10707030l	××服务区	m²/m²	√	√	√	√	√		建筑面积/占地面积
1070703010l	房建工程	m²		√	√	√			建筑面积
107070301010l	建筑装饰工程	m²		√	√	√			建筑面积
1070703010102	安装工程	m²		√	√	√			建筑面积
10707030102	室外工程	m²	√	√	√	√			占地面积
1070703020l	建筑装饰工程	m²		√	√	√			同管理中心

附表1 浙江省公路工程全过程造价标准化编码

续上表

要素费用编码	工程或费用项目名称（或清单子目名称）	单位	估算	概算	施工图预算	结算	决算	主要工程内容	备注
10707030010202	安装工程	m²		√	√	√			同管理中心
10707030010103	加油工艺设备及设备基础	处		√	√	√			设置处数
1070704	停车区	m²/处	√	√	√	√			同服务区
10707040101	××停车区	m²/m²	√	√	√	√	√		建筑面积/占地面积
10707040101	房建工程	m²	√	√	√	√	√		建筑面积
10707040010101	建筑装饰工程	m²		√	√	√			建筑面积
10707040010102	安装工程	m²		√	√	√			建筑面积
10707040102	室外工程	m²	√	√	√	√			占地面积
10707040010201	建筑装饰工程	m²		√	√	√			同管理中心
10707040010202	安装工程	m²		√	√	√			同管理中心
1070705	收费站	m²/处	√	√	√	√	√		收费站总建筑面积/收费站处数
10707050	××收费站	m²/m²	√	√	√	√	√		建筑面积/占地面积
10707050101	房建工程	m²	√	√	√	√			建筑面积
10707050010101	建筑装饰工程	m²		√	√	√			建筑面积
10707050010102	安装工程	m²		√	√	√			建筑面积
10707050102	室外工程	m²	√	√	√	√			建筑面积/占地面积
10707050010201	建筑装饰工程	m²		√	√	√			同管理中心
10707050010202	安装工程	m²		√	√	√			同管理中心
10707050010203	收费站大棚	m²		√	√	√			大棚投影面积

续上表

要素费用项目编码	工程或费用名称（或清单子目名称）	单位	估算	概算	施工图预算	结算	决算	主要工程内容	备注
1070706	其他房屋建筑	m²/处		√	√	√	√		建筑面积/处数
107070601	公共交通车站	m²/处		√	√	√			建筑面积/处数
107070702	隧道用房	m²/处		√	√	√			建筑面积/处数
107070703	桥梁用房	m²/处		√	√	√			建筑面积/处数
10708	线外供电	km/处	√	√	√	√			线缆设置长度及设置处数
10709	智慧公路	公路公里	√	√	√	√	√	按照智慧等级划分，一般只采用一个等级为项目智慧公路的等级	建设项目路线总长度（主线长度）
1070901	路侧设施	km		√	√	√	√		
1070902	信息系统	公路公里		√	√	√		包含信息及安全等相关软件	
1070903	智慧服务区	处		√	√	√			智慧型服务区处数
10710	智能交通设施	km	√	√	√	√	√	指兼顾城市道路功能的有专项设计的智能交通设施	指设置智能交通设施的主线长度
1071001	信号控制系统	km		√	√	√			
1071002	交通监视系统	km		√	√	√			
1071003	非现场执法系统	km		√	√	√			
1071004	智能卡口系统	km		√	√	√			
1071005	流量感知系统	km		√	√	√			
1071006	交通信息发布系统	km		√	√	√			

附表1 浙江省公路工程全过程造价标准化编码

续上表

要素费用编码	工程或费用名称（或清单子目名称）	单位	估算	概算	施工图预算	结算	决算	主要工程内容	备注
1071007	通信和供电系统	km		√	√	√			
1071008	其他	km		√	√	√			
108	绿化及环境保护工程	公路公里	√	√	√	√	√	下挂LH绿化项目分表	指建设项目路线总长度（主线长度）
10801	主线绿化及环境保护工程	公路公里	√	√	√	√	√	包括路线两侧、中央分隔带、隧道洞门等范围	指建设项目路线总长度（主线长度）
10802	互通立交绿化及环境保护工程	处	√	√	√	√	√	指互通式立体交叉范围内（匝道及被交道范围）	指互通处数，不含互通主线绿化
1080201	××互通	m²		√	√	√		下挂LH绿化项目分表	指绿化面积
10803	管养设施绿化及环境保护工程	处	√	√	√	√	√	指管理中心、服务区、停车区等场区范围内	按管养设施处数
1080301	管理中心	m²/处		√	√	√		下挂LH绿化项目分表	可按位置分列子项
1080302	服务区	m²/处		√	√	√		下挂LH绿化项目分表	可按位置分列子项
1080303	停车区	m²/处		√	√	√		下挂LH绿化项目分表	可按位置分列子项
1080304	养护工区	m²/处		√	√	√		下挂LH绿化项目分表	可按位置分列子项
1080305	收费站	m²/处		√	√	√		下挂LH绿化项目分表	
10804	取、弃土场绿化及环境保护工程	处	√	√	√	√	√		处数
1080401	取、弃土场绿化	m²/处		√	√	√		下挂LH绿化项目分表	绿化面积/处数。可按位置分列子项
10805	声环境污染防治工程	公路公里	√	√	√	√	√	下挂LH绿化项目分表	

续上表

要素费用项目编码	工程或费用名称（或清单子目名称）	单位	估算	概算	施工图预算	结算	决算	主要工程内容	备注
10806	水环境污染防治工程	公路公里	√	√	√	√	√		含污水处理工程（不含房建工程的污水处理）等。可按不同内容或位置分列子项
109	其他工程	公路公里	√	√	√	√	√	下挂LH绿化项目分表	指建设项目路线总长度（主线长度）
10901	联络线、支线工程	km/处	√	√	√	√	√		指联络线路线长度/处数。需专项反映造价时，应单独编制造价文件
1090101	××联络线、支线工程	km	√	√	√	√			可参照主线路基、路面、桥涵、隧道、交叉、交通工程、绿化等工程项目嵌入
1090101-102	路基工程	km	√	√	√	√	√	下挂LJ路基分表列项	
1090101-103	路面工程	km	√	√	√	√	√	下挂LM路面分表列项	
1090101-104	桥梁涵洞工程	km	√	√	√	√	√	包括桥梁工程和涵洞工程等	指桥梁长度（不含互通内主线桥涵，含非互通内主线上跨桥）
1090101-10401	涵洞工程	m/道	√	√	√	√	√	包括盖板涵、管涵、拱涵、箱涵等	指涵洞长度和道数

附表1 浙江省公路工程全过程造价标准化编码

续上表

要素费用项目编码	工程或费用名称（或清单子目名称）	单位	估算	概算	施工图预算	结算	决算	主要工程内容	备注
1090101-10402	小桥工程	m/座	√	√	√	√	√		指桥长和座数。可按桥梁桩号逐座计列
1090101-1040201	K×+×××小桥（示例：1-13m矮T梁）	m²/m		√	√	√		下挂QL桥梁分表列项	桥梁面积和桥梁长度。按桥梁桩号逐座计列
1090101-10403	中桥工程	m/座	√	√	√	√	√		指桥长和座数。按桥梁桩号逐座计列
1090101-1040301	K×+×××桥（跨径、桥型）（示例：2-30m T梁）	m²/m	√	√	√	√		下挂QL桥梁分表列项	桥梁面积和桥梁长度
1090101-10404	大桥工程	m/座	√	√	√	√	√		指桥梁长度和座数
1090101-1040401	K×+×××桥（跨径、桥型）（示例：6-30m T梁）	m²/m	√	√	√	√		下挂QL桥梁分表列项	指桥梁面积和桥梁长度
1090101-10405	特大桥工程	m/座	√	√	√	√	√		指桥梁长度和座数
1090101-1040501	××特大桥工程（跨径、桥型）	m²/m	√	√	√	√		下挂QL桥梁分表列项	指桥梁面积和桥梁长度
1090101-104050101	引桥工程（跨径、桥型）	m²/m	√	√	√	√		下挂QL桥梁分表列项	
1090101-104050102	主桥工程（跨径、桥型）	m²/m	√	√	√	√		下挂QL桥梁分表列项	
1090101-1040502	××特大桥工程（跨径、桥型）	m²/m	√	√	√	√		下挂QL桥梁分表列项	指桥梁面积和桥梁长度
1090101-10406	桥面铺装	m²/m	√	√	√	√	√		
1090101-105	隧道工程	km/座	√	√	√	√	√	包含隧道土建工程（不含隧道内机电、交安工程）	隧道长度/座数（分离式隧道长度按单侧隧道长度之和/2计）

续上表

要素费用项目编码	工程或费用名称（或清单子目名称）	单位	估算	概算	施工图预算	结算	决算	主要工程内容	备注
1090101-10501	连拱隧道	km/座	√	√	√	√	√	包含洞门及洞身、隧道防排水、路面、装饰及辅助坑道等工程	
1090101-1050101	K××+××× 某某隧道	m/m²	√	√	√	√	√	下挂SD隧道分表列项	指洞长,面积指隧道建筑限界隧道投影面积。面积按隧道建筑限界净宽乘以隧道洞长
1090101-10502	小净距隧道	km/座	√	√	√	√	√	下挂SD隧道分表列项	同连拱隧道分列子项
1090101-1050201	K××+××× 某某隧道	m/m²	√	√	√	√	√	下挂SD隧道分表列项	指双洞平均长度。同连拱隧道分列子项
1090101-10503	分离式隧道	km/座	√	√	√	√	√		指洞长
1090101-1050301	K××+××× 某某隧道	m/m²	√	√	√	√	√		指洞长,面积指隧道建筑限界平面投影面积。分列子项参照连拱隧道或小净距隧道
1090101-10504	下沉式隧道	km/座	√	√	√	√	√		
1090101-1050401	K××+××× 某某隧道	m/m²	√	√	√	√	√		指洞长
1090101-10505	沉管隧道	km/座	√	√	√	√	√		指洞长,面积指隧道建筑限界平面投影面积
1090101-1050501	K××+××× 某某隧道	m/m²	√	√	√	√	√		指洞长
1090101-10506	盾构隧道	km/座	√	√	√	√	√		指洞长,面积指隧道建筑限界净宽平面投影面积
1090101-1050601	K××+××× 某某隧道	m/m²	√	√	√	√	√		

续上表

要素费用编码	工程或费用名称（或清单子目名称）	单位	估算	概算	施工图预算	结算	决算	主要工程内容	备注
1090101-10507	其他形式隧道	km/座	√	√	√	√	√		指洞长
1090101-1050701	K×+××× 某某隧道	m/m²	√	√	√	√	√		指洞长,面积指隧道建筑限界平面投影面积
1090101-10508	隧道沥青路面	m²/m	√	√	√	√	√	所有隧道沥青路面均汇总在此分项	
1090101-106	交叉工程	处	√	√	√	√	√	包括平面交叉、通道、天桥、渡槽和立体交叉等	指交叉处数
1090101-10601	平面交叉	处	√	√	√	√	√	公路与公路在同一平面上的公路交叉。包括路基、涵洞工程等	按不同的交叉形式分列子项
1090101-10601-102	路基工程	km		√	√	√	√	下挂 LJ 路基分表	
1090101-10601-103	路面工程	km		√	√	√	√	下挂 LM 路面分表	
1090101-10602	通道	m/道	√	√	√	√	√		指通道长度和处数。按结构形式分列子项
1090101-1060201	箱式通道	m/道	√	√	√	√		下挂 HD 涵洞分表	可按通道桩号逐座列,列明孔数、孔径
1090101-1060202	板式通道	m/道	√	√	√	√		下挂 HD 涵洞分表	可按通道桩号逐座列,列明孔数、孔径
1090101-1060203	拱式通道	m/道	√	√	√	√		下挂 HD 涵洞分表	可按通道桩号逐座列,列明孔数、孔径
1090101-10603	天桥	m/座	√	√	√	√	√		按桥梁桩号逐座计列,注明结构类型

续上表

要素费用编码	工程或费用名称（或清单子目名称）	单位	估算	概算	施工图预算	结算	决算	主要工程内容	备注
1090101-1060301	××天桥（跨径、桥型）（示例:1-13m空心板）	m²/m			√	√		下挂QL桥梁分表	指桥梁部分的面积和桥长
1090101-10604	渡槽	m/处		√	√	√	√	包括进出口段、槽身、支承结构和基础等	指渡槽长度和处数。可按结构类型分列子项
1090101-10605	分离式立体交叉	km/处		√	√	√	√	包括被交道路（指被交路上跨主线）的路基、路面、涵洞、交通工程等。被交路下穿的桥梁列入主线桥梁工程	主线下穿时，上跨主线的才计入分离立交，按交叉名称分列子项
1090101-1060501	××分离式立体交叉	km	√	√	√	√			
1090101-1060501-102	路基工程	km		√	√	√		下挂LJ路基分表	
1090101-1060501-103	路面工程	km		√	√	√		下挂LM路面分表	
1090101-1060501-104	桥梁涵洞工程	km		√	√	√			
1090101-1060501-10401	涵洞工程	m/道		√	√	√		下挂HD涵洞分表	
1090101-1060501-10402	小桥工程	m/座		√	√	√			
1090101-1060501-1040201	K×+××× 小桥（示例）：1-10m实心板	m²/m		√	√	√		下挂QL桥梁分表	
1090101-1060501-10403	中桥工程	m/座		√	√	√			
1090101-1060501-1040301	××桥（跨径、桥型）（示例）：2-30m T梁	m²/m		√	√	√		下挂QL桥梁分表	
1090101-1060501-10404	大桥工程	m/座		√	√	√			
1090101-1060501-1040401	××桥（跨径、桥型）（示例）：35m+2×50m+40m现浇连续箱梁	m²/m		√	√	√		下挂QL桥梁分表	

续上表

要素费用项目编码	工程或费用名称（或清单子目名称）	单位	估算	概算	施工图预算	结算	决算	主要工程内容	备注
1090101-1060501-10406	桥面铺装	m²/m			√	√			
1090101-10606	互通式立体交叉	km/处			√	√		包括主线、匝道、被交道等	互通主线长度合计，按互通立交名称分列子项
1090101-1060601	××互通式立体交叉（类型）	km	√	√	√	√	√	包括单（双）喇叭、菱形、首楷叶等形式	注明类型，如单喇叭。单位为互通主线长度
1090101-106060101	主线工程	km	√	√	√	√	√	包括路基、路面、桥梁、涵洞、隧道等工程，同主线深度	指互通主线长度
1090101-106060101-102	路基工程	km	√	√	√	√		下挂LJ路基分表	
1090101-106060101-103	路面工程	km	√	√	√	√		下挂LM路面分表	
1090101-106060101-104	桥梁涵洞工程	km	√	√	√	√			
1090101-106060101-10401	涵洞工程	m/道	√	√	√	√		下挂HD涵洞分表	
1090101-106060101-10402	小桥工程	m/座	√	√	√	√		下挂QL桥梁分表	
1090101-106060101-1040201	K×+××× 小桥（示例：1-10m实心板）	m²/m		√	√	√		下挂QL桥梁分表	
1090101-106060101-10403	中桥工程	m/座	√	√	√	√			
1090101-106060101-1040301	××桥（跨径、桥型）（示例：2-30m T梁）	m²/m		√	√	√		下挂QL桥梁分表	
1090101-106060101-10404	大桥工程	m/座	√	√	√	√			
1090101-106060101-1040401	××桥（跨径、桥型）（示例：35m+2×50m+40m 现浇连续箱梁）	m²/m		√	√	√		下挂QL桥梁分表	

37

续上表

要素费用项目编码	工程或费用名称（或清单子目名称）	单位	估算	概算	施工图预算	结算	决算	主要工程内容	备注
1090101-106060101-10405	特大桥工程	m/座	√	√		√			
1090101-106060101-1040501	××特大桥工程（跨径、桥型）	m²/m	√	√	√	√			
1090101-106060101-104050101	引桥工程（跨径、桥型）	m²/m	√	√	√	√		下挂 QL 桥梁分表	
1090101-106060101-104050102	主桥工程（跨径、桥型）	m²/m	√	√	√	√		下挂 QL 桥梁分表	
1090101-106060101-10406	桥面铺装	m²/m	√	√	√	√			
1090101-106060102	匝道工程	km	√	√	√	√	√	包括路基、路面、桥梁、涵洞、隧道等工程	匝道路线长度
1090101-106060102-102	路基工程	km		√	√	√		下挂 LJ 路基分表	
1090101-106060102-103	路面工程	km		√	√	√		下挂 LM 路面分表	
1090101-106060102-104	桥梁涵洞工程	km		√	√	√			
1090101-106060102-10401	涵洞工程	m/道		√	√	√		下挂 HD 涵洞分表	
1090101-106060102-10402	小桥工程	m/座		√	√	√			
1090101-106060102-1040201	K×+××× 小桥（示例）：1-10m 实心板	m²/m		√	√	√		下挂 QL 桥梁分表	
1090101-106060102-10403	中桥工程	m/座		√	√	√			
1090101-106060102-1040301	××桥（跨径、桥型）（示例）：2-30m T梁	m²/m		√	√	√		下挂 QL 桥梁分表	
1090101-106060102-10404	大桥工程	m/座		√	√	√			
1090101-106060102-1040401	××桥（跨径、桥型）（示例）：35m+2×50m+40m 现浇连续箱梁	m²/m		√	√	√		下挂 QL 桥梁分表	
1090101-106060102-10405	特大桥工程	m/座		√	√	√			

附表1 浙江省公路工程全过程造价标准化编码

续上表

要素费用项目编码	工程或费用名称（或清单子目名称）	单位	估算	概算	施工图预算	结算	决算	主要工程内容	备注
1090101-106060102-1040501	××特大桥工程（跨径、桥型）	m²/m		√	√	√			
1090101-106060102-104050101	引桥工程（跨径、形型）	m²/m		√	√	√		下挂QL桥梁分表	
1090101-106060102-104050102	主桥工程（跨径、形型）	m²/m		√	√	√		下挂QL桥梁分表	
1090101-106060102-10406	桥面铺装	m²/m		√	√	√			
1090101-106060103	被交道	km	√	√	√	√	√		下挂路基、路面、涵洞工程项目分表
1090101-106060103-102	路基工程	km		√	√	√		下挂LJ路基分表	
1090101-106060103-103	路面工程	km		√	√	√		下挂LM路面分表	
1090101-106060103-104	桥梁涵洞工程	km		√	√	√			
1090101-106060103-10401	涵洞工程	m/道		√	√	√		下挂HD涵洞分表	
1090101-1060602	××互通式立体交叉（类型）	km	√	√	√	√	√		注明类型，如单喇叭。单位为互通主线长度
1090101-10607	管理、养护、服务匝道及场区工程	km	√	√	√	√	√		匝道合计长度。按管理中心、养护工区、服务区、停车区、收费站等分列子项
1090101-10607C1	××管理中心匝道及场区	km	√	√	√	√	√		指进出场区匝道长度。包括出场区范围内的土石方工程等
1090101-10607C101	匝道工程	km		√	√	√			指匝道路线长度
1090101-10607C101-102	路基工程	km		√	√	√		下挂LJ路基分表	
1090101-10607C101-103	路面工程	km		√	√	√		下挂LM路面分表	

39

续上表

要素费用项目编码	工程或费用名称（或清单子目名称）	单位	估算	概算	施工图预算	结算	决算	主要工程内容	备注
1090101-106070101-104	桥梁涵洞工程	km		√	√	√			
1090101-106070101-10401	涵洞工程	m/道		√	√	√		下挂HD涵洞分表	
1090101-106070101-10402	小桥工程	m/座		√	√	√			
1090101-106070101-1040201	K×+××× 小桥（示例：1-10m 实心板）	m²/m		√	√	√		下挂QL桥梁分表	
1090101-106070101-10403	中桥工程	m/座		√	√	√			
1090101-106070101-1040301	××桥（跨径、桥型）（示例：2-30m T梁）	m²/m		√	√	√		下挂QL桥梁分表	
1090101-106070101-10404	大桥工程	m/座		√	√	√			
1090101-106070101-1040401	××桥（跨径、桥型）（示例：35m+2×50m+40m 现浇连续箱梁）	m²/m		√	√	√		下挂QL桥梁分表	
1090101-106070101-10406	桥面铺装	m²/m		√	√	√			
1090101-106070102	场区工程	m²	√	√	√	√			指场区占地面积。主要内容为土石方、软基处理及防排水工程。参照互通匝道
1090101-106070102-102	路基工程	km		√	√	√		下挂LJ路基分表	
1090101-106070102-103	路面工程	km		√	√	√		下挂LM路面分表	
1090101-106070102-104	桥梁涵洞工程	km		√	√	√			
1090101-106070102-10401	涵洞工程	m/道		√	√	√		下挂HD涵洞分表	
1090101-1060702	××养护工区匝道及场区	km		√	√	√	√		指匝道路线长度。包括进出场区的匝道工程，场区范围的土石方工程等

附表1 浙江省公路工程全过程造价标准化编码

续上表

要素费用项目编码	工程或费用名称（或清单子目名称）	单位	估算	概算	施工图预算	结算	决算	主要工程内容	备注
1090101-106070201	匝道工程	km							
1090101-106070201-102	路基工程	km		√	√	√		下挂 LJ 路基分表	
1090101-106070201-103	路面工程	km		√	√	√		下挂 LM 路面分表	
1090101-106070201-104	桥梁涵洞工程	km		√	√	√			
1090101-106070201-10401	涵洞工程	m/道		√	√	√		下挂 HD 涵洞分表	
1090101-106070201-10402	小桥工程	m/座		√	√	√			
1090101-106070201-1040201	K×+××× 小桥（示例：1-10m 实心板）	m²/m		√	√	√		下挂 QL 桥梁分表	
1090101-106070201-10403	中桥工程	m/座		√	√	√			
1090101-106070201-1040301	××桥（跨径、桥型）（示例：2-30m T 梁）	m²/m		√	√	√		下挂 QL 桥梁分表	
1090101-106070201-10404	大桥工程	m/座		√	√	√			
1090101-106070201-1040401	××桥（跨径、桥型）（示例：35m+2×50m+40m 现浇连续箱梁）	m²/m		√	√	√		下挂 QL 桥梁分表	
1090101-106070201-10406	桥面铺装	m²/m		√	√	√			
1090101-106070202	场区工程	m²		√	√	√			指场区占地面积。主要内容为土石方、软基处理及防排水工程。参照互通道
1090101-106070202-102	路基工程	km		√	√	√		下挂 LJ 路基分表	
1090101-106070202-103	路面工程	km		√	√	√		下挂 LM 路面分表	
1090101-106070202-104	桥梁涵洞工程	km		√	√	√			

41

续上表

要素费用编码	工程或费用名称（或清单子目名称）	单位	估算	概算	施工图预算	结算	决算	主要工程内容	备注
1090101-10607020202-10401	涵洞工程	m/道				√	√	下挂 HD 涵洞分表	
1090101-107	交通工程及沿线设施	公路公里	√	√	√	√	√	包括公路沿线交通安全、管理、服务等设施	指建设项目路线总长度（主线长度）
1090101-10701	交通安全设施	公路公里	√	√	√	√	√	下挂 JA 交安分表，包括沿线所设置的护栏、标柱、标志、标线等设施的配套	指建设项目路线总长度（主线长度）
1090101-10703	监控系统	公路公里	√	√	√	√	√	包括监控（分）中心、外场监控设备及安装，以及相应的配电工程等。参照主线进行划分	指建设项目路线总长度（主线长度）
1090101-10704	通信系统	公路公里	√	√	√	√	√	包括通信设备及安装、缆线工程及配套的土建工程等。参照主线进行划分	指建设项目路线总长度（主线长度）
1090101-10705	隧道机电工程	km/座	√	√	√	√	√	包括隧道内通风、照明、消防、监控、供配电等安装	按双洞平均长度计算，按单座隧道进行分列子项
1090101-1070501	K×+×××某某隧道	km	√	√	√	√	√	下挂 SJ 隧道机电分表	指隧道双洞平均长度
1090101-10706	供电及照明系统	km	√	√	√	√	√	包括道路、桥梁设施、场区的供配电及照明设备及安装（不含隧道内）。参照主线进行划分	指主线路线长度扣除主线隧道长度
1090101-10707	管理、养护、服务房建工程	m²/处	√	√	√	√	√	包括管理中心、集中住宿区、收费站、服务区、养护工区等。参照主线进行划分	建筑面积/处数
1090101-10708	线外供电	km/处	√	√	√	√	√		线缆设置长度及设置处数

附表1 浙江省公路工程全过程造价标准化编码

续上表

要素费用编码	工程或费用名称（或清单子目名称）	单位	估算	概算	施工图预算	结算	决算	主要工程内容	备注
1090101-10709	智慧公路	公路公里	√	√	√	√	√	按照智慧等级划分，一般只采用一个等级为项目智慧公路的等级。参照主线进行划分	建设项目路线总长度（主线长度）
1090101-10710	智能交通设施	公路公里	√	√	√	√	√	指兼顾城市道路功能的智能交通设施。参照主线分表	建设项目路线总长度（主线长度）
1090101-108	绿化及环境保护工程	公路公里	√	√	√	√	√	下挂LH绿化分表	指建设项目路线总长度（主线长度）
10902	连接线工程	km/处	√	√	√	√	√		指连接线路线长度/处数。需专项反映造价时，应单独编制造价文件
1090201	××连接线工程	km	√	√	√	√	√		可参照主线路基、路面、桥涵、隧道、交叉、交通工程、绿化等工程项目嵌入
1090201-102	路基工程		√	√	√	√	√	下挂LJ路基分表列项	
1090201-103	路面工程		√	√	√	√	√	下挂LM路面分表列项	
1090201-104	桥梁涵洞工程	km	√	√	√	√	√	包括桥梁工程和涵洞工程等	指桥梁长度（不含互通范围主线桥，含非互通范围主线上跨桥）
1090201-10401	涵洞工程	m/道	√	√	√	√	√	包括盖板涵、管涵、拱涵、箱涵等	指涵洞长度和道数
1090201-10402	小桥工程	m/座	√	√	√	√	√		指桥长和座数。可按桥梁桩号逐座计列

续上表

要素费用项目编码	工程或费用名称（或清单子目名称）	单位	估算	概算	施工图预算	结算	决算	主要工程内容	备注
1090201-1040201	Kx+xxx 小桥（示例：1-13m 矮T梁）	m²/m	√		√	√		下挂QL桥梁分表列项	桥梁面积和桥梁长度。按桥梁桩号逐座计列
1090201-10403	中桥工程	m/座	√	√	√	√	√		指桥长和座数。按桥梁桩号逐座计列
1090201-1040301	Kx+xxx 桥（跨径、桥型）（示例：2-30m T梁）	m²/m	√		√	√		下挂QL桥梁分表列项	桥梁面积和桥梁长度
1090201-10404	大桥工程	m/座	√	√	√	√	√		指桥梁长度和座数
1090201-1040401	Kx+xxx 桥（跨径、桥型）（示例：6-30m T梁）	m²/m	√		√	√		下挂QL桥梁分表列项	指桥梁面积和桥梁长度
1090201-10405	特大桥工程	m/座	√	√	√	√	√		指桥梁长度和座数
1090201-1040501	xx特大桥工程(跨径、桥型)	m²/m	√	√	√	√	√		指桥梁面积和桥梁长度
1090201-104050101	引桥工程(跨径、桥型)	m²/m	√	√	√	√	√	下挂QL桥梁分表列项	
1090201-104050102	主桥工程(跨径、桥型)	m²/m	√	√	√	√	√	下挂QL桥梁分表列项	
1090201-1040502	xx特大桥工程(跨径、桥型)	m²/m	√	√	√	√	√	下挂QL桥梁分表列项	指桥梁面积和桥梁长度
1090201-10406	桥面铺装	m²/m	√	√	√	√	√		
1090201-105	隧道工程	km/座	√	√	√	√	√	包含隧道土建工程（不含隧道内机电、交安工程）	隧道长度/座数（分离式隧道长度按单侧隧道长度之和/2计）
1090201-10501	连拱隧道	km/座	√		√	√	√	包含洞门及洞身、路面、装饰及辅助坑道、排水、隧道防排水等工程	

附表1 浙江省公路工程全过程造价标准化编码

续上表

要素费用项目编码	工程或费用名称（或清单子目名称）	单位	估算	概算	施工图预算	结算	决算	主要工程内容	备注
1090201-1050101	Kx+×××× 某某隧道	m/m²	√	√	√	√	√		指洞长，面积指隧道建筑限界平面投影面积。面积按隧道建筑限界净宽乘以隧道洞长
1090201-10502	小净距隧道	km/座	√	√	√	√	√		
1090201-1050201	Kx+×××× 某某隧道	m/m²	√	√	√	√	√	下挂SD隧道分表列项	同连拱隧道
1090201-10503	分离式隧道	km/座	√	√	√	√	√		指双洞平均长度。同连拱隧道分表列项
1090201-1050301	Kx+×××× 某某隧道	m/m²	√	√	√	√	√	下挂SD隧道分表列项	指洞长
1090201-10504	下沉式隧道	km/座	√	√	√	√	√		指洞长，面积指隧道建筑限界平面投影面积。分列子项参照连拱或小净距隧道
1090201-1050401	Kx+×××× 某某隧道	m/m²	√	√	√	√	√	下挂SD隧道分表列项	指洞长
1090201-10505	沉管隧道	km/座	√	√	√	√	√		指洞长，面积指隧道建筑限界平面投影面积
1090201-1050501	Kx+×××× 某某隧道	m/m²	√	√	√	√	√	下挂SD隧道分表列项	指洞长
1090201-10506	盾构隧道	km/座	√	√	√	√	√		指洞长，面积指隧道建筑限界净宽平面投影面积
1090201-1050601	Kx+×××× 某某隧道	m/m²	√	√	√	√	√	下挂SD隧道分表列项	指洞长
1090201-10507	其他形式隧道	km/座	√	√	√	√	√		指洞长，面积指隧道建筑限界平面投影面积
1090201-1050701	Kx+×××× 某某隧道	m/m²	√	√	√	√	√		

45

续上表

要素费用项目编码	工程或费用名称（或清单子目名称）	单位	估算	概算	施工图预算	结算	决算	主要工程内容	备注
1090201-10508	隧道沥青路面	m²/m		√	√	√	√	所有隧道沥青路面均汇总在此分项	
1090201-106	交叉工程	处	√	√	√	√	√	包括平面交叉、通道、天桥、渡槽和立体交叉等	指交叉处数
1090201-10601	平面交叉	处	√	√	√	√	√	公路与公路在同一平面上的公路交叉。包括路基、路面、涵洞工程等	按不同的交叉形式分列子分项
1090201-10601-102	路基工程	km		√	√	√		下挂LJ路基分表	
1090201-10601-103	路面工程	km		√	√	√		下挂LM路面分表	
1090201-10602	通道	m/道	√	√	√	√	√	包括基础、墙身、路面等	指通道长度和处数。按结构形式分列子项
1090201-1060201	箱式通道	m/道	√	√	√	√		下挂HD涵洞分表	可按通道桩号逐座计列，列明孔数、孔径
1090201-1060202	板式通道	m/道	√	√	√	√		下挂HD涵洞分表	可按通道桩号逐座计列，列明孔数、孔径
1090201-1060203	拱式通道	m/道	√	√	√	√		下挂HD涵洞分表	可按通道桩号逐座计列，列明孔数、孔径
1090201-10603	天桥	m/座	√	√	√	√	√	包括桥台、桥墩基础、下部结构、上部结构、桥面系和附属结构等	按桥梁桩号逐座计列，列明结构类型
1090201-1060301	××天桥（跨径、桥型）（示例:1-13m空心板）	m²/m		√	√	√		下挂QL桥梁分表	指桥梁部分的面积和桥长

46

附表1 浙江省公路工程全过程造价标准化编码

续上表

要素费用项目编码	工程或费用名称（或清单子目名称）	单位	估算	概算	施工图预算	结算	决算	主要工程内容	备注
1090201-10604	渡槽	m/处	√	√	√	√	√	包括进出口段、槽身、支承结构和基础等	指渡槽长度和处数。可按结构类型分列子项
1090201-10605	分离式立体交叉	km/处	√	√	√	√	√	包括被交道路（指被交路上跨主线）的路基、路面、桥梁、涵洞、交通工程等。被交路下穿的桥梁列入主线桥梁工程	主线下穿时，上跨主线的才计入分离立交，按交叉名称分列子项
1090201-1060501	××分离式立体交叉	km		√	√	√			
1090201-1060501-102	路基工程	km		√	√	√		下挂LJ路基分表	
1090201-1060501-103	路面工程	km		√	√	√		下挂LM路面分表	
1090201-1060501-104	桥梁涵洞工程	km		√	√	√			
1090201-1060501-10401	涵洞工程	m/道		√	√	√		下挂HD涵洞分表	
1090201-1060501-10402	小桥工程	m/座		√	√	√		下挂QL桥梁分表	
1090201-1060501-1040201	K×+××× 小桥（示例）：1-10m实心板	m²/m		√	√	√			
1090201-1060501-10403	中桥工程	m/座		√	√	√		下挂QL桥梁分表	
1090201-1060501-1040301	××桥（跨径、桥型）（示例）：2-30m T梁	m²/m		√	√	√			
1090201-1060501-10404	大桥工程	m/座		√	√	√		下挂QL桥梁分表	
1090201-1060501-1040401	××桥（跨径、桥型）（示例）：35m+2×50m+40m现浇连续箱梁	m²/m		√	√	√			
1090201-1060501-10406	桥面铺装	m²/m		√	√	√			

47

续上表

要素费用编码项目编码	工程或费用名称（或清单子目名称）	单位	估算	概算	施工图预算	结算	决算	主要工程内容	备注
1090201-10606	互通式立体交叉	km/处	√	√	√	√		包括主线、匝道、被交道等	互通主线长度合计，按互通立交名称分列子项
1090201-106060	××互通式立体交叉（类型）	km	√	√	√	√	√	包括单（双）喇叭、菱形、苜蓿叶等形式	注明类型，如单喇叭。单位为互通主线长度
1090201-10606060101	主线工程	km	√	√	√	√	√	包括路基、路面、桥梁、涵洞、隧道等工程，同主线深度	指互通主线长度
1090201-10606060101-102	路基工程	km	√	√	√	√		下挂LJ路基分表	
1090201-10606060101-103	路面工程	km	√	√	√	√		下挂LM路面分表	
1090201-10606060101-104	桥梁涵洞工程	km		√	√	√			
1090201-10606060101-10401	涵洞工程	m/道		√	√	√		下挂HD涵洞分表	
1090201-10606060101-10402	小桥工程	m/座		√	√	√			
1090201-10606060101-1040201	K×+×× 小桥（示例）1-10m 实心板	m²/m	√	√	√	√		下挂QL桥梁分表	
1090201-10606060101-10403	中桥工程	m/座	√	√	√	√			
1090201-10606060101-1040301	××桥（跨径、桥型）（示例）2-30m T梁	m²/m		√	√	√		下挂QL桥梁分表	
1090201-10606060101-10404	大桥工程	m/座	√	√	√	√			
1090201-10606060101-1040401	××桥（跨径、桥型）（示例）35m+2×50m+40m 现浇连续箱梁	m²/m		√	√	√		下挂QL桥梁分表	
1090201-10606060101-10405	特大桥工程	m/座	√	√	√	√			
1090201-10606060101-1040501	××特大桥工程（跨径、桥型）	m²/m	√	√	√	√			

附表1 浙江省公路工程全过程造价标准化编码

续上表

要素费用项目编码	工程或收费项目名称（或清单子目名称）	单位	估算	概算	施工图预算	结算	决算	主要工程内容	备注
1090201-106060101-104050101	引桥工程（跨径、桥型）	m²/m	√	√	√	√		下挂QL桥梁分表	
1090201-106060101-104050102	主桥工程（跨径、桥型）	m²/m	√	√	√	√		下挂QL桥梁分表	
1090201-106060101-10406	桥面铺装	m²/m	√	√	√	√		下挂QL桥梁分表	
1090201-106060102	匝道工程	km	√	√	√	√	√	包括路基、路面、桥梁、涵洞、隧道等工程	匝道路线长度
1090201-106060102-102	路基工程	km		√	√	√		下挂LJ路基分表	
1090201-106060102-103	路面工程	km		√	√	√		下挂LM路面分表	
1090201-106060102-104	桥梁涵洞工程	km		√	√	√			
1090201-106060102-10401	涵洞工程	m/道		√	√	√		下挂HD涵洞分表	
1090201-106060102-10402	小桥工程	m/座		√	√	√		下挂QL桥梁分表	
1090201-106060102-1040201	K×+××× 小桥（示例）1-10m实心板	m²/m		√	√	√			
1090201-106060102-10403	中桥工程	m/座		√	√	√		下挂QL桥梁分表	
1090201-106060102-1040301	××桥（跨径、桥型）（示例）2-30m T梁	m²/m		√	√	√			
1090201-106060102-10404	大桥工程	m/座		√	√	√		下挂QL桥梁分表	
1090201-106060102-1040401	××桥（跨径、桥型）（示例）35m+2×50m+40m现浇连续箱梁	m²/m		√	√	√			
1090201-106060102-10405	特大桥工程	m/座		√	√	√		下挂QL桥梁分表	
1090201-106060102-1040501	××特大桥工程（跨径、桥型）	m²/m		√	√	√			
1090201-106060102-104050101	引桥工程（跨径、桥型）	m²/m		√	√	√		下挂QL桥梁分表	
1090201-106060102-104050102	主桥工程（跨径、桥型）	m²/m		√	√	√		下挂QL桥梁分表	

49

续上表

要素费用项目编码	工程或费用名称（或清单子目名称）	单位	估算	概算	施工图预算	结算	决算	主要工程内容	备注
1090201-106060102-10406	桥面铺装	m²/m			√	√		下挂QL桥梁分表	
1090201-106060103	被交道	km	√	√	√	√	√		下挂路基、路面、涵洞工程项目分表
1090201-106060103-102	路基工程	km		√	√	√		下挂LJ路基分表	
1090201-106060103-103	路面工程	km		√	√	√		下挂LM路面分表	
1090201-106060103-104	桥梁涵洞工程	km		√	√	√			
1090201-106060103-10401	涵洞工程	m/道		√	√	√		下挂HD涵洞分表	
1090201-1060602	××互通式立体交叉（类型）	km	√	√	√	√	√		注明类型，如单喇叭。单位为互通主线长度
1090201-10607	管理、养护、服务匝道及场区工程	km	√	√	√	√	√		匝道合计长度。按管理中心、养护工区、服务区、停车区、收费站等分列子项
1090201-1060701	××管理中心匝道及场区工程	km	√	√	√	√	√		指进出场匝道工程，场区范围内的匝道及场区范围的土石方工程等
1090201-106070101	匝道工程	km		√	√	√			指匝道路线长度
1090201-106070101-102	路基工程	km		√	√	√		下挂LJ路基分表	
1090201-106070101-103	路面工程	km		√	√	√		下挂LM路面分表	
1090201-106070101-104	桥梁涵洞工程	km		√	√	√			
1090201-106070101-10401	涵洞工程	m/道		√	√	√		下挂HD涵洞分表	
1090201-106070101-10402	小桥工程	m/座		√	√	√			
1090201-106070101-1040201	K×+×××小桥（示例：1-10m实心板）	m²/m		√	√	√		下挂QL桥梁分表	

附表1 浙江省公路工程全过程造价标准化编码

续上表

要素费用项目编码	工程或费用名称（或清单子目名称）	单位	估算	概算	施工图预算	结算	决算	主要工程内容	备注
1090201-106070101-10403	中桥工程	m/座		√	√	√			
1090201-106070101-1040301	××桥（跨径、桥型）（示例：2-30m T梁）	m²/m		√	√	√		下挂QL桥梁分表	
1090201-106070101-10404	大桥工程	m/座		√	√	√			
1090201-106070101-1040401	××桥（跨径、桥型）（示例：35m+2×50m+40m现浇连续箱梁）	m²/m		√	√	√		下挂QL桥梁分表	
1090201-106070101-10406	桥面铺装	m²/m		√	√	√			
1090201-10607 0102	场区工程	m²	√	√	√	√			指场区占地面积。主要内容为土石方、软基处理及防排水工程，参照互通匝道
1090201-106070102-102	路基工程	km		√	√	√		下挂LJ路基分表	
1090201-106070102-103	路面工程	km		√	√	√		下挂LM路面分表	
1090201-106070102-104	桥梁涵洞工程	km		√	√	√			
1090201-106070102-10401	涵洞工程	m/道		√	√	√		下挂HD涵洞分表	
1090201-10607 02	××养护工区匝道及场区	km		√	√	√	√		指匝道路线长度。包括进出场区的匝道工程、场区范围的土石方工程等
1090201-106070201	匝道工程	km		√	√	√			
1090201-106070201-102	路基工程	km		√	√	√		下挂LJ路基分表	
1090201-106070201-103	路面工程	km		√	√	√		下挂LM路面分表	
1090201-106070201-104	桥梁涵洞工程	km		√	√	√			

51

续上表

要素费用项目编码	工程或费用名称（或清单子目名称）	单位	估算	概算	施工图预算	结算	决算	主要工程内容	备注
1090201-106070201-10401	涵洞工程	m/道		√	√	√		下挂HD涵洞分表	
1090201-106070201-10402	小桥工程	m/座		√	√	√			
1090201-106070201-1040201	K×+××× 小桥（示例）：1-10m实心板	m²/m			√	√		下挂QL桥梁分表	
1090201-106070201-10403	中桥工程	m/座		√	√	√			
1090201-106070201-1040301	××桥（跨径、桥型）（示例）：2-30m T梁	m²/m		√	√	√		下挂QL桥梁分表	
1090201-106070201-10404	大桥工程	m/座		√	√	√			
1090201-106070201-1040401	××桥（跨径、桥型）（示例）：35m+2×50m+40m 现浇连续箱梁	m²/m		√	√	√		下挂QL桥梁分表	
1090201-106070201-10406	桥面铺装	m²		√	√	√			
1090201-106070202	场区工程	km		√	√	√			指场区占地面积。主要内容为土石方、软基处理及防排水工程。参照互通匝道
1090201-106070202-102	路基工程	km		√	√	√		下挂LJ路基分表	
1090201-106070202-103	路面工程	km		√	√	√		下挂LM路面分表	
1090201-106070202-104	桥梁涵洞工程			√	√	√			
1090201-106070202-10401	涵洞工程	m/道		√	√	√		下挂HD涵洞分表	
1090201-107	交通工程及沿线设施	公路公里	√	√	√	√	√	包括公路沿线交通安全、管理、服务等设施	指建设项目路线总长度（主线长度）
1090201-10701	交通安全设施	公路公里	√	√	√	√	√	下挂JA交安分表。包括沿线所设置的护栏、标柱、标志、标线等设施的总称	指建设项目路线总长度（主线长度）

附表1 浙江省公路工程全过程造价标准化编码

续上表

要素费用项目编码	工程或费用名称（或清单子目名称）	单位	估算	概算	施工图预算	结算	决算	主要工程内容	备注
1090201-10703	监控系统	公路公里	√	√	√	√	√	包括监控（分）中心、外场监控设备及安装，以及相应的配电工程等。参考主线列项	指建设项目路线总长度（主线长度）
1090201-10704	通信系统	公路公里	√	√	√	√	√	包括通信设备及安装、缆线工程及配套的土建工程等。参考主线列项	指建设项目路线总长度（主线长度）
1090201-10705	隧道机电工程	km/座	√	√	√	√	√	包括隧道内通风、照明、消防、监控、供配电等设备及安装等	按双洞平均长度计算，按单座隧道进行分列子项
1090201-1070501	K×+××× 某某隧道	km	√	√	√	√	√	下挂SJ隧道机电分表	指隧道双洞平均长度
1090201-10706	供电及照明系统	km	√	√	√	√	√	包括道路、桥梁设施供配电及照明设备及安装（不含隧道内）。参考主线列项	指主线路线长度扣除主线隧道长度
1090201-10707	管理、养护、服务房建工程	m²/处	√	√	√	√	√	包括管理中心、集中住宿区、收费站、服务区、停车区、养护工区等。参考主线列项	建筑面积/处数
1090201-10708	线外供电	km/处	√	√	√	√	√		线缆设置长度及设置处数
1090201-10709	智慧公路	公路公里	√	√	√	√	√	按照智慧等级划分，一般只采用一个等级为项目智慧公路的等级	建设项目路线总长度（主线长度）
1090201-10710	智能交通设施	公路公里	√	√	√	√	√	指兼顾城市道路功能的智能交通设施。参照主线进行划分	建设项目路线总长度（主线长度）
1090201-108	绿化及环境保护工程	公路公里	√	√	√	√	√	下挂LH绿化分表	指建设项目路线总长度（主线长度）

续上表

要素费用编码	工程或费用名称（或清单子目名称）	单位	估算	概算	施工图预算	结算	决算	主要工程内容	备注
10903	辅道工程	km/处	√	√	√	√	√		指辅道路线长度/处数。需专项反映造价时，应单独编制造价文件
1090301	××辅道工程	km	√	√	√	√	√		可参照主线路基、路面、桥涵、隧道、交叉工程、绿化等工程项目嵌入
1090301-102	路基工程		√	√	√	√	√	下挂 LJ 路基分表列项	
1090301-103	路面工程		√	√	√	√	√	下挂 LM 路面分表列项	
1090301-104	桥梁涵洞工程	km	√	√	√	√	√	包括桥梁工程和涵洞工程等	指桥梁长度（不含互通内主线桥涵，含互通范围主线上跨桥）
1090301-10401	涵洞工程	m/道	√	√	√	√	√	包括盖板涵、管涵、拱涵、箱涵等	指涵洞长度和道数
1090301-10402	小桥工程	m/座	√	√	√	√	√		指桥长和座数。可按桥梁桩号逐座计列
1090301-1040201	K×+××× 小桥（示例：1-13m 矮 T 梁）	m²/m		√	√	√		下挂 QL 桥梁分表列项	桥梁面积和桥梁长度。按桥梁桩号逐座计列
1090301-10403	中桥工程	m/座	√	√	√	√	√		指桥长和座数。按桥梁桩号逐座计列
1090301-1040301	K×+××× 桥（跨径、桥型）（示例：2-30m T 梁）	m²/m		√	√	√		下挂 QL 桥梁分表列项	桥梁面积和桥梁长度
1090301-10404	大桥工程	m/座	√	√	√	√	√		指桥梁长度和座数

附表1 浙江省公路工程全过程造价标准化编码

续上表

要素费用项目编码	工程或费用名称（或清单子目名称）	单位	估算	概算	施工图预算	结算	决算	主要工程内容	备注
1090301-1040401	K×+××× 桥（跨径、桥型）（示例:6-30m T梁）	m²/m	√	√	√	√	√	下挂QL桥梁分表列项	指桥梁面积和桥梁长度
1090301-10405	特大桥工程	m/座		√	√	√	√		指桥梁长度和座数
1090301-1040501	××特大桥工程（跨径、桥型）	m²/m		√	√	√	√		指桥梁面积和桥梁长度
1090301-104050101	引桥工程（跨径、桥型）	m²/m	√	√	√	√	√	下挂QL桥梁分表列项	
1090301-104050102	主桥工程（跨径、桥型）	m²/m	√	√	√	√	√	下挂QL桥梁分表列项	
1090301-1040502	××特大桥工程（跨径、桥型）	m²/m	√	√	√	√	√		指桥梁面积和桥梁长度
1090301-10406	桥面铺装	m²/m	√	√	√	√	√		
1090301-105	隧道工程	km/座	√	√	√	√	√	包含隧道土建工程（不含隧道内机电、交安工程）	隧道长度/座数（分离式隧道长度按单侧隧道长度之和/2计）
1090301-10501	连拱隧道	km/座	√	√	√	√	√	包含洞门及洞身、装饰及辅助坑道等水、路面、工程	指洞长、面积指隧道建筑限界，面积按平面投影面积。面积按隧道建筑限界净宽乘以隧道洞长
1090301-1050101	K×+××× 某某隧道	m/m²	√	√	√	√	√		
1090301-10502	小净距隧道	km/座	√	√	√	√	√	下挂SD隧道分表列项	同连拱隧道分列子项
1090301-1050201	K×+××× 某某隧道	m/m²	√	√	√	√	√		指双洞平均长度。同连拱隧道分列子项
1090301-10503	分离式隧道	km/座	√	√	√	√	√	下挂SD隧道分表列项	

55

续上表

要素费用编码项目	工程或费用名称（或清单子目名称）	单位	估算	概算	施工图预算	结算	决算	主要工程内容	备注
1090301-1050301	Kx+×××　某某隧道	m/m²	√	√	√	√	√		
1090301-10504	下沉式隧道	km/座	√	√	√	√	√		指洞长
1090301-1050401	Kx+×××　某某隧道	m/m²	√	√	√	√	√		指洞长，面积指隧道建筑限界平面投影面积。分列子项参照连拱或小净距隧道
1090301-10505	沉管隧道	km/座	√	√	√	√	√		指洞长
1090301-1050501	Kx+×××　某某隧道	m/m²	√	√	√	√	√		指洞长，面积指隧道建筑限界平面投影面积
1090301-10506	盾构隧道	km/座	√	√	√	√	√		指洞长
1090301-1050601	Kx+×××　某某隧道	m/m²	√	√	√	√	√		指洞长，面积指隧道建筑限界净宽平面投影面积
1090301-10507	其他形式隧道	km/座	√	√	√	√	√		指洞长
1090301-1050701	Kx+×××　某某隧道	m/m²	√	√	√	√	√		指洞长，面积指隧道建筑限界平面投影面积
1090301-10508	隧道沥青路面	m²/m	√	√	√	√	√	所有隧道沥青路面均汇总在此分项	
1090301-106	交叉工程	处	√	√	√	√	√	包括平面交叉、通道、天桥、渡槽和立体交叉等	指交叉处数
1090301-10601	平面交叉	处	√	√	√	√	√	公路与公路在同一平面上的公路交叉。包括路基、路面、涵洞工程等	按不同的交叉形式分列子项
1090301-10601-102	路基工程	km		√	√	√			下挂LJ路基分表

附表1 浙江省公路工程全过程造价标准化编码

续上表

要素费用编码	工程或费用名称（或清单子目名称）	单位	估算	概算	施工图预算	结算	决算	主要工程内容	备注
1090301-10601-103	路面工程	km		√	√	√		下挂 LM 路面分表	
1090301-10602	通道	m/道	√	√	√	√	√	包括基础、墙身、路面等	指通道长度和处数。按结构形式分列子项
1090301-1060201	箱式通道	m/道	√	√	√	√		下挂 HD 涵洞分表	可按通道桩号逐座计列，列明孔数、孔径
1090301-1060202	板式通道	m/道	√	√	√	√		下挂 HD 涵洞分表	可按通道桩号逐座计列，列明孔数、孔径
1090301-1060203	拱通道	m/道	√	√	√	√		下挂 HD 涵洞分表	可按通道桩号逐座计列，列明孔数、孔径
1090301-10603	天桥	m/座	√	√	√	√	√	包括桥台、桥墩基础，上部结构，下部结构，桥面系和附属结构	按桥梁桩号逐座计列，注明结构类型
1090301-1060301	××天桥（跨径、桥型）（示例：1-13m 空心板）	m²/m	√	√	√	√		下挂 QL 桥梁分表	指桥梁部分的面积和桥长
1090301-10604	渡槽	m/处	√	√	√	√	√	包括进出口段、槽身、支承结构基础等	指渡槽长度和处数。可按结构类型分列子构
1090301-10605	分离式立体交叉	km/处	√	√	√	√	√	包括被交道路（指被交路上跨主线）的路基、路面、桥梁、涵洞、交通工程等。被交路下穿的桥梁列入主线桥梁工程	主线下穿时，上跨主线的才计入分离立交，按交叉名称分列子项
1090301-1060501	××分离式立体交叉	km	√	√	√	√			
1090301-1060501-102	路基工程	km		√	√	√		下挂 LJ 路基分表	
1090301-1060501-103	路面工程	km		√	√	√		下挂 LM 路面分表	

57

续上表

要素费用编码	工程或费用名称（或清单子目名称）	单位	估算	概算	施工图预算	结算	决算	主要工程内容	备注
1090301-1060501-104	桥梁涵洞工程	km		√	√	√			
1090301-1060501-10401	涵洞工程	m/道		√	√	√		下挂 HD 涵洞分表	
1090301-1060501-10402	小桥工程	m/座		√	√	√		下挂 QL 桥梁分表	
1090301-1060501-1040201	K×+×××小桥（示例）：1-10m 实心板	m²/m		√	√	√			
1090301-1060501-10403	中桥工程	m/座		√	√	√		下挂 QL 桥梁分表	
1090301-1060501-1040301	××桥（跨径、桥型）（示例）：2-30m T 梁	m²/m		√	√	√			
1090301-1060501-10404	大桥工程	m/座		√	√	√		下挂 QL 桥梁分表	
1090301-1060501-1040401	××桥（跨径、桥型）（示例）：35m+2×50m+40m 现浇连续箱梁	m²/m		√	√	√			
1090301-1060501-10406	桥面铺装	m²/m		√	√	√			
1090301-10606	互通式立体交叉	km/处	√	√	√	√	√	包括主线、匝道、被交道等	互通主线长度合计，按互通立交名称分列子项
1090301-1060601	××互通式立体交叉（类型）	km	√	√	√	√	√	包括单（双）喇叭、菱形、首楷叶等形式	注明类型，如单喇叭，单位为互通主线长度
1090301-1060601 01	主线工程	km	√	√	√	√	√	包括路基、路面、桥梁、涵洞、隧道等工程，同主线深度	指互通主线长度
1090301-1060601 01-102	路基工程	km	√	√	√	√		下挂 LJ 路基分表	
1090301-1060601 01-103	路面工程	km	√	√	√	√		下挂 LM 路面分表	
1090301-1060601 01-104	桥梁涵洞工程	km	√	√	√	√			

附表1 浙江省公路工程全过程造价标准化编码

续上表

要素费用项目编码	工程或费用名称（或清单子目名称）	单位	估算	概算	施工图预算	结算	决算	主要工程内容	备注
1090301-10606 0101-10401	涵洞工程	m/道	√	√	√	√		下挂HD涵洞分表	
1090301-10606 0101-10402	小桥工程	m/座	√	√	√	√		下挂QL桥梁分表	
1090301-10606 0101-1040201	K×+××× 小桥（示例：1-10m实心板）	m²/m			√	√			
1090301-10606 0101-10403	中桥工程	m/座	√	√	√	√		下挂QL桥梁分表	
1090301-10606 0101-1040301	××桥（跨径、桥型）（示例：2-30m T梁）	m²/m			√	√			
1090301-10606 0101-10404	大桥工程	m/座	√	√	√	√		下挂QL桥梁分表	
1090301-10606 0101-1040401	××桥（跨径、桥型）（示例：35m+2×50m+40m 现浇连续箱梁）	m²/m		√	√	√			
1090301-10606 0101-10405	特大桥工程	m/座	√	√	√	√		下挂QL桥梁分表	
1090301-10606 0101-1040501	××特大桥工程（跨径、桥型）	m²/m	√	√	√	√			
1090301-10606 0101-1040501 01	引桥工程（跨径、桥型）	m²/m	√	√	√	√		下挂QL桥梁分表	
1090301-10606 0101-1040501 02	主桥工程（跨径、桥型）	m²/m	√	√	√	√		下挂QL桥梁分表	
1090301-10606 0101-10406	桥面铺装	m²/m		√	√	√			
1090301-10606 0102	匝道工程	km	√	√	√	√	√	包括路基、路面、桥梁、涵洞、隧道等工程	匝道道路线长度
1090301-10606 0102-102	路基工程	km		√	√	√		下挂LJ路基分表	
1090301-10606 0102-103	路面工程	km		√	√	√		下挂LM路面分表	
1090301-10606 0102-104	桥梁涵洞工程	km		√	√	√			
1090301-10606 0102-10401	涵洞工程	m/道		√	√	√		下挂HD涵洞分表	

续上表

要素费用项目编码	工程或费用名称（或清单子目名称）	单位	估算	概算	施工图预算	结算	决算	主要工程内容	备注
1090301-106060102-10402	小桥工程	m/座		√	√	√			
1090301-106060102-1040201	K×+××× 小桥（示例：1-10m 实心板）	m²/m			√	√		下挂 QL 桥梁分表	
1090301-106060102-10403	中桥工程	m/座		√	√	√			
1090301-106060102-1040301	××桥（跨径,桥型）（示例：2-30m T 梁）	m²/m			√	√		下挂 QL 桥梁分表	
1090301-106060102-10404	大桥工程	m/座		√	√	√			
1090301-106060102-1040401	××桥（跨径,桥型）（示例：35m+2×50m+40m 现浇连续箱梁）	m²/m			√	√		下挂 QL 桥梁分表	
1090301-106060102-10405	特大桥工程	m/座		√	√	√			
1090301-106060102-1040501	××特大桥工程(跨径,桥型)	m²/m			√	√		下挂 QL 桥梁分表	
1090301-106060102-104050101	引桥工程（跨径,桥型）	m²/m			√	√		下挂 QL 桥梁分表	
1090301-106060102-104050102	主桥工程（跨径,桥型）	m²/m			√	√		下挂 QL 桥梁分表	
1090301-106060102-10406	桥面铺装	m²/m			√	√			
1090301-106060103	被交道	km	√	√	√	√	√		下挂路基、路面、涵洞工程项目分表
1090301-106060103-102	路基工程	km		√	√	√		下挂 LJ 路基分表	
1090301-106060103-103	路面工程	km		√	√	√		下挂 LM 路面分表	
1090301-106060103-104	桥梁涵洞工程	m²/道		√	√	√			
1090301-106060103-10401	涵洞工程	km		√	√	√		下挂 HD 涵洞分表	
1090301-106060602	××互通式立体交叉（类型）	km	√	√	√	√	√		注明类型,如单喇叭。单位为互通主线长度

续上表

要素费用项目编码	工程或费用名称（或清单子目名称）	单位	估算	概算	施工图预算	结算	决算	主要工程内容	备注
1090301-10607	管理、养护、服务匝道及场区工程	km	√	√	√	√	√		匝道合计长度。按管理中心、养护工区、服务区、停车区、收费站等分列子项
1090301-1060701	××管理中心匝道及场区	km	√	√	√	√	√		指匝道路线长度。包括进出场区的匝道工程、场区范围的土石方工程等
1090301-106070101	匝道工程	km		√	√	√			指匝道路线长度
1090301-106070101-102	路基工程	km		√	√	√		下挂LJ路基分表	
1090301-106070101-103	路面工程	km		√	√	√		下挂LM路面分表	
1090301-106070101-104	桥梁涵洞工程	km		√	√	√			
1090301-106070101-10401	涵洞工程	m/道		√	√	√		下挂HD涵洞分表	
1090301-106070101-10402	小桥工程	m/座		√	√	√			
1090301-106070101-1040201	K×+×××小桥（示例：1-10m实心板）	m²/m		√	√	√		下挂QL桥梁分表	
1090301-106070101-10403	中桥工程	m/座		√	√	√			
1090301-106070101-1040301	××桥（跨径、桥型）（示例：2-30m T梁）	m²/m		√	√	√		下挂QL桥梁分表	
1090301-106070101-10404	大桥工程	m/座		√	√	√			
1090301-106070101-1040401	××桥（跨径、桥型）（示例：35m+2×50m+40m现浇连续箱梁）	m²/m		√	√	√		下挂QL桥梁分表	
1090301-106070101-10406	桥面铺装	m²/m		√	√	√			

续上表

要素费用项目编码	工程或费用名称（或清单子目名称）	单位	估算	概算	施工图预算	结算	决算	主要工程内容	备注
1090301-106070102	场区工程	m²		√	√	√			指场区占地面积。主要内容为土石方、软基处理及防排水工程。参照互通匝道
1090301-106070102-102	路基工程	km		√	√	√		下挂LJ路基分表	
1090301-106070102-103	路面工程	km		√	√	√		下挂LM路面分表	
1090301-106070102-104	桥梁涵洞工程	km		√	√	√			
1090301-106070102-10401	涵洞工程	m/道		√	√	√		下挂HD涵洞分表	
1090301-1060702	××养护工区匝道及场区	km	√	√	√	√	√		指匝道路线长度。包括进出场区的匝道工程、场区范围内的土方工程等
1090301-106070201	匝道工程	km		√	√	√			
1090301-106070201-102	路基工程	km		√	√	√		下挂LJ路基分表	
1090301-106070201-103	路面工程	km		√	√	√		下挂LM路面分表	
1090301-106070201-104	桥梁涵洞工程	km		√	√	√			
1090301-106070201-10401	涵洞工程	m/道		√	√	√		下挂HD涵洞分表	
1090301-106070201-10402	小桥工程	m/座		√	√	√			
1090301-106070201-1040201	K×+××× 小桥（示例：1-10m实心板）	m²/m		√	√	√		下挂QL桥梁分表	
1090301-106070201-10403	中桥工程	m/座		√	√	√			
1090301-106070201-1040301	××桥（跨径、桥型）（示例：2-30m T梁）	m²/m		√	√	√		下挂QL桥梁分表	
1090301-106070201-10404	大桥工程	m/座		√	√	√			

附表1 浙江省公路工程全过程造价标准化编码

续上表

要素费用编码	工程或费用名称（或清单子目名称）	单位	估算	概算	施工图预算	结算	决算	主要工程内容	备注
1090301-106070201-1040401	×桥（跨径、桥型）（示例：35m+2×50m+4Cm 现浇连续箱梁）	m²/m		√	√	√		下挂 QL 桥梁分表	
1090301-106070201-10406	桥面铺装	m²/m			√	√			
1090301-106070202	场区工程	m²		√	√	√			指场区占地面积。主要内容为土石方、软基处理及防排水工程。参照互通匝道
1090301-106070202-102	路基工程	km		√	√	√		下挂 LJ 路基分表	
1090301-106070202-103	路面工程	km		√	√	√		下挂 LM 路面分表	
1090301-106070202-104	桥梁涵洞工程	km		√	√	√			
1090301-106070202-10401	涵洞工程	m/道		√	√	√		下挂 HD 涵洞分表	
1090301-107	交通工程及沿线设施	公路公里	√	√	√	√	√	包括公路沿线交通安全、管理、服务等设施	指建设项目路线总长度（主线长度）
1090301-10701	交通安全设施	公路公里	√	√	√	√	√	下挂 JA 交安分表。包括沿线所设置的护栏、标志、标线等设施的总称	指建设项目路线总长度（主线长度）
1090301-10703	监控系统	公路公里	√	√	√	√	√	包括监控（分）中心、外场监控设备及安装，以及相应的配电工程等。参照主线进行划分	指建设项目路线总长度（主线长度）
1090301-10704	通信系统	公路公里	√	√	√	√	√	包括通信设备及安装、缆线工程及配套的土建工程等。参照主线进行划分	指建设项目路线总长度（主线长度）
1090301-10705	隧道机电工程	km/座	√	√	√	√	√	包括隧道内通风、照明、消防、监控、供配电等设备及安装等	按双洞平均长度计算，按单座隧道进行分列子项

63

续上表

要素费用编码项目编码	工程或费用名称（或清单子目名称）	单位	估算	概算	施工图预算	结算	决算	主要工程内容	备注
1090301-1070501	K×+××× 某某隧道	km	√	√	√	√	√	下挂 SJ 隧道机电分表	指隧道双洞平均长度
1090301-10706	供电及照明系统	km	√	√	√	√	√	包括道路、桥梁设施、场区的供配电及照明设备及安装（不含隧道内）。参照主线进行划分	指主线路线长度扣除主线隧道长度
1090301-10707	管理、养护、服务房建工程	m²/处	√	√	√	√	√	包括管理中心、集中住宿区、收费站、服务区、停车区、养护工区等	建筑面积/处数
1090301-10708	线外供电	km/处	√	√	√	√	√		线缆设置长度及设置处数
1090301-10709	智慧公路	公路公里	√	√	√	√	√	按照智慧等级划分，一般只采用一个等级为项目智慧公路的等级。参照主线进行划分	建设项目路线总长度（主线长度）
1090301-10710	智能交通设施	公路公里	√	√	√	√	√	指兼顾城市道路功能的智能交通设施。参照主线进行划分	建设项目路线总长度（主线长度）
1090301-108	绿化及环境保护工程	公路公里	√	√	√	√	√	下挂 LH 绿化分表	指建设项目路线总长度（主线长度）
10904	改建工程	km/处	√	√	√	√	√	含路基、路面、桥涵、隧道、交通安全设施、绿化等工程	指改造路线长度/处数。可按位置分列子项
10904-102	路基工程		√	√	√	√	√	下挂 LJ 路基分表	
10904-103	路面工程		√	√	√	√	√	下挂 LM 路面分表	
10905	改河、改沟、改渠	m/处	√	√	√	√	√		指改造长度/处数。可按位置分列子项
10905-102	路基工程			√	√	√	√	下挂 LJ 路基分表	

续上表

要素费用编码	工程或费用名称（或清单子目名称）	单位	估算	概算	施工图预算	结算	决算	主要工程内容	备注
10906	悬出路台	m/处	√	√	√	√	√		指路台长度/处数
10907	渡口码头	处	√	√	√	√	√		指渡口码头处数
10908	取、弃土场排水和防护工程	处	√	√	√	√	√		处数
10908-102	路基工程					√		下挂LJ路基分表	
110	专项费用	元	√	√	√	√	√	包括安全生产经费、信息化管理费、竣工文件编制费等专项费用	
11001	施工场地建设费	元	√	√	√	√	√		
11002	安全生产费	元	√	√	√	√	√		
2	**第二部分 土地使用及拆迁补偿费**	公路公里	√	√	√	√	√		
201	土地使用费	亩	√	√	√	√	√		
20101	永久征用土地	亩	√	√	√	√	√		
2010101	水田	亩	√	√	√	√	√		
2010102	旱地	亩	√	√	√	√	√		
2010103	园地	亩	√	√	√	√	√		
2010104	林地	亩	√	√	√	√	√		
2010105	其他农用地	亩	√	√	√	√	√		
2010106	建设用地	亩	√	√	√	√	√		
2010107	未利用地	亩	√	√	√	√	√		
2010108	三改用地	亩	√	√	√	√	√		
2010109	安置用地	亩	√	√	√	√	√		

续上表

要素费用编码	工程或费用名称（或清单子目名称）	单位	估算	概算	施工图预算	结算	决算	主要工程内容	备注
2010110	沿海滩涂	亩	√	√	√	√	√		
2010111	其他	亩	√	√	√	√	√		
20102	临时用地	亩	√	√	√	√	√		
202	拆迁补偿费	公路公里	√	√	√	√	√		
20201	房屋及附属设施拆迁	m²		√	√	√	√		
2020101	民房	m²		√	√	√	√		
2020102	工业厂房	m²		√	√	√	√		
20202	管线迁改	公路公里	√	√	√	√	√		
2020201	电力	公路公里		√	√	√	√		
202020101	35kV以下	座		√	√	√	√		指的是实际迁改的座数
202020102	35kV	座		√	√	√	√		
202020103	110kV	座		√	√	√	√		
202020104	220kV	座		√	√	√	√		
202020105	500kV	座		√	√	√	√		
2020202	通信	km		√	√	√	√		
2020203	燃气	km		√	√	√	√		
2020204	输油	km		√	√	√	√		
2020205	给水	km		√	√	√	√		
2020206	排水	km		√	√	√	√		
2020203	其他拆迁费	公路公里	√	√	√	√	√		
203	其他补偿费	公路公里	√	√	√	√	√		
20301	水土保持补偿费	公路公里	√	√	√	√	√		

附表1 浙江省公路工程全过程造价标准化编码

续上表

要素费用项目编码	工程或费用名称（或清单子目名称）	单位	估算	概算	施工图预算	结算	决算	主要工程内容	备注
3	**第三部分 工程建设其他费用**								
301	建设项目管理费	公路公里	√	√	√	√	√		
30101	建设单位（业主）管理费	公路公里	√	√	√	√	√		
30102	建设项目信息化费	公路公里	√	√	√	√	√		
30103	工程监理费	公路公里	√	√	√	√	√		
30104	设计文件审查费	公路公里	√	√	√	√	√		
30105	竣（交）工验收试验检测费	公路公里	√	√	√	√	√		
302	研究试验费	公路公里	√	√	√	√	√		
303	建设项目前期工作费	公路公里	√	√	√	√	√		
304	专项评价（估）费	公路公里	√	√	√	√			
30401	环境影响评价费	公路公里	√	√	√	√			
30402	水土保持评估费	公路公里		√	√	√			
30403	地震安全性评价费	公路公里		√	√	√			
30404	地质灾害危险性评价费	公路公里		√	√	√			
30405	压覆重要矿床评估费	公路公里		√	√	√			
30406	通航论证费	公路公里		√	√	√			
30407	行洪论证（评估）费	公路公里		√	√	√			
30408	林业评估及使用林地可研报告编制费	公路公里		√	√	√			
30409	用地预审报告编制费	公路公里		√	√	√			
30410	项目风险评估费	公路公里		√	√	√			

续上表

要素费用编码项目	工程或费用名称（或清单子目名称）	单位	估算	概算	施工图预算	结算	决算	主要工程内容	备注
30411	节能评估费	公路公里		√	√	√			
30412	社会风险评估费	公路公里		√	√	√			
30413	放射性影响评估费	公路公里		√	√	√			
30414	规划选址意见书编制费	公路公里		√	√	√			
30415	海域使用论证费	公路公里		√	√	√			
30416	项目咨询及评估费	公路公里	√	√	√	√	√		
305	联合试运转费	公路公里	√	√	√				
306	生产准备费	公路公里	√	√	√				
30601	工器具购置费	公路公里	√	√	√				
30602	办公和生活用家具购置费	公路公里	√	√	√				
30603	生产人员培训费	公路公里	√	√	√				
30604	应急保通设备购置费	公路公里	√	√	√	√	√		
307	工程保险管理费	公路公里	√	√	√	√	√		
308	工程保险费	公路公里	√	√	√	√	√		
309	其他相关费用	公路公里	√	√	√	√	√		
30901	桥梁运维期健康检测	套	√	√	√	√	√		
4	第四部分 预备费	公路公里	√	√	√	√	√		
401	基本预备费	公路公里	√	√	√	√	√		
402	价差预备费	公路公里	√	√	√	√	√		
5	第一至第四部分合计	公路公里	√	√	√	√	√		
6	第五部分 建设期贷款利息	公路公里	√	√	√	√	√		
	新增加费用项目	元	√	√	√	√	√		
	*请在此输入费用项目								
7	公路基本造价	公路公里	√	√	√	√	√		

附表2 浙江省公路工程全过程造价标准化编码分表

要素费用项目编码	工程或费用名称（或清单子目名称）	单位	估算	概算	施工图预算	结算	决算	主要工程内容	备注
LJ	**路基工程项目分表**								
LJ01	场地清理								
LJ0101	清理与掘除	km	√	√	√	√		包括清理掘除地表及种植物，挖除旧路面，拆除原有结构物	指清理长度
LJ0102	挖除旧路面	km/m²	√	√	√	√	√	包括清理掘除地表及砍伐树木，挖除树根	可按清除内容的不同分列子项
LJ010201	挖除水泥混凝土面层	m³/m²	√	√	√	√	√		
LJ010202	挖除沥青混凝土面层	m³/m²	√	√	√				按挖除旧路面的类型分列子项
LJ010203	挖除碎（砾）石路面	m³/m²	√	√	√				
LJ010204	挖除基层、底基层	m³/m²	√	√	√				
LJ0103	拆除旧建筑物、构筑物	m³	√	√	√	√	√		
LJ010301	拆除钢筋混凝土结构	m³	√	√	√				按不同的构筑材料分列子项
LJ010302	拆除混凝土结构	m³	√	√	√				
LJ010303	拆除砖石及其他砌体	m³	√	√	√				
LJ010304	拆除金属结构	kg	√	√	√				
LJ02	路基挖方	m³	√	√	√	√	√	包括土石方、非适用材料及淤泥的开挖，路基整修等	工作内容包括挖、装、运、弃
LJ0201	挖土方	m³	√	√	√				

续上表

要素费用编码	工程或费用名称（或清单子目名称）	单位	估算	概算	施工图预算	结算	决算	主要工程内容	备注
LJ0202	挖石方	m³	√	√	√				
LJ0203	弃方处置	m³	√	√	√			包括弃方外运及处置费用	
LJ03	路基填方	m³	√	√	√	√	√	包括路基土石方填筑等	
LJ0301	利用土方填筑	m³	√	√	√				不含桥涵台背回填
LJ0302	借土方填筑	m³	√	√	√				不含桥涵台背回填
LJ0303	利用石方填筑	m³	√	√	√				
LJ0304	借石方填筑	m³	√	√	√				
LJ0305	借土石混合料（含渣）填筑	m³	√	√	√				
LJ0306	路床透水材料填筑	m³	√	√	√				
LJ0307	填砂路基	m³	√	√	√				
LJ0308	粉煤灰及矿渣路基	m³	√	√	√				
LJ0309	改良土路基	m³	√	√	√				
LJ0310	泡沫混凝土填筑	m³	√	√	√				不含桥涵台背及特殊路基回填
LJ0311	EPS路堤	m³	√	√	√				
LJ04	结构物台背回填	m³	√	√	√	√	√	包括桥台、涵洞台背回填	按回填位置分列子项
LJ0401	回填透水性材料	m³	√	√	√				
LJ0402	回填土石混合料（含渣）	m³	√	√	√				
LJ0403	回填水泥稳定碎石	m³	√	√	√				
LJ0404	回填泡沫混凝土	m³	√	√	√				
LJ0405	回填灰土混合料	m³	√	√	√				
LJ05	特殊路基处理	km	√	√	√	√	√	包括软土、滑坡地段、岩溶、膨胀土、黄土、塘、湖、海地区路基的处理	指需要处理的特殊路基长度

附表2 浙江省公路工程全过程造价标准化编码分表

续上表

要素费用项目编码	工程或费用名称（或清单子目名称）	单位	估算	概算	施工图预算	结算	决算	主要工程内容	备注
LJ0501	软土地区路基处理	km/m²	√	√	√	√	√	包括桩处理、换填、预压、排水固结、补压等	指软土地区路基处理长度，按处理方案分列子项
LJ050101	清除换填处理	m³/m²	√	√	√	√			指换填体积和处理面积，可按换填材料分列子项
LJ05010101	清除换填透水性材料	m³/m²	√	√	√	√			
LJ05010102	清除换填土石混合料（宕渣）	m³/m²	√	√	√	√			
LJ05010103	清除换填土石混合料（清宕渣）	m³/m²	√	√	√	√			
LJ05010104	清除换填泡沫混凝土	m³/m²	√	√	√	√			
LJ050102	抛石挤淤处理	m³	√	√	√	√			指抛石体积和处理面积
LJ050103	垫层	m³	√	√	√	√			按不同的填料分级
LJ05010301	碎石垫层	m³		√	√	√			
LJ05010302	土石混合料（宕渣）垫层	m³		√	√	√			
LJ05010303	砂砾垫层	m³		√	√	√			
LJ05010304	灰土垫层	m³		√	√	√			
LJ05010305	砂垫层	m³		√	√	√			
LJ05010306	碎石土垫层	m³		√	√	√			
LJ050104	土工织物	m²		√	√	√			按不同的土工织物分级
LJ05010401	土工布	m²		√	√	√			
LJ05010402	土工格栅	m²		√	√	√			

续上表

要素费用项目编码	工程或费用名称（或清单子目名称）	单位	估算	概算	施工图预算	结算	决算	主要工程内容	备注
LJ05010403	土工格室	m²		√	√	√			指处理面积，包含沉降补偿方
LJ050105	真空预压与堆载预压	m²	√	√	√	√			
LJ05010501	堆载预压	m²		√	√	√			
LJ05010502	真空预压	m²		√	√	√			
LJ05010503	水袋预压	m²		√	√	√			
LJ05010504	沉降补偿方	m³		√	√	√			
LJ050106	袋装砂井	m	√	√	√	√			
LJ050107	塑料排水板	m/m²	√	√	√	√			指排水板长度和处理面积
LJ050108	水泥搅拌桩	m/m²	√	√	√	√			指桩长和处理面积
LJ05010801	浆喷桩	m		√	√	√			
LJ0501080101	直径400mm	m		√	√	√			
LJ0501080102	直径500mm	m		√	√	√			
LJ0501080103	直径600mm	m		√	√	√			
LJ0501080107	直径1000mm	m		√	√	√			
LJ05010802	粉喷桩	m/m²		√	√	√			
LJ0501080201	直径400mm	m		√	√	√			
LJ0501080202	直径500mm	m		√	√	√			
LJ0501080203	直径600mm	m		√	√	√			
LJ050109	砂桩	m/m²	√	√	√	√			指桩长和处理面积
LJ050110	碎石桩	m/m²	√	√	√	√			指桩长和处理面积

续上表

要素费用编码	工程或费用名称（或清单子目名称）	单位	估算	概算	施工图预算	结算	决算	主要工程内容	备注
LJ050111	混凝土管桩	m/m²	√	√	√	√		含桩帽和系梁	指桩长和处理面积
LJ05011101	直径400mm	m		√	√	√			
LJ05011102	直径500mm	m		√	√	√			
LJ05011103	直径600mm	m		√	√	√			
LJ05011104	直径700mm	m		√	√	√			
LJ05011105	直径800mm	m		√	√	√			
LJ050112	素混凝土桩	m/m²	√	√	√	√		含桩帽和系梁	指桩长和处理面积
LJ05011201	直径300mm	m		√	√	√			
LJ05011202	直径400mm	m		√	√	√			
LJ05011203	直径500mm	m		√	√	√			
LJ05011204	直径600mm	m		√	√	√			
LJ05011205	直径700mm	m		√	√	√			
LJ05011206	直径800mm	m		√	√	√			
LJ05011207	直径900mm	m		√	√	√			
LJ05011208	直径1000mm	m		√	√	√			
LJ050113	CFG桩	m/m²	√	√	√	√			指桩长和处理面积
LJ050114	Y形沉管灌注桩	m/m²	√	√	√	√			指桩长和处理面积
LJ050115	薄壁筒型沉管灌注桩	m/m²	√	√	√	√			指桩长和处理面积
LJ050116	混凝土方桩	m³/m²	√	√	√	√		含桩帽和系梁	指预制桩体积和处理面积
LJ050117	强夯及强夯置换处理	m²	√	√	√	√			指处理面积
LJ05011701	强夯	m²		√	√	√			

续上表

要素费用编码	工程或费用名称（或清单子目名称）	单位	估算	概算	施工图预算	结算	决算	主要工程内容	备注
LJ05011702	强夯置换	m³		√	√	√			
LJ050118	地基固化处理	m³/m²	√	√	√	√			如采用强力搅拌法，指处理体积和处理面积
LJ050119	灌浆处理	m³/m²	√	√	√	√			指灌浆体体积和处理面积
LJ0502	不良地质路段处治	km/m²	√	√	√	√	√	包括滑坡、崩塌及岩堆、泥石流、岩溶、采空区、膨胀土、滨海路基等不良地质路段的治治	指路基处治长度和处治面积
LJ050201	滑坡地段路基防治	km/处	√	√	√	√	√	包括排水、减载、反压与支挡工程等	指处理路段长度和处理方法数，按不同的处理方法分列子项
LJ050202	崩塌及岩堆路段路基防治	km/处	√	√	√	√	√	包括喷锚挂网支护、避绕、清理、支挡、遮挡工程等	指处理路段长度和处理方法数，按不同的处理方法分列子项
LJ050203	泥石流路段路基防治	km/处	√	√	√	√	√	包括排导设施、加固设施等	指处理路段长度和处理方法数，按不同的处理方法分列子项
LJ050204	岩溶地区防治	km/处	√	√	√	√	√	包括设置排水设施、溶洞回填、洞内加固等	指处理路段长度和处理方法数，按不同的处理方法分列子项
LJ050205	采空区处理	km/处	√	√	√	√	√	包括开挖回填、填充和注浆等	指处理路段长度和处理方法数，按不同的处理方法分列子项
LJ050206	膨胀土处理	km/处	√	√	√	√	√		指处理路段长度，按不同的处理方法分列子项

附表2 浙江省公路工程全过程造价标准化编码分表

续上表

要素费用项目编码	工程或费用名称（或清单子目名称）	单位	估算	概算	施工图预算	结算	决算	主要工程内容	备注
LJ050207	滨海路基防护与加固	km/处	√	√	√	√	√	包括过水构造物、排水设施、支挡和边坡防护加固等	指处理路段长度和处数，按不同的处理方法分列子项
LJ050208	盐渍土处理	km/m³	√	√	√	√	√		按不同的处理方法分列子项
LJ050209	红黏土及高液限土处治	km/m²	√	√	√	√	√		指路基处理长度和面积
……									可增加表中未包含的特殊路基处理项目
LJ0503	特殊路段路基处理	km	√	√	√	√	√		指路基处理长度
LJ050301	低填浅挖路段处理	km/m²	√	√	√	√	√		指路基处理长度和面积
LJ050302	新旧路基衔接处理	km/m²	√	√	√	√	√		指路基处理长度和面积
LJ050303	陡坡路堤或填挖交界路段处理	km/m²	√	√	√	√	√		指路基处理长度和面积
LJ050304	桥涵路基处理	km/m²	√	√	√	√	√		指路基处理长度和面积
LJ06	排水工程	km	√	√	√	√	√	包括一般路段中所有排水工程及高边坡排水及沟、漕、池、井及管道等	指路基长度
LJ0601	边沟	m³/m	√	√	√	√	√		圬工体积及边沟长度，按不同的材料分列子项

75

续上表

要素费用项目编码	工程或费用名称（或清单子目名称）	单位	估算	概算	施工图预算	结算	决算	主要工程内容	备注
LJ060101	现浇混凝土边沟	m³/m		√	√				
LJ060102	混凝土预制块边沟	m³/m		√	√				
LJ060103	浆砌片块石边沟	m³/m		√	√				
LJ0602	排水沟	m³/m	√	√	√	√	√		圬工体积及圬工长度，按不同的材料分列子项
LJ060201	现浇混凝土排水沟	m³/m		√	√				
LJ060202	混凝土预制块排水沟	m³/m		√	√				
LJ060203	浆砌片块石排水沟	m³/m		√	√				
LJ0603	截水沟	m³/m	√	√	√	√	√		圬工体积及圬工长度，按不同的材料分列子项
LJ060301	现浇混凝土截水沟	m³/m		√	√				
LJ060302	混凝土预制块截水沟	m³/m		√	√				
LJ060303	浆砌片石截水沟	m³/m		√	√				
LJ0604	跌水与急流槽	m³/m	√	√	√	√	√		圬工体积及圬工长度，按不同的材料分列子项
LJ060401	现浇混凝土急流槽	m³/m		√	√				
LJ060402	混凝土预制块急流槽	m³/m		√	√				
LJ060403	浆砌片石急流槽	m³/m		√	√				
LJ0605	暗沟	m³/m		√	√	√	√		圬工体积及圬工长度，按不同的材料分列子项
LJ060501	现浇混凝土暗沟	m³/m		√	√				

续上表

要素费用项目编码	工程或费用名称（或清单子目名称）	单位	估算	概算	施工图预算	结算	决算	主要工程内容	备注
LJ060502	浆砌片石暗沟	m³/m		√	√				圬工体积及圬工长度，按不同的材料分列子项
LJ0606	渗（盲）沟	m³/m		√	√	√			指路基长度
LJ0607	其他排水工程	km	√	√	√	√	√		
LJ060701	排水构筑物（沉淀池、蒸发池、截留缓冲池）	m³/座		√	√	√	√		
LJ060702	倒虹吸	m/道		√	√				
LJ060703	混凝土坡面排水结构物	m³		√	√				
LJ07	路基防护与加固工程	km	√	√	√	√	√	包括一般防护与加固、高边坡防护与加固和刷防护等	指路基长度
LJ0701	一般边坡防护与加固	km	√	√	√	√	√	包括植物防护、圬工防护、导治结构物及支挡建筑物等	指一般边坡防护的路基长度（按单边计）
LJ070101	播植（喷播）草灌	m²		√	√				
LJ070102	TBS生态植被	m²		√	√				
LJ070103	TBS生态植被-系统锚杆	m²		√	√				
LJ070104	TBS生态植被-预应力锚索	m²		√	√				
LJ070105	高次团粒生态植被	m²		√	√				
LJ070106	土工格室植草灌	m²		√	√				
LJ070107	植生袋植草灌	m²		√	√				
LJ070108	框格+植草	m²		√	√				
LJ070109	框格+系统锚杆+植草（TBS生态植被等）	m²		√	√				

续上表

要素费用项目编码	工程或费用名称（或清单子目名称）	单位	估算	概算	施工图预算	结算	决算	备注
LJ070110	框格＋预应力锚索＋植草（TBS生态植被等）	m²		√	√			
LJ070111	边坡柔性防护	m²		√	√			
LJ07011101	主动防护系统	m²		√	√			
LJ07011102	主动防护系统＋系统锚杆	m²		√	√			
LJ07011103	主动防护系统＋预应力锚索	m²		√	√			
LJ07011104	主动防护系统＋系统锚杆＋植草（TBS生态植被等）	m²		√	√			
LJ07011105	主动防护系统＋预应力锚索＋植草（TBS生态植被等）	m²		√	√			
LJ07011106	被动防护系统	m²		√	√			
LJ07011107	覆盖式引导防护系统	m²		√	√			
LJ070112	六角空心块护坡	m²		√	√			
LJ070113	浆砌片石护坡	m³		√	√			
LJ07011301	满铺浆砌片石护坡	m³		√	√			
LJ07011302	浆砌片石骨架护坡	m³		√	√			
LJ070114	现浇混凝土骨架护坡	m³		√	√			
LJ070115	挂网锚喷混凝土防护边坡	m³		√	√			
LJ070116	检查踏步	m³		√	√			
LJ070117	边坡注浆加固	m³		√	√			
LJ070118	挡土墙	m³/m		√	√			指m³体积和墙长，m³工中包含挡墙墙背回填

附表2　浙江省公路工程全过程造价标准化编码分表

续上表

要素费用项目编码	工程或费用名称（或清单子目名称）	单位	估算	概算	施工图预算	结算	决算	主要工程内容	备注
LJ07011801	重力式混凝土挡土墙	m³/m		√	√				
LJ07011802	悬臂式混凝土挡土墙	m³/m		√	√				
LJ07011803	扶壁式混凝土挡土墙	m³/m		√	√				
LJ07011804	锚杆式混凝土挡土墙	m³/m		√	√				
LJ07011805	锚定板混凝土挡土墙	m³/m		√	√				
LJ07011806	加筋混凝土挡土墙	m³/m		√	√				
LJ07011807	加筋格宾挡土墙	m³/m		√	√				
LJ07011808	砌体挡土墙	m³/m		√	√				
LJ070119	抗滑桩	m³		√	√				
LJ070120	护面墙	m³		√	√				
LJ07012001	浆砌片（块）石护面墙	m³		√	√				
LJ07012002	现浇混凝土护面墙	m³		√	√				
LJ07012003	预制安装混凝土护面墙	m³		√	√				
LJ070121	封面、捶面	m²		√	√				
LJ07012101	封面	m²		√	√				
LJ07012102	捶面	m²		√	√				
LJ070122	仰斜式排水孔	m		√	√				
LJ0702	高边坡防护与加固	km/处	√	√	√	√	√	包括植物防护、圬工防护、导治结构物及支挡建筑物等	指高边坡路基长度（单边合计）及处数
LJ070201	播植（喷播）草灌	m²		√	√				
LJ070202	TBS生态植被	m²		√	√				
LJ070203	TBS生态植被＋系统锚杆	m²		√	√				

续上表

要素费用项目编码	工程或费用名称（或清单子目名称）	单位	估算	概算	施工图预算	结算	决算	主要工程内容	备注
LJ070204	TBS生态植被+预应力锚索	m²		√	√				
LJ070205	高次团粒生态植被	m²		√	√				
LJ070206	土工格室植草灌	m²		√	√				
LJ070207	植生袋植草灌	m²		√	√				
LJ070208	框格植草	m²		√	√				
LJ070209	框格+系统锚杆+植草（TBS生态植被等）	m²		√	√				
LJ070210	框格+预应力锚索+植草（TBS生态植被等）	m²		√	√				
LJ070211	边坡柔性防护	m²		√	√				
LJ07021101	主动防护系统	m²		√	√				
LJ07021102	主动防护系统+系统锚杆	m²		√	√				
LJ07021103	主动防护系统+预应力锚索	m²		√	√				
LJ07021104	主动防护系统+系统锚杆+植草（TBS生态植被等）	m²		√	√				
LJ07021105	主动防护系统+预应力锚索+植草（TBS生态植被等）	m²		√	√				
LJ07021106	被动防护系统	m²		√	√				
LJ07021107	覆盖式引导防护系统	m²		√	√				
LJ070212	六角空心块护坡	m³		√	√				
LJ070213	浆砌片石护坡	m³		√	√				
LJ07021301	满铺浆砌片石护坡	m³		√	√				

附表2 浙江省公路工程全过程造价标准化编码分表

续上表

要素费用项目编码	工程或费用名称（或清单子目名称）	单位	估算	概算	施工图预算	结算	决算	主要工程内容	备注
LJ07021302	浆砌片石骨架护坡	m³		√	√				
LJ070214	现浇混凝土骨架护坡	m³		√	√				
LJ070215	挂网锚喷混凝土防护边坡	m²		√	√				
LJ070216	检查踏步	m³		√	√				
LJ070217	边坡注浆加固	m³		√	√				
LJ070218	挡土墙	m³/m		√					指圬工体积和墙长，圬工中包含挡墙墙背回填
LJ07021801	重力式混凝土挡土墙	m³/m		√	√				
LJ07021802	悬臂式混凝土挡土墙	m³/m		√	√				
LJ07021803	扶壁式混凝土挡土墙	m³/m		√	√				
LJ07021804	锚杆式混凝土挡土墙	m³/m		√	√				
LJ07021805	锚定板混凝土挡土墙	m³/m		√	√				
LJ07021806	加筋混凝土挡土墙	m³/m		√	√				
LJ07021807	加筋格宾挡土墙	m³/m		√	√				
LJ07021808	砌体挡土墙	m³/m		√	√				
LJ070219	抗滑桩	m³		√	√				
LJ070220	护面墙	m³		√	√				
LJ07022001	浆砌片（块）石护面墙	m³		√	√				
LJ07022002	现浇混凝土护面墙	m³		√	√				
LJ07022003	预制安装混凝土护面墙	m³		√	√				
LJ070221	封面，捶面	m²		√	√				
LJ07022101	封面	m²		√	√				

续上表

要素费用项目编码	工程或费用名称（或清单子目名称）	单位	估算	概算	施工图预算	结算	决算	主要工程内容	备注
LJ07022102	捶面	m²		√	√				
LJ070222	仰斜式排水孔	m		√	√				
LJ0703	冲刷防护	m	√	√	√	√		包括植物防护、铺石、抛石、石笼、导治结构物等	指防护长度
LJ070301	河床铺砌	m³/m		√	√				指坊工体积和长度
LJ07030101	浆砌片石铺砌	m³/m		√	√				
LJ07030102	混凝土铺砌	m³/m		√	√				
LJ070302	导流设施	m³/m		√	√				指坊工体积和长度
LJ07030201	浆砌片石	m³/处		√	√				
LJ07030202	现浇混凝土	m³/处		√	√				
LJ07030203	预制安装混凝土	m³/处		√	√				
LJ070303	护岸、驳岸	m³/m		√	√				指坊工体积和长度
LJ07030301	浆砌片石	m³/m		√	√				
LJ07030302	现浇混凝土	m³/m		√	√				
LJ07030303	预制安装混凝土	m³/m		√	√				
LJ070304	石笼防护	m³/处		√	√				
LJ070305	抛石防护	m³/处		√	√				
LJ0704	其他防护	km	√	√	√	√	√	除一般边坡、高边坡、冲刷防护外的路基其他防护工程	指路基长度
LJ08	路基其他工程	km	√	√	√	√	√	除以上工程外的路基工程或路基零星工程等	指路基长度
LJ0801	整修路拱	km			√				指处理的路基长度

82

附表2 浙江省公路工程全过程造价标准化编码分表

续上表

要素费用项目编码	工程或费用名称（或清单子目名称）	单位	估算	概算	施工图预算	结算	决算	主要工程内容	备注
LJ0802	整修边坡	km	√						指处理的路基长度
LM	**路面工程项目分表**								
LM01	沥青混凝土路面	m²	√	√	√	√	√	包括面层、基层、垫层、黏层、透层、封层等	指上面层顶面面积
LM0101	路面垫层	m³/m²	√	√	√	√			
LM010101	碎石垫层	m³/m²	√	√	√	√			
LM010102	砂砾垫层	m³/m²	√	√	√	√			
LM010103	煤渣垫层	m³/m²	√	√	√	√			
LM010104	矿渣垫层	m³/m²	√	√	√	√			
LM010105	碎石土垫层	m³/m²	√	√	√	√			
LM010106	水泥稳定土垫层	m³/m²	√	√	√	√			
LM010107	石灰稳定土垫层	m³/m²	√	√	√	√			
LM010108	素混凝土垫层	m³/m²	√	√	√	√			
LM0102	路面底基层	m³/m²	√	√	√	√	√		指料粒体积和层顶面面积
LM010201	水泥稳定碎石底基层	m³/m²	√	√	√	√			
LM010202	石灰稳定土底基层	m³/m²	√	√	√	√			
LM010203	水泥、石灰稳定土底基层	m³/m²	√	√	√	√			
LM010204	石灰粉煤灰稳定土底基层	m³/m²	√	√	√	√			
LM010205	石灰工业废渣稳定土底基层	m³/m²	√	√	√	√			
LM010206	级配碎石底基层	m³/m²	√	√	√	√			
LM010207	级配砾石底基层	m³/m²	√	√	√	√			

续上表

要素费用项目编码	工程或费用名称（或清单子目名称）	单位	估算	概算	施工图预算	结算	决算	主要工程内容	备注
LM010208	填隙碎石底基层	m³/m²	√	√	√	√			
LM010209	泥结碎石底基层	m³/m²	√	√	√	√			
LM0103	路面基层	m³/m²	√	√	√	√	√		指料粒体积和层顶面面积
LM010301	水泥稳定碎石基层	m³/m²	√	√	√	√			
LM010302	石灰稳定土基层	m³/m²	√	√	√	√			
LM010303	石灰粉煤灰稳定土基层	m³/m²	√	√	√	√			
LM010304	沥青稳定碎石基层	m³/m²	√	√	√	√			
LM010305	贫混凝土基层	m³/m²	√	√	√	√			
LM010306	级配碎石基层	m³/m²	√	√	√	√			
LM010307	级配砾石基层	m³/m²	√	√	√	√			
LM010308	填隙碎石基层	m³/m²	√	√	√	√			
LM010309	泥结碎石基层	m³/m²	√	√	√	√			
LM0104	透层、黏层、封层	m²	√	√	√	√	√		
LM010401	透层	m²	√	√	√	√			
LM010402	黏层	m²	√	√	√	√			
LM010403	封层	m²	√	√	√	√			
LM010404	透封层	m²	√	√	√	√			
LM0105	沥青混凝土面层	m³/m²	√	√	√	√	√	包括磨耗层、上面层、中面层、下面层等	指所有面层料粒体积和上面层顶面面积
LM010501	普通沥青混凝土面层	m³/m²	√	√	√	√	√		
LM01050101	细粒式沥青混凝土	m³/m²	√	√	√	√	√		

续上表

要素费用项目编码	工程或费用名称（或清单子目名称）	单位	估算	概算	施工图预算	结算	决算	主要工程内容	备注
LM01050102	中粒式沥青混凝土	m³/m²	√	√	√	√			
LM01050103	粗粒式沥青混凝土	m³/m²	√	√	√	√			
LM010502	改性沥青混凝土面层	m³/m²	√	√	√	√	√		
LM01050201	细粒式改性沥青混凝土	m³/m²	√	√	√	√			
LM01050202	中粒式改性沥青混凝土	m³/m²	√	√	√	√			
LM01050203	粗粒式改性沥青混凝土	m³/m²	√	√	√	√			
LM010503	沥青玛蹄脂碎石混合料面层（SMA）	m³/m²	√	√	√	√	√		
LM01050301	细粒式沥青玛蹄脂碎石混合料面层（SMA）	m³/m²	√	√	√	√			
LM01050302	中粒式沥青玛蹄脂碎石混合料面层（SMA）	m³/m²	√	√	√	√			
LM02	水泥混凝土路面	m²	√	√	√	√	√	包括面层、基层、垫层、封层等	指面层顶面面积
LM0201	路面垫层	m³/m²	√	√	√	√	√		
LM020101	碎石垫层	m³/m²	√	√	√	√			
LM020102	砂砾垫层	m³/m²	√	√	√	√			
LM020103	煤渣垫层	m³/m²	√	√	√	√			
LM020104	矿渣垫层	m³/m²	√	√	√	√			
LM020105	碎石土垫层	m³/m²	√	√	√	√			
LM020106	水泥稳定土垫层	m³/m²	√	√	√	√			
LM020107	石灰稳定土垫层	m³/m²	√	√	√	√			

续上表

要素费用编码	工程或费用名称（或清单子目名称）	单位	估算	概算	施工图预算	结算	决算	主要工程内容	备注
LM020108	素混凝土垫层	m³/m²	√	√	√	√			
LM0202	路面底基层	m³/m²	√	√	√	√	√		挡料粒体积和层顶面面积
LM020201	水泥稳定碎石底基层	m³/m²	√	√	√	√			
LM020202	石灰稳定土底基层	m³/m²	√	√	√	√			
LM020203	水泥、石灰稳定土底基层	m³/m²	√	√	√	√			
LM020204	石灰粉煤灰稳定土底基层	m³/m²	√	√	√	√			
LM020205	石灰工业废渣稳定土底基层	m³/m²	√	√	√	√			
LM020206	级配碎石底基层	m³/m²	√	√	√	√			
LM020207	级配砾石底基层	m³/m²	√	√	√	√			
LM020208	填隙碎石底基层	m³/m²	√	√	√	√			
LM020209	泥结碎石底基层	m³/m²	√	√	√	√			
LM0203	路面基层	m³/m²	√	√	√	√	√		挡料粒体积和层顶面面积
LM020301	水泥稳定碎石基层	m³/m²	√	√	√	√			
LM020302	石灰稳定土基层	m³/m²	√	√	√	√			
LM020303	石灰粉煤灰稳定土基层	m³/m²	√	√	√	√			
LM020304	沥青稳定碎石基层	m³/m²	√	√	√	√			
LM020305	贫混凝土基层	m³/m²	√	√	√	√			
LM020306	级配碎石基层	m³/m²	√	√	√	√			
LM020307	级配砾石基层	m³/m²	√	√	√	√			
LM020308	填隙碎石基层	m³/m²	√	√	√	√			

附表2 浙江省公路工程全过程造价标准化编码分表

续上表

要素费用项目编码	工程或费用名称（或清单子目名称）	单位	估算	概算	施工图预算	结算	决算	主要工程内容	备注
LM020309	泥结碎石基层	m³/m²	√	√	√	√			
LM0204	透层、黏层，封层	m²		√	√	√	√		
LM020401	透层	m²		√	√	√			
LM020402	黏层	m²		√	√	√			
LM020403	封层	m²		√	√	√			
LM020404	透封层	m²		√	√	√			
LM0205	水泥混凝土面层	m³/m²	√	√	√	√	√		指混凝土体积和面层面积
LM03	其他路面	m²	√	√	√	√	√		指上面层顶面面积，含所有结构层
LM0301	沥青表面处置	m²		√	√	√			指料粒体积和面层顶面面积
LM0302	沥青贯入式路面	m²		√	√	√			指层顶面面积
LM0303	泥结碎（砾）石面层	m²		√	√	√			指层顶面面积
LM0304	级配碎（砾）石面层	m²		√	√	√			指层顶面面积
LM0305	天然砂砾面层	m²		√	√	√			
LM0306	整齐块石路面	m²		√	√	√			
LM0307	人行道路面	m²		√	√	√			
LM04	路槽、路肩及中央分隔带	km		√	√	√	√	包括挖路槽、培路肩、中分带填土、路缘石等	指扣除主线桥梁、隧道和互通立交的主线长度
LM0401	挖路槽	m²		√	√				指挖路槽面积

续上表

要素费用项目编码	工程或费用名称（或清单子目名称）	单位	估算	概算	施工图预算	结算	决算	主要工程内容	备注
LM0402	路肩	km		√	√				含培路肩、土路肩加固、路肩排水。指扣除主线桥梁、隧道和互通立交的主线长度
LM0403	中间带	km		√	√			包括中间带填土、渗沟	指布置中间带的主线长度
LM0404	路缘石	m		√	√				指布置路缘石的主线长度
LM040401	混凝土路缘石	m³		√	√				
LM040402	花岗岩路缘石	m³		√	√				
LM040403	水磨石路缘石	m		√	√				
LM05	路面排水	km	√	√	√	√	√	包括城镇化综合排水、拦水带、排水沟、排水管、集水井、检查井等	指扣除主线桥梁、隧道和互通立交的主线长度
LM0501	拦水带	m		√	√				
LM0502	排水沟、过水槽	m³/m		√	√			包括路肩排水沟、中分带排水沟、混凝土过水槽	按排水沟长度，按不同的类型分列子项。指排水沟圬工体积和水沟长度
LM0503	排水管	m		√	√			包含雨污水管	按不同的类型排水管分列子项。指排水管长度
LM050301	混凝土排水管	m		√	√				
LM050302	塑料排水管	m		√	√				

附表2 浙江省公路工程全过程造价标准化编码分表

续上表

要素费用项目编码	工程或费用名称（或清单子目名称）	单位	估算	概算	施工图预算	结算	决算	主要工程内容	备注
LM050303	玻璃钢夹砂管	m		√	√				
LM050304	球墨铸铁管	m		√	√				
LM0504	井（集水井、检查井、雨水井、污水井、跌水井、收水井）	m³/座		√	√				按不同的规格分列子项
LM0505	雨水口、出水口	m³/处		√	√				按不同的规格分列子项
LM06	旧路面处理	km/m²	√	√	√	√	√		指处理长度和处理面积
LM0601	既有路面处治	m²		√	√				根据处治方案细化
LM0602	路面拼接处理	m²		√	√				根据处治方案细化
LM07	旧路面利用	m²	√	√	√	√	√		根据处治方案细化
LM0701	沥青路面冷再生	m³	√	√	√				
LM0702	沥青路面热再生	m³	√	√	√				
LM0703	水泥混凝土路面再生	m³	√	√	√				
LM0704	破碎混凝土面层利用	m³	√	√	√				
HD	涵洞工程项目分表								
HD01	管涵	m/道		√	√	√			可按孔数、孔径分列子项
HD02	盖板涵	m/道		√	√	√			可按孔数、孔径分列子项，双孔参照单孔进行划分
HD03	箱涵	m/道		√	√	√			可按孔数、孔径分列子项，双孔参照单孔进行划分

89

续上表

要素费用项目编码	工程或费用名称（或清单子目名称）	单位	估算	概算	施工图预算	结算	决算	主要工程内容	备注
HD04	拱涵	m/道		√		√			可按孔数、孔径分列子项
HD05	旧涵洞处理	m/道		√	√	√			含清淤、加固、拼接、封堵、拆除等
QL	**桥梁工程项目分表**								
QL01	基础工程					√			
QL0101	桩基础	m³/m²		√					
QL010101	桩径0.8m	m³/m		√	√				
QL010102	桩径1.0m	m³/m		√	√				
QL010103	桩径1.1m	m³/m		√	√				
QL010104	桩径1.2m	m³/m		√	√				
QL010105	桩径1.3m	m³/m		√	√				
QL010106	桩径1.4m	m³/m		√	√				
QL010107	桩径1.5m	m³/m		√	√				
QL010108	桩径1.6m	m³/m		√	√				
QL010109	桩径1.7m	m³/m		√	√				
QL010110	桩径1.8m	m³/m		√	√				
QL010111	桩径1.9m	m³/m		√	√				
QL010112	桩径2.0m	m³/m		√	√				
QL010113	桩径2.2m	m³/m		√	√				
QL010114	桩径2.5m	m³/m		√	√				
QL010115	桩径2.8m	m³/m		√	√				

附表2 浙江省公路工程全过程造价标准化编码分表

续上表

要素费用项目编码	工程或费用名称（或清单子目名称）	单位	估算	概算	施工图预算	结算	决算	主要工程内容	备注
QL010116	桩径3.0m	m³/m		√	√				
QL010117	桩径3.2m	m³/m		√	√				
QL010118	桩径3.5m	m³/m		√	√				
QL010130	变截面桩（桩径…m~…m）	m³/m		√	√				
QL010140	扩孔桩桩径（…m）	m³/m		√	√				
	……								
QL0102	承台	m³/m²		√	√				
QL0103	地系梁	m³/m²		√	√				
QL0104	扩大基础	m³/m²		√	√				
QL0105	水中工作平台	m²		√	√				指工作平台面积
QL0106	永久钢护筒	t		√	√				
QL0107	钢围堰	t		√	√				指的有专项设计的钢围堰
QL0108	桩底注浆	m³		√	√				
QL0109	桩基岩溶洞处理	m³/处		√	√				
QL0110	沉井基础	m³		√	√				
QL011001	混凝土沉井	m³		√	√				
QL011002	钢沉井	t		√	√				
QL0111	沉桩	m³/m		√	√				
QL0112	地下连续墙	m³/m		√	√				
QL0113	锚碇	m³/处		√	√				
QL02	下部构造	m³/m²		√	√	√			

续上表

要素费用项目编码	工程或费用名称（或清单子目名称）	单位	估算	概算	施工图预算	结算	决算	主要工程内容	备注
QL0201	桥台	m³		√	√				耳背墙、台帽、桥台挡块计入桥台中
QL0202	墩柱	m³		√	√				
QL020201	现浇钢筋混凝土墩柱	m³		√	√				
QL020202	预制安装装配式墩柱	m³		√	√				
QL020203	钢管混凝土叠合柱	m³/t		√	√				
QL0203	系梁	m³		√	√				
QL020301	现浇钢筋混凝土系梁	m³		√	√				
QL020302	钢系梁	t		√	√				
QL0204	盖梁	m³		√	√				盖梁上挡块计入盖梁中
QL020401	现浇钢筋混凝土盖梁	m³		√	√				
QL020402	现浇预应力钢筋混凝土盖梁	m³		√	√				
QL020403	预制安装装配式盖梁	m³		√	√				
QL020404	钢盖梁	t		√	√				
QL0205	索塔	m³		√	√				
QL020501	现浇钢筋混凝土索塔	m³		√	√				
QL020502	预制安装钢筋混凝土索塔	m³		√	√				
QL020503	钢索塔	t		√	√				
QL0206	其他	m²		√	√				
QL03	上部构造	m²		√	√	√			
QL0301	T梁	m³/m²		√	√				

续上表

要素费用项目编码	工程或费用名称（或清单子目名称）	单位	估算	概算	施工图预算	结算	决算	主要工程内容	备注
QL0302	矮T梁	m³/m²		√	√				
QL0303	小箱梁	m³/m²		√	√				
QL0304	空心板	m³/m²		√	√				
QL0305	实心板	m³/m²		√	√				
QL0306	叠合梁	m³/m²		√	√				
QL0307	现浇连续箱梁	m³/m²		√	√				
QL0308	连续刚构	m³/m²		√	√				
QL0309	整体式预制箱梁	m³/m²		√	√				
QL0310	节段预制箱梁	m³/m²		√	√				
QL0311	钢梁	t/m²		√	√				
QL031101	钢箱梁	t/m²		√	√				
QL031102	钢板梁	t/m²		√	√				
QL031103	钢混组合梁	t/m²		√	√				
QL031104	钢桁架	t/m²		√	√				
QL031105	钢梁混凝土	m³/m²		√	√				
QL0312	斜拉桥上部构造	m³(t)/m²		√	√				
QL031201	预应力混凝土梁	m³/m²		√	√				
QL03120101	现浇连续箱梁	m³/m²		√	√				
QL03120102	节段预制箱梁	m³/m²		√	√				
QL031202	钢梁	t/m²		√	√				
QL03120201	钢箱梁	t/m²		√	√				
QL03120202	钢混组合梁	t/m²		√	√				

续上表

要素费用项目编码	工程或费用名称（或清单子目名称）	单位	估算	概算	施工图预算	结算	决算	主要工程内容	备注
QL03120203	钢桁架	t/m²		√	√				
QL03120204	钢梁混凝土	m³/m²		√	√				
QL031203	斜拉索	t/m²		√	√				
QL031204	其他	m²		√	√				
QL0313	悬索桥上部构造	m³(t)/m²		√	√				
QL031301	预应力混凝土梁	m³/m²		√	√				
QL03130101	现浇连续箱梁	m³/m²		√	√				
QL03130102	节段预制箱梁	m³/m²		√	√				
QL031302	钢梁	t/m²		√	√				
QL03130201	钢箱梁	t/m²		√	√				
QL03130202	钢混组合梁	t/m²		√	√				
QL03130203	钢桁架	t/m²		√	√				
QL03130204	钢梁混凝土	m³/m²		√	√				
QL031303	主缆	t		√	√				
QL031304	吊索	t		√	√				
QL031305	吊杆	t		√	√				
QL031306	索鞍	m²/m		√	√				
QL031307	猫道	m		√	√				
QL031308	缆索吊装系统	m²		√	√				指吊装系统缆索跨径之和
QL031309	其他	m³(t)/m²		√	√				
QL0314	拱桥			√	√				

94

附表2 浙江省公路工程全过程造价标准化编码分表

续上表

要素费用项目编码	工程或费用名称（或清单子目名称）	单位	估算	概算	施工图预算	结算	决算	主要工程内容	备注
QL031401	预应力混凝土梁	m³/m²		√	√				
QL03140101	现浇连续箱梁	m³/m²		√	√				
QL03140102	整体式预制箱梁	m³/m²		√	√				
QL03140103	节段预制箱梁	m³/m²		√	√				
QL031402	钢梁	t/m²		√	√				
QL03140201	钢箱梁	t/m²		√	√				
QL03140202	钢混组合梁	t/m²		√	√				
QL03140203	钢桁架	t/m²		√	√				
QL03140204	钢梁混凝土	m³/m²		√	√				
QL031403	钢管拱肋	t/m²		√	√				
QL031404	混凝土拱肋	m³/m²		√	√				
QL031405	钢管混凝土拱肋	m³(t)/m²		√	√				
QL031406	拱桥中、横、纵梁	m³/m²		√	√				
QL031407	吊杆	t		√	√				
QL031408	系杆	t		√	√				
QL031409	其他	m²		√	√	√			
QL04	桥面铺装	m³/m²		√	√			包括上面层、中面层	
QL0401	沥青混凝土	m³		√	√				指所有面层料粒体积和上面层顶面面积
QL040101	普通沥青混凝土面层	m³/m²		√	√				
QL04010101	细粒式沥青混凝土	m³/m²		√	√				
QL04010102	中粒式沥青混凝土	m³/m²		√	√				

95

续上表

要素费用项目编码	工程或费用名称（或清单子目名称）	单位	估算	概算	施工图预算	结算	决算	主要工程内容	备注
QL040102	改性沥青混凝土面层	m³/m²		√	√				
QL04010201	细粒式改性沥青混凝土	m³/m²		√	√				
QL04010202	中粒式改性沥青混凝土	m³/m²		√	√				
QL040103	沥青玛蹄脂碎石混合料面层（SMA）	m³/m²		√					
QL04010301	细粒式沥青玛蹄脂碎石混合料面层（SMA）	m³/m²		√	√				
QL04010302	中粒式沥青玛蹄脂碎石混合料面层（SMA）	m³/m²		√	√				
QL040104	黏层、防水黏结层、抛丸	m²		√	√				
QL04010401	黏层	m²		√	√				
QL04010402	防水黏结层	m²		√	√				
QL04010403	抛丸	m²		√	√				
QL0402	水泥混凝土桥面铺装	m³/m²		√	√				
QL0403	钢桥面铺装	m³/m²		√	√				
QL040301	浇筑式沥青混凝土桥面铺装	m³/m²		√	√				
QL040302	环氧沥青混凝土桥面铺装	m³/m²		√	√				
QL040303	高黏高弹沥青混凝土桥面铺装	m³/m²		√	√				
QL040304	超高性能混凝土桥面铺装	m³/m²		√	√				
QL040305	细粒式沥青玛蹄脂碎石混合料面层（SMA）	m³/m²		√	√				

续上表

要素费用项目编码	工程或费用名称（或清单子目名称）	单位	估算	概算	施工图预算	结算	决算	主要工程内容	备注
QL040306	钢桥面黏结层	m²/m		√	√	√			
QL05	附属工程			√	√				
QL0501	桥梁支座	个		√	√				
QL050101	板式橡胶支座	dm³		√	√				
QL050102	盆式支座	个		√	√				
QL050103	隔震橡胶支座	个		√	√				
QL050104	球形支座	个		√	√				可区分形式进行划分
QL050105	抗风支座	个		√	√				
QL050106	支座垫石	m³		√	√				
QL0502	伸缩装置	m		√	√				
QL050201	模数式伸缩装置	m		√	√				
QL05020101	80型	m		√	√				
QL05020102	120型	m		√	√				
QL05020103	160型	m		√	√				
QL05020104	240型	m		√	√				
QL05020105	320型	m		√	√				
QL05020106	400型	m		√	√				
QL050202	梳齿板式伸缩装置	m		√	√				
QL05020201	80型	m		√	√				
QL05020202	120型	m		√	√				
QL05020203	160型	m		√	√				
QL05020204	240型	m		√	√				

续上表

要素费用项目编码	工程或费用名称（或清单子目名称）	单位	估算	概算	施工图预算	结算	决算	主要工程内容	备注
QL050203	异型钢伸缩装置	m		√	√				
QL05020301	40型	m		√	√				
QL05020302	60型	m		√	√				
QL05020303	80型	m		√	√				
QL050204	橡胶伸缩装置	m		√	√				
QL050205	填充式材料伸缩装置	m		√	√				
QL050206	其他类型伸缩装置	m		√	√				
QL050207	伸缩缝钢筋混凝土	m³/m		√	√				
QL0503	混凝土护栏	m³/m		√	√				
QL050301	现浇混凝土护栏	m³/m		√	√				
QL050302	装配式混凝土护栏	m³/m		√	√				
QL050303	钢护栏	t/m		√	√				
QL0504	桥头搭板	m³		√	√				
QL06	其他工程	m²/m		√	√	√			
QL0601	桥梁排水系统	m²/m		√	√			包含桥面排水、桥下排水设施等	
QL0602	锥坡	m³		√	√				
QL0603	桥梁处挖土石方	m³		√	√			包括挖基坑	
QL0604	桥梁处挡土墙、翼墙	m³		√	√				
QL0605	桥梁铭牌	处		√	√				
QL0606	航空障碍灯	盏		√	√				
QL0607	桥墩防撞装置			√	√				每一桥墩

附表 2　浙江省公路工程全过程造价标准化编码分表

续上表

要素费用项目编码	工程或费用名称（或清单子目名称）	单位	估算	概算	施工图预算	结算	决算	主要工程内容	备注
QL0608	桥梁除湿系统	套		√	√				
QL0609	检查车	套		√	√				
QL0610	阻尼装置	套		√	√				
QL07	旧桥利用与处治	m²/m		√	√				
QL0701	桥梁加固	m²/m		√	√				
QL0702	桥梁拼宽	m²/m		√	√				
QL0703	桥梁顶升	m²/m		√	√				
QL0704	桥梁拆除	m²/m		√	√				
QL0705	其他			√	√				
SD	**隧道工程项目分表**								
SD01	洞门及明洞开挖	m³	√	√	√	√			指洞门及明洞开挖量（估算阶段名称为"洞门及明洞工程"）
SD02	洞口防水与排水、防护	m³/m²		√	√	√			指洞口坡面排水、防护方量
SD0201	洞口坡面排水	m³		√	√				
SD020101	石砌截水沟、排水沟	m³		√	√				
SD020102	混凝土沟身槽	m³		√	√				
SD020103	土工合成材料	m³		√	√				
SD020104	渗沟	m³		√	√				
SD020105	引水管、排水管	m		√	√				
SD020106	明洞止水带	m		√	√				

续上表

要素费用项目编码	工程或费用名称（或清单子目名称）	单位	估算	概算	施工图预算	结算	决算	主要工程内容	备注
SD020107	黏土隔水层	m³		√	√				
SD020108	保温出水口	处		√	√				
SD0202	洞口坡面防护	m²		√	√				挡坡面面积
SD020201	播植（喷播）草灌	m²		√	√				
SD020202	TBS 生态植被	m²		√	√				
SD020203	TBS 生态植被＋系统锚杆	m²		√	√				
SD020204	TBS 生态植被＋预应力锚索	m²		√	√				
SD020205	高次团粒生态植被	m²		√	√				
SD020206	土工格室植草灌	m²		√	√				
SD020207	植生袋植草灌	m²		√	√				
SD020208	框格植草	m²		√	√				
SD020209	框格＋系统锚杆＋植草（TBS 生态植被等）	m²		√	√				
SD020210	框格＋预应力锚索＋植草（TBS 生态植被等）	m²		√	√				
SD020211	边坡柔性防护	m²		√	√				
SD02021101	主动防护系统	m²		√	√				
SD02021102	主动防护系统＋系统锚杆	m²		√	√				
SD02021103	主动防护系统＋预应力锚索	m²		√	√				
SD02021104	主动防护系统＋系统锚杆＋植草（TBS 生态植被等）	m²		√	√				
SD02021105	主动防护系统＋预应力锚索＋植草（TBS 生态植被等）	m²		√	√				

附表2 浙江省公路工程全过程造价标准化编码分表

续上表

要素费用项目编码	工程或费用名称（或清单子目名称）	单位	估算	概算	施工图预算	结算	决算	主要工程内容	备注
SD02021106	被动防护系统	m²		√	√				
SD02021107	覆盖式引导防护系统	m²		√	√				
SD020212	预制安装混凝土护坡	m³		√	√				
SD020213	浆砌片石护坡	m³		√	√				
SD020214	现浇混凝土护坡	m³		√	√				
SD020215	挂网锚喷混凝土防护边坡	m²		√	√				
SD020216	检查踏步	m³		√	√				
SD020217	中空注浆锚杆	m		√	√				
SD020218	地表注浆加固	m³		√	√				
SD020219	仰斜式排水孔	m		√	√				
SD020220	挡土墙	m³/m		√	√				指圬工体积和墙长，圬工中包含挡墙墙背回填
SD020221	抗滑桩	m³/m		√	√				
SD020222	护面墙	m³		√	√				
SD02022201	浆砌片（块）石护面墙	m³		√	√				
SD02022202	现浇混凝土护面墙	m³		√	√				
SD020223	封面、捶面	m²		√	√				
SD02022301	封面	m²		√	√				
SD02022302	捶面	m²		√	√				
SD03	洞门建筑、装饰	m³/座		√	√	√			洞门建筑体积及座数
SD0301	浆砌洞门墙	m³/座		√	√				
SD0302	混凝土洞门墙	m³/座		√	√				

101

续上表

要素费用项目编码	工程或费用名称（或清单子目名称）	单位	估算	概算	施工图预算	结算	决算	备注
SD0303	洞门墙装饰	m³/座		√	√			
SD04	明洞修筑	m		√	√	√		
SD0401	混凝土衬砌	m³		√	√			
SD0402	钢筋	t		√	√			
SD0403	洞顶回填	m³		√	√			
SD040301	防水层	m²		√	√			
SD040302	土石方回填	m³		√	√			
SD040303	浆砌片石回填	m³		√	√			
SD0404	遮光棚（板）	m		√	√			
SD05	洞身工程（开挖及支护）	m/m²	√	√	√	√		按洞身长度，面积指隧道建筑限界平面投影面积。面积按隧道建筑限界净宽乘以洞身长
SD0501	Ⅰ级围岩	m/m²		√	√			
SD050101	洞身开挖	m³/m		√	√			
SD050102	洞身衬砌	m³/m		√	√			
SD05010201	现浇混凝土	m³/m		√	√			
SD05010202	钢筋	t/m		√	√			
SD05010203	浆砌片块石	m³		√	√			
SD050103	仰拱	m³/m		√	√			
SD05010301	仰拱混凝土	m³/m		√	√			
SD05010302	仰拱回填混凝土	m³/m		√	√			
SD05010303	钢筋	t/m		√	√			

续上表

要素费用项目编码	工程或费用名称（或清单子目名称）	单位	估算	概算	施工图预算	结算	决算	主要工程内容	备注
SD050104	注浆小导管	m		√	√				
SD050105	管棚	m		√	√				
SD050106	锚杆	m		√	√				
SD05010601	砂浆锚杆	m		√	√				
SD05010602	药锚杆	m		√	√				
SD05010603	中空注浆锚杆	m		√	√				
SD05010604	自进式锚杆	m		√	√				
SD05010605	预应力锚杆	m		√	√				
SD050107	钢拱架（支撑）	t/m		√	√				
SD05010701	型钢支架	t/m		√	√				
SD05010702	格栅支架	t/m		√	√				
SD050108	注浆工程	m³/m		√	√				
SD050109	套拱混凝土	m³		√	√				
SD050110	孔口管	t		√	√				
SD050111	喷射混凝土	m³/m		√	√				
SD050112	钢筋网	t/m		√	√				
SD050113	侧壁导坑	m³/m		√	√				
SD050114	预埋注浆管	m		√	√				
SD0502	Ⅱ级围岩	m/m²		√	√	√			
SD050201	洞身开挖	m³/m		√	√				
SD050202	洞身衬砌	m³/m		√	√				
SD05020201	现浇混凝土	m³/m		√	√				

103

续上表

要素费用项目编码	工程或费用名称（或清单子目名称）	单位	估算	概算	施工图预算	结算	决算	主要工程内容	备注
SD05020202	钢筋	t/m		√	√				
SD05020203	浆砌片块石	m³		√	√				
SD05020301	仰拱	m³/m		√	√				
SD05020301	仰拱混凝土	m³/m		√	√				
SD05020302	仰拱回填混凝土	m³/m		√	√				
SD05020303	钢筋	t/m		√	√				
SD05020204	注浆小导管	m		√	√				
SD05020205	管棚	m		√	√				
SD05020206	锚杆	m		√	√				
SD05020601	砂浆锚杆	m		√	√				
SD05020602	药锚杆	m		√	√				
SD05020603	中空注浆锚杆	m		√	√				
SD05020604	自进式锚杆	m		√	√				
SD05020605	预应力锚杆	m		√	√				
SD05020207	钢拱架（支撑）	t/m		√	√				
SD05020701	型钢支架	t/m		√	√				
SD05020702	格栅支架	t/m		√	√				
SD05020208	注浆工程	m³/m		√	√				
SD05020209	套拱混凝土	m³		√	√				
SD05020210	孔口管	t		√	√				
SD05020211	喷射混凝土	m³/m		√	√				
SD05020212	钢筋网	t/m		√	√				

续上表

要素费用项目编码	工程或费用名称（或清单子目名称）	单位	估算	概算	施工图预算	结算	决算	主要工程内容	备注
SD050213	侧壁导坑	m^3/m		√	√				
SD050214	预埋注浆管	m		√	√				
SD0503	Ⅲ级围岩	m/m^2		√	√	√			
SD050301	洞身开挖	m^3/m		√	√				
SD050302	洞身衬砌	m^3/m		√	√				
SD05030201	现浇混凝土	m^3/m		√	√				
SD05030202	钢筋	t/m		√	√				
SD05030203	浆砌片块石	m^3		√	√				
SD050303	仰拱	m^3/m		√	√				
SD05030301	仰拱混凝土	m^3/m		√	√				
SD05030302	仰拱回填混凝土	m^3/m		√	√				
SD05030303	钢筋	t/m		√	√				
SD050304	注浆小导管	m		√	√				
SD050305	管棚	m		√	√				
SD050306	锚杆	m		√	√				
SD05030601	砂浆锚杆	m		√	√				
SD05030602	药物锚杆	m		√	√				
SD05030603	中空注浆锚杆	m		√	√				
SD05030604	自进式锚杆	m		√	√				
SD05030605	预应力锚杆	m		√	√				
SD050307	钢拱架（支撑）	t/m		√	√				
SD05030701	型钢支架	t/m		√	√				

续上表

要素费用编码项目编码	工程或费用名称（或清单子目名称）	单位	估算	概算	施工图预算	结算	决算	主要工程内容	备注
SD05030702	格栅支架	t/m		√	√				
SD050308	注浆工程	m³/m		√	√				
SD050309	套拱混凝土	m³		√	√				
SD050310	孔口管	t		√	√				
SD050311	喷射混凝土	m³/m		√	√				
SD050312	钢筋网	t/m		√	√				
SD050313	侧壁导坑	m³/m		√	√				
SD050314	预埋注浆管	m		√	√				
SD0504	Ⅳ级围岩	m/m²		√	√	√			
SD050401	洞身开挖	m³/m		√	√				
SD050402	洞身衬砌	m³/m		√	√				
SD05040201	现浇混凝土	m³/m		√	√				
SD05040202	钢筋	t/m		√	√				
SD05040203	浆砌片块石	m³		√	√				
SD050403	仰拱	m³/m		√	√				
SD05040301	仰拱混凝土	m³/m		√	√				
SD05040302	仰拱回填混凝土	m³/m		√	√				
SD05040303	钢筋	t/m		√	√				
SD050404	注浆小导管	m		√	√				
SD050405	管棚	m		√	√				
SD050406	锚杆	m		√	√				
SD05040601	砂浆锚杆	m		√	√				

106

附表2 浙江省公路工程全过程造价标准化编码分表

续上表

要素费用项目编码	工程或费用名称（或清单子目名称）	单位	估算	概算	施工图预算	结算	决算	主要工程内容	备注
SD05040602	药锚杆	m		√	√				
SD05040603	中空注浆锚杆	m		√	√				
SD05040604	自进式锚杆	m		√	√				
SD05040605	预应力锚杆	m		√	√				
SD05040701	钢拱架（支撑）	t/m		√	√				
SD05040702	型钢支架	t/m		√	√				
SD05040703	格栅支架	t/m		√	√				
SD050408	注浆工程	m³/m		√	√				
SD050409	套拱混凝土	m³		√	√				
SD050410	孔口管	t		√	√				
SD050411	喷射混凝土	m³/m		√	√				
SD050412	钢筋网	t/m		√	√				
SD050413	侧壁导坑	m³/m		√	√				
SD050414	预埋注浆管	m		√	√				
SD0505	Ⅴ级围岩	m/m²		√	√	√			
SD050501	洞身开挖	m³/m		√	√				
SD050502	洞身衬砌	m³/m		√	√				
SD05050201	现浇混凝土	m³/m		√	√				
SD05050202	钢筋	t/m		√	√				
SD05050203	浆砌片块石	m³		√	√				
SD050503	仰拱	m³/m		√	√				
SD05050301	仰拱混凝土	m³/m		√	√				

107

续上表

要素费用项目编码	工程或费用名称（或清单子目名称）	单位	估算	概算	施工图预算	结算	决算	主要工程内容	备注
SD05050302	仰拱回填混凝土	m³/m		√	√				
SD05050303	钢筋	t/m		√	√				
SD050504	注浆小导管	m		√	√				
SD050505	管棚	m		√	√				
SD050506	锚杆	m		√	√				
SD05050601	砂浆锚杆	m		√	√				
SD05050602	药锚杆	m		√	√				
SD05050603	中空注浆锚杆	m		√	√				
SD05050604	自进式锚杆	m		√	√				
SD05050605	预应力锚杆	m		√	√				
SD050507	钢拱架（支撑）	t/m		√	√				
SD05050701	型钢支架	t/m		√	√				
SD05050702	格栅支架	t/m		√	√				
SD050508	注浆工程	m³/m		√	√				
SD050509	套拱混凝土	m³		√	√				
SD050510	孔口管	t		√	√				
SD050511	喷射混凝土	m³/m		√	√				
SD050512	钢筋网	t/m		√	√				
SD050513	侧壁导坑	m³/m		√	√				
SD050514	预埋注浆管	m		√	√				
SD0506	Ⅵ级围岩	m/m²		√	√	√			
SD050601	洞身开挖	m³/m		√	√				

附表2 浙江省公路工程全过程造价标准化编码分表

续上表

要素费用项目编码	工程或费用名称（或清单子目名称）	单位	估算	概算	施工图预算	结算	决算	主要工程内容	备注
SD050602	洞身衬砌	m^3/m		√					
SD05060201	现浇混凝土	m^3/m		√	√				
SD05060202	钢筋	t/m		√	√				
SD05060203	浆砌片块石	m^3		√	√				
SD050603	仰拱	m^3/m		√	√				
SD05060301	仰拱混凝土	m^3/m		√	√				
SD05060302	仰拱回填混凝土	m^3/m		√	√				
SD05060303	钢筋	t/m		√	√				
SD050604	注浆小导管	m		√	√				
SD050605	管棚	m		√	√				
SD050606	锚杆	m		√	√				
SD05060601	砂浆锚杆	m		√	√				
SD05060602	药锚杆	m		√	√				
SD05060603	中空注浆锚杆	m		√	√				
SD05060604	自进式锚杆	m		√	√				
SD05060605	预应力锚杆	m		√	√				
SD050607	钢拱架（支撑）	t/m		√	√				
SD05060701	型钢支架	t/m		√	√				
SD05060702	格栅支架	t/m		√	√				
SD050608	注浆工程	m^3/m		√	√				
SD050609	套拱混凝土	m^3		√	√				
SD050610	孔口管	t		√	√				

109

续上表

要素费用编码	工程或费用名称（或清单子目名称）	单位	估算	概算	施工图预算	结算	决算	主要工程内容	备注
SD050611	喷射混凝土	m³/m		√	√				
SD050612	钢筋网	t/m		√	√				
SD050613	侧壁导坑	m³/m		√	√				
SD050614	预埋注浆管	m		√	√				
SD06	洞内路面	m²		√		√		沥青混凝土铺装在10508节内计算	指隧道铺筑路面面积
SD0601	水泥混凝土路面	m²		√	√				
SD060101	水泥混凝土垫层	m³		√	√				
SD060102	水泥混凝土面层	m³		√	√				
SD060103	钢筋	t		√	√				
SD0602	沥青混凝土路面	m³/m²		√	√				指所有面层料粒体积和上面层顶面面积
SD060201	普通沥青混凝土	m³/m²		√	√				
SD06020101	细粒式沥青混凝土	m³/m²		√	√				
SD06020102	中粒式沥青混凝土	m³/m²		√	√				
SD060202	改性沥青混凝土面层	m³/m²		√	√				
SD06020201	细粒式改性沥青混凝土	m³/m²		√	√				
SD06020202	中粒式改性沥青混凝土	m³/m²		√	√				
SD060203	沥青玛蹄脂碎石混合料面层（SMA）	m³/m²		√	√				
SD06020301	细粒式沥青玛蹄脂碎石混合料面层（SMA）	m³/m²		√	√				

附表2 浙江省公路工程全过程造价标准化编码分表

续上表

要素费用项目编码	工程或费用名称（或清单子目名称）	单位	估算	概算	施工图预算	结算	决算	主要工程内容	备注
SD06020302	中粒式沥青玛蹄脂碎石混合料面层（SMA）	m³/m²		√	√				
SD060204	黏层、防水黏结层、抛丸	m²		√	√				
SD06020401	黏层	m²		√	√				
SD06020402	防水黏结层	m²		√	√				
SD06020403	抛丸	m²		√	√				
SD06020404	封层	m²		√	√				
SD06020405	透封层	m²		√	√				
SD07	洞内管沟	m³/m		√	√	√			
SD0701	现浇混凝土沟槽	m³/m		√	√				
SD0702	预制安装混凝土沟槽	m³/m		√	√				
SD0703	钢筋	t/m		√	√				
SD0704	电缆保护管	m		√	√				
SD08	防水与排水	m		√	√	√			
SD0801	排水管	m		√	√				
SD080101	混凝土排水管	m		√	√				
SD080102	塑料排水管	m		√	√				
SD08010201	PVC排水管	m		√	√				
SD08010202	HDPE排水管	m		√	√				
SD08010203	U形排水管	m		√	√				
SD08010204	Ω形排水管	m		√	√				
SD080103	金属排水管	m		√	√				

续上表

要素费用项目编码	工程或费用名称（或清单子目名称）	单位	估算	概算	施工图预算	结算	决算	主要工程内容	备注
SD0802	防水板	m²/m		√	√				
SD0803	止水带、条	m		√	√				
SD0804	注浆	m³/m		√	√				
SD0805	涂料防水层	m²/m		√	√				
SD0806	防水卷材	m²/m		√	√				
SD09	洞室门	个		√	√	√			
SD0901	车行横洞洞门	个		√	√				
SD0902	人行横洞洞门	个		√	√				
SD0903	边墙设施洞门	个		√	√				
SD10	洞内装饰及防火涂料	m²/m		√	√	√			
SD1001	洞内防火涂料	m²/m		√	√				
SD100101	喷涂防火涂料	m²		√	√				
SD100102	防火板	m²		√	√				
SD100103	顶隔板	m²		√	√				
SD1002	洞内装饰工程	m²/m		√	√				
SD100201	墙面装饰	m²/m		√	√				
SD100202	喷涂混凝土专用漆	m²/m		√	√				
SD100203	吊顶	m²/m		√	√				
SD11	洞内机电、消防等设施及预埋件	m		√	√	√			
SD1101	预埋件	t		√	√				
SD1102	供水钢管（φ···mm）	m		√	√				

附表2 浙江省公路工程全过程造价标准化编码分表

续上表

要素费用项目编码	工程或费用名称（或清单子目名称）	单位	估算	概算	施工图预算	结算	决算	主要工程内容	备注
SD1103	消防洞室防火门	套		√	√				
SD12	辅助坑道	m/m²	√	√	√	√			指辅助坑道长度
SD1201	斜井	m		√	√				
SD1202	竖井	m		√	√				
SD1203	人行横洞	m/处		√	√				
SD1204	车行横洞	m/处		√	√	√			指隧道长度
SD13	预留洞室	m/处		√	√	√			
SD14	隧道维修加固	m		√	√	√			
SD15	其他	m		√	√	√			指洞长。如有其他不良地质处理等，列入此项
JA	**交通安全设施工程项目分表**								
JA01	护栏	m		√	√				
JA0101	混凝土、巧工砌体护栏	m³/m		√	√				
JA010101	现浇混凝土护栏	m³/m		√	√				
JA010102	预制安装混凝土护栏	m³/m		√	√				
JA010103	石砌护墙	m³/m		√	√				
JA0102	钢护栏	m		√	√				
JA010201	Gr-C-4E	m		√	√				
JA010202	Gr-C-2E	m		√	√				
JA010203	Gr-C-2B1	m		√	√				
JA010204	Gr-C-2B2	m		√	√				
JA010205	Gr-C-4C	m		√	√				

续上表

要素费用项目编码	工程或费用名称（或清单子目名称）	单位	估算	概算	施工图预算	结算	决算	主要工程内容	备注
JA010206	Gr-C-2C	m		√	√				
JA010207	Gr-B-2E	m		√	√				
JA010208	Gr-B-1E	m		√	√				
JA010209	Gr-B-1B1	m		√	√				
JA010210	Gr-B-1B2	m		√	√				
JA010211	Gr-B-2C	m		√	√				
JA010212	Gr-B-1C	m		√	√				
JA010213	Gr-A-4E	m		√	√				
JA010214	Gr-A-2E	m		√	√				
JA010215	Gr-A-2B1	m		√	√				
JA010216	Gr-A-2B2	m		√	√				
JA010217	Gr-A-4C	m		√	√				
JA010218	Gr-A-2C	m		√	√				
JA010219	Gr-Am-4E	m		√	√				
JA010220	Gr-Am-2E	m		√	√				
JA010221	Gr-Am-2B1	m		√	√				
JA010222	Gr-Am-2B2	m		√	√				
JA010223	Gr-Am-4C	m		√	√				
JA010224	Gr-Am-2C	m		√	√				
JA010225	Grd-Am-2E	m		√	√				
JA010226	Grd-A-1E	m		√	√				
JA010227	Grd-Am-1B1	m		√	√				

附表2 浙江省公路工程全过程造价标准化编码分表

续上表

要素费用项目编码	工程或费用名称（或清单子目名称）	单位	估算	概算	施工图预算	结算	决算	主要工程内容	备注
JA010228	Grd-Am-1B2	m		√	√				
JA010229	Grd-Am-2C	m		√	√				
JA010230	Gr-A-1C	m		√	√				
JA010231	AT1-1 外展埋人式端头	个		√	√				
JA010232	AT1-2 外展圆头式端头	个		√	√				
JA010233	AT1-3 吸能式端头	个		√	√				
JA010234	AT2 圆形式端头	个		√	√				
JA0103	缆索护栏	m		√	√				
JA0104	中央分隔带活动护栏	m		√	√				
JA0105	旋转式护栏	m		√	√				
JA0106	中墩防护导流块	处		√	√				
JA02	隔离栅和防落网	m		√	√	√			
JA0201	钢板网隔离栅	m		√	√				
JA0202	编织网隔离栅	m		√	√				
JA0203	焊接网隔离栅	m		√	√				
JA0204	刺铁丝网隔离栅	m		√	√				
JA0205	防落网（防抛网）	m		√	√				
JA03	标志牌	块		√	√	√			
JA0301	单柱式交通标志	块		√	√				
JA0302	双柱式交通标志	块		√	√				
JA0303	三柱式交通标志	块		√	√				
JA0304	门架式交通标志	块		√	√				

115

续上表

要素费用项目编码	工程或费用名称（或清单子目名称）	单位	估算	概算	施工图预算	结算	决算	主要工程内容	备注
JA0305	单悬臂式交通标志	块		√	√				
JA0306	双悬臂式交通标志	块		√	√				
JA0307	附着式交通标志	块		√	√				
JA04	标线	m		√	√	√			
JA0401	路面标线	m²/m		√	√				
JA040101	普通路面标线	m²/m		√	√				
JA040102	普通反光路面标线	m²/m		√	√				
JA040103	普通振动路面标线	m²/m		√	√				
JA040104	双组分普通路面标线	m²/m		√	√				
JA040105	双组分反光路面标线	m²/m		√	√				
JA040106	溶剂型普通路面标线	m²/m		√	√				
JA040107	溶剂型反光路面标线	m²/m		√	√				
JA040108	水性型普通路面标线	m²/m		√	√				
JA040109	水性型反光路面标线	m²/m		√	√				
JA040110	预成型标线带	m²/m		√	√				
JA040111	彩色铺装标线	m²/m		√	√				
JA040112	路钮	个		√	√				
JA0402	减速带	m		√	√				
JA0403	隆声带	m²		√	√				
JA0404	里程碑、百米桩、界碑	个		√	√	√			
JA05	混凝土里程碑、百米桩、界牌	个		√	√				
JA0501									

续上表

要素费用项目编码	工程或费用名称（或清单子目名称）	单位	估算	概算	施工图预算	结算	决算	主要工程内容	备注
JA050101	里程碑	个		√	√				
JA050102	百米桩	个		√	√				
JA050103	界碑	个		√	√				
JA0502	铝合金里程碑、百米桩、界碑	个		√	√				
JA050201	里程碑	个		√	√				
JA050202	百米桩	个		√	√				
JA050203	界碑	个		√	√				
JA06	视线诱导设施	个		√	√	√			
JA0601	柱式轮廓标	个		√	√				
JA0602	附着式轮廓标	个		√	√				
JA0603	LDC 线形（条型）轮廓标	个		√	√				
JA0604	合流诱导标	个		√	√				
JA0605	线形诱导标	个		√	√				
JA0606	隧道轮廓带	个		√	√				
JA0607	示警桩	个		√	√				
JA0608	示警墩	个		√	√				
JA0609	道口标柱	个		√	√				
JA0610	立面标记	m²/处		√	√				
JA0611	锥形路标	个		√	√				
JA0612	道路反光镜	个		√	√				
JA07	防眩、防撞设施	m		√	√	√			
JA0701	防眩板	块		√	√				

117

续上表

要素费用项目编码	工程或费用名称（或清单子目名称）	单位	估算	概算	施工图预算	结算	决算	主要工程内容	备注
JA0702	防眩网	m		√	√				
JA0703	防撞桶	个		√	√				
JA0704	防撞垫	个		√	√				
JA0705	锥形桶	个		√	√				
JA0706	水马	个		√	√				
JA0707	铁马	个		√	√				
JA0708	车止石	m		√	√				
JA08	其他交安设施					√			
JA0801	太阳能设施			√	√				
JA080101	太阳能多向警示标	个		√	√				
JA080102	自发光多向警示标	个		√	√				
JA080103	黄闪灯	个		√	√				
JA080104	太阳能突起路标	个		√	√				
JA080105	太阳能线性诱导标	个		√	√				
JA080106	太阳能智能视线诱导标	个		√	√				
JA080107	太阳能智能边缘视线诱导标	个		√	√				
JA080108	太阳能智能道钉	个		√	√				
JA0802	蓄能自发光标识			√	√				
JA080201	自发光路面标识	个		√	√				
JA080202	自发光柱式轮廓标识	个		√	√				
JA080203	附着式轮廓标识（自发光波纹形标识附着于混凝土挡块上）	个		√	√				

续上表

要素费用项目编码	工程或费用名称（或清单子目名称）	单位	估算	概算	施工图预算	结算	决算	主要工程内容	备注
JA080204	附着式轮廓标识（自发光栏式轮廓标识附着于波形护栏上）	个		√	√				
JA080205	自发光示警柱标识	个		√	√				
JA080206	自发光地名指引标识	t		√	√				
JA080207	自发光应急逃生指引标识	个		√	√				
JA080208	自发光条形标识	个		√	√				
JA080209	自发光消防报警按钮标识	个		√	√				
JA080210	自发光消防灭火设施指示标识	个		√	√				
JA080211	LED蓄能自发光标识	个		√	√				
JA0803	限高架	个		√	√				
JA0804	凸面镜	个		√	√				
JA0805	避险车道	处/m³		√	√				
JA09	安全设施拆除工程	km		√	√	√			
JA0901	拆除铝合金标志	个		√	√				
JA0902	拆除混凝土护栏	m³/m		√	√				
JA0903	拆除波形梁护栏	m		√	√				
JA0904	拆除隔离栅	m		√	√				
JA0905	拆除里程牌	个		√	√				
JA0906	拆除百米牌	个		√	√				
JA0907	拆除界碑	个		√	√				
JA0908	拆除防眩板	m		√	√				

续上表

要素费用项目编码	工程或费用名称（或清单子目名称）	单位	估算	概算	施工图预算	结算	决算	主要工程内容	备注
JA0909	拆除完起路标	块		√	√				
JA0910	铲除标线	m²/m		√	√				
JA10	公交岗亭	个		√		√			
SJ	**隧道机电工程项目分表**								
SJ01	隧道监控	m	√	√	√	√			指隧道单洞长度之和。含相关设备及配套附件、相关软件采购,安装,调试
SJ02	隧道供电及照明系统	m	√	√	√	√			指隧道单洞长度之和。含相关设备及配套附件、相关软件采购,安装,调试
SJ03	隧道通风系统	m	√	√	√	√			指隧道单洞长度之和。含相关设备及配套附件、相关软件采购,安装,调试
SJ04	隧道消防系统	m	√	√	√	√			指隧道单洞长度之和。含相关设备及配套附件、相关软件采购,安装,调试
SJ05	洞室门	个		√	√	√			
SJ06	其他	m		√	√	√			指隧道单洞长度之和。含相关软件及配套附件、相关软件采购,安装,调试
LH	**绿化及环境保护工程项目分表**								
LH01	铺设表土	m³/m²		√	√	√			
LH0101	造型土	m³		√	√				

续上表

要素费用项目编码	工程或费用名称（或清单子目名称）	单位	估算	概算	施工图预算	结算	决算	主要工程内容	备注
LH0102	种植土	m³		√	√				
LH02	撒播草种和铺植草皮	m²/km		√	√	√			
LH0201	撒播草种（含喷播）	m²		√	√				
LH0202	撒播草种及花卉、灌木籽（含喷播）	m²		√					
LH0203	先点播灌木后喷播草种	m²		√	√				
LH0204	铺植草皮	m²		√	√				
LH0205	三维土工网植草	m²		√	√				
LH0206	土工格室植草	m²		√	√				
LH0207	客土喷播	m²		√	√				
LH0208	植生袋	m²		√	√				
LH0209	绿地喷灌系统	m²		√	√				
LH03	种植乔木、灌木和攀缘植物	棵/km		√	√	√			
LH0301	种植乔木	棵		√	√				
LH0302	种植灌木	棵		√	√				
LH0303	片植灌木	m²		√	√				
LH0304	种植攀缘植物	棵		√	√				
LH0305	片植攀缘植物	m²		√	√				
LH0306	人工种植竹类	棵(丛)		√	√				
LH0307	种植标桐类	棵		√	√				
LH0308	栽植绿篱	m		√	√				
LH0309	移栽乔木	棵		√	√				

续上表

要素费用编码	工程或费用名称（或清单子目名称）	单位	估算	概算	施工图预算	结算	决算	主要工程内容	备注
LH0310	移栽灌木	棵（m²）		√	√				
LH0311	移栽草皮	m²		√	√				
LH04	绿化景观工程	处		√	√	√			
LH0401	景观石	处		√	√				
LH0402	假山	座		√	√				
LH05	声屏障	m		√	√	√			
LH0501	路基段	m		√	√				
LH0502	桥梁段	m		√	√				
LH06	隔声窗	户/m²		√	√	√			
LH07	其他环境保护工程	km		√	√	√			
LH0701	沉淀池	座		√	√				
LH0702	油水分离池	座		√	√				

附表3 分项清单编码格式文件衔接示例

要素费用项目编码	清单子目编码	工程或费用名称（或清单子目名称）	单位	设计工程量	清单工程量	单价	合价
1		第一部分　建筑安装工程费	公路公里				
101		临时工程	公路公里				
10101		临时道路	km				
1010101		临时便道（修建、拆除与维护）	km				
	103-1	临时道路修建、养护与拆除（包括原道路的养护）					
	103-1-1	临时道路修建、养护与拆除（包括原道路的养护费）	总额				
1010102		原有道路的维护与恢复	km				
1010103		保通便道	km				
101010301		保通便道（修建、拆除与维护）	km				
	105-1	保通道路					
	105-1-1	保通道路修建、维护与拆除	总额				
101010302		保通临时安全设施	km				
	105-1	保通道路					
	105-1-2	保通道路临时交通安全设施	总额				
10102		临时便桥	m/座				
	103-1	临时道路、便桥工程					
	103-1-2	临时桥梁修建、养护与拆除（包括原桥梁的养护费）	总额				
	103-1-4	临时栈桥修建、养护与拆除	总额				
10103		临时码头	座				
	103-1	临时道路修建、养护与拆除（包括原道路的养护）					
	103-1-3	临时码头修建、养护与拆除（包括原码头的养护费）	总额				
10104		大型临时工程和设施					
1010401		临时栈桥修建、养护与拆除	m/座				
	105-2	大型临时工程和设施					
	105-2-1	临时钢栈桥修建、养护与拆除	总额				
1010402		临时码头修建、养护与拆除	座				
	105-2	大型临时工程和设施					
	105-2-2	临时码头修建、养护与拆除	总额				

续上表

要素费用项目编码	清单子目编码	工程或费用名称（或清单子目名称）	单位	设计工程量	清单工程量	单价	合价
10105		交通组织维护费	km				
	102-5	交通管制					
	102-5-1	陆上交通管制	总额				
	102-5-2	水上交通管制	总额				
10106		其他临时工程	公路公里				
1010601		临时供电设施架设、维护与拆除	总额				
	103-3	临时供电设施架设、维护与拆除	总额				
1010602		拌和设施安拆	座				
1010603		其他临时零星工程	总额				
		……					
102		路基工程	km				
LJ01		场地清理	km				
LJ0101		清理与掘除	km/m²				
	202-1	清理与掘除					
	202-1-1	清理现场	m²				
LJ0102		挖除旧路面	m³/m²				
LJ010201		挖除水泥混凝土面层	m³/m²				
	202-2	挖除旧路面					
	202-2-1	水泥混凝土面层	m³				
LJ010202		挖除沥青混凝土面层	m³/m²				
	202-2-2	沥青混凝土面层					
	202-2-2-1	铣刨	m³				
	202-2-2-2	挖除	m³				
LJ010203		挖除碎（砾）石路面	m³/m²				
	202-2	挖除旧路面					
	202-2-4	碎石等其他路面	m³				
LJ010204		挖除基层、底基层	m³/m²				
	202-2-3	基层					
	202-2-3-1	铣刨	m³				
	202-2-3-2	挖除	m³				
LJ0103		拆除旧建筑物、构筑物	m³				
LJ010301		拆除钢筋混凝土结构	m³				
	202-3	拆除结构物					
	202-3-1	钢筋混凝土结构	m³				
LJ010302		拆除混凝土结构	m³				

续上表

要素费用项目编码	清单子目编码	工程或费用名称（或清单子目名称）	单位	设计工程量	清单工程量	单价	合价
	202-3	拆除结构物					
	202-3-2	混凝土结构	m³				
LJ010303		拆除砖石及其他砌体	m³				
	202-3	拆除结构物					
	202-3-3	砖、石及其他砌体结构	m³				
LJ010304		拆除金属结构	kg				
	202-4	金属结构					
	202-4-1	拆除	kg				
	202-4-2	保护性拆除	kg				
LJ02		路基挖方	m³				
LJ0201		挖土方	m³				
	203-1	路基挖方					
	203-1-1	挖土方	m³				
	203-1-7	挖土石方	m³				
	203-2	改河、改渠、改路挖方					
	203-2-1	挖土方	m³				
LJ0202		挖石方	m³				
	203-1	路基挖方					
	203-1-2	挖石方					
	203-1-2-1	爆破石方	m³				
	203-1-2-2	机械开挖石方	m³				
	203-1-2-3	静态开挖石方	m³				
	203-1-7	挖土石方	m³				
LJ0203		弃方处置	m³				
LJ03		路基填方	m³				
LJ0301		利用上方填筑	m³				
	204-1	路基填筑					
	204-1-2	利用土方	m³				
	204-2	改河、改渠、改路填筑					
	204-2-1	利用土方	m³				
LJ0302		借土方填筑	m³				
	204-1	路基填筑					
	204-1-4	借土填方	m³				
	204-2	改河、改渠、改路填筑					
	204-2-4	借土填方	m³				

续上表

要素费用项目编码	清单子目编码	工程或费用名称（或清单子目名称）	单位	设计工程量	清单工程量	单价	合价
LJ0303		利用石方填筑	m^3				
	204-1	路基填筑					
	204-1-2	利用石方	m^3				
	204-2	改河、改渠、改路填筑					
	204-2-2	利用石方	m^3				
LJ0304		借石方填筑	m^3				
	204-1	路基填筑					
	204-1-11-2	土石混合料（清宕渣）填筑	m^3				
	204-2	改河、改渠、改路填筑					
	204-2-5-2	土石混合料（清宕渣）填筑	m^3				
LJ0305		借土石混合料（宕渣）填筑	m^3				
	204-1	路基填筑					
	204-1-11-1	土石混合料（宕渣）填筑	m^3				
	204-2	改河、改渠、改路填筑					
	204-2-5-1	土石混合料（宕渣）填筑	m^3				
LJ0306		路床透水材料填筑	m^3				
	204-1	路基填筑					
	204-1-5	路床透水材料填筑	m^3				
LJ0307		填砂路基	m^3				
	204-1	路基填筑					
	204-1-7	吹填砂路堤	m^3				
LJ0308		粉煤灰及矿渣路基	m^3				
	204-1	路基填筑					
	204-1-6	粉煤灰及矿渣路堤	m^3				
LJ0309		改良土路基	m^3				
	204-1-12	灰土填筑					
	204-1-12-1	5%掺灰土	m^3				
	204-1-12-2	7%掺灰土	m^3				
LJ0310		泡沫混凝土填筑	m^3				
	204-1	路基填筑					
	204-1-13	泡沫混凝土	m^3				
LJ0311		EPS路堤	m^3				
	204-1	路基填筑					
	204-1-8	EPS路堤	m^3				
LJ04		结构物台背回填	m^3				

续上表

要素费用项目编码	清单子目编码	工程或费用名称（或清单子目名称）	单位	设计工程量	清单工程量	单价	合价
LJ0401		回填透水性材料	m^3				
	204-1-9	结构物台背回填					
	204-1-9-1	碎石	m^3				
	204-1-9-2	清宕渣	m^3				
	204-1-9-3	砂砾	m^3				
LJ0402		回填土石混合料（宕渣）	m^3				
	204-1	路基填筑					
	204-1-11-1	土石混合料（宕渣）填筑	m^3				
LJ0403		回填水泥稳定碎石	m^3				
	204-1-9	结构物台背回填					
	204-1-9-4	水泥稳定碎石	m^3				
LJ0404		回填泡沫混凝土	m^3				
	204-1	路基填筑					
	204-1-13	泡沫混凝土	m^3				
LJ0405		回填灰土混合料	m^3				
	204-1-9	结构物台背回填					
	204-1-9-5	灰土混合料回填	m^3				
LJ05		特殊路基处理	km				
LJ0501		软土地区路基处理	km/m^2				
LJ050101		清除换填处理	m^3/m^2				
LJ05010101		清除换填透水性材料	m^3/m^2				
	203-1	路基挖方					
	203-1-3	挖除非适用材料（不含淤泥、岩盐、冻土）	m^3				
	203-1-4	挖淤泥	m^3				
	204-1	路基填筑					
	204-1-5	路床透水材料填筑	m^3				
LJ05010102		清除换填土石混合料（宕渣）	m^3/m^2				
	203-1	路基挖方					
	203-1-3	挖除非适用材料（不含淤泥、岩盐、冻土）	m^3				
	203-1-4	挖淤泥	m^3				
	204-1	路基填筑					
	204-1-11-1	土石混合料（宕渣）填筑	m^3				
LJ05010103		清除换填土石混合料（清宕渣）	m^3/m^2				

续上表

要素费用项目编码	清单子目编码	工程或费用名称（或清单子目名称）	单位	设计工程量	清单工程量	单价	合价
	203-1	路基挖方					
	203-1-3	挖除非适用材料（不含淤泥、岩盐、冻土）	m^3				
	203-1-4	挖淤泥	m^3				
	204-1	路基填筑					
	204-1-11-2	土石混合料（清宕渣）填筑	m^3				
LJ05010104		清除换填泡沫混凝土	m^3/m^2				
	203-1	路基挖方					
	203-1-3	挖除非适用材料（不含淤泥、岩盐、冻土）	m^3				
	203-1-4	挖淤泥	m^3				
	204-1	路基填筑					
	204-1-13	泡沫混凝土	m^3				
LJ050102		抛石挤淤处理	m^3/m^2				
	205-1	软土地基处理					
	205-1-1	抛石挤淤	m^3				
LJ050103		垫层	m^3				
LJ05010301		碎石垫层	m^3				
	205-1-3	垫层					
	205-1-3-3	碎石垫层	m^3				
LJ05010302		土石混合料（宕渣）垫层	m^3				
	205-1-3	垫层					
	205-1-3-6	清宕渣垫层	m^3				
LJ05010303		砂砾垫层	m^3				
	205-1-3	垫层					
	205-1-3-2	砂砾垫层	m^3				
LJ05010304		灰土垫层	m^3				
	205-1-3	垫层					
	205-1-3-5	灰土垫层	m^3				
LJ05010305		砂垫层	m^3				
	205-1-3	垫层					
	205-1-3-1	砂垫层	m^3				
LJ05010306		碎石土垫层	m^3				
	205-1-3	垫层					
	205-1-3-4	碎石土垫层	m^3				

附表3　分项清单编码格式文件衔接示例

续上表

要素费用项目编码	清单子目编码	工程或费用名称（或清单子目名称）	单位	设计工程量	清单工程量	单价	合价
LJ050104		土工织物	m²				
LJ05010401		土工布	m²				
	205-1-4	土工合成材料					
	205-1-4-1	土工布	m²				
	205-1-4-2	防渗土工膜	m²				
LJ05010402		土工格栅	m²				
	205-1-4	土工合成材料					
	205-1-4-3	土工格栅	m²				
	205-1-4-5	钢塑格栅	m²				
	205-1-4-6	钢丝格栅	m²				
LJ05010403		土工格室	m²				
	205-1-4	土工合成材料					
	205-1-4-4	土工格室	m²				
LJ050105		真空预压与堆载预压	m²				
LJ05010501		堆载预压	m²				
	205-1-5	预压与超载预压					
	205-1-5-2	超载预压	m³				
	205-1-5-3	等载预压	m³				
LJ05010502		真空预压	m²				
	205-1-5	预压与超载预压					
	205-1-5-1	真空预压	m²				
LJ05010503		水袋预压	m²				
	205-1-5	预压与超载预压					
	205-1-5-4	水袋预压	m²				
LJ05010504		沉降补偿方	m³				
LJ050106		袋装砂井	m				
	205-1	软土路基处理					
	205-1-6	袋装砂井	m				
LJ050107		塑料排水板	m/m²				
	205-1-7	塑料排水板					
	205-1-7-1	深20m及以下(不可测深)	m				
	205-1-7-2	深20m以上(不可测深)	m				
	205-1-7-3	深20m及以下(可测深)	m				
	205-1-7-4	深20m以上(可测深)	m				
LJ050108		水泥搅拌桩	m/m²				

续上表

要素费用项目编码	清单子目编码	工程或费用名称（或清单子目名称）	单位	设计工程量	清单工程量	单价	合价
LJ05010801		浆喷桩	m/m²				
LJ0501080101		直径400mm	m				
	205-1-11	浆喷桩					
	205-1-11-1	单向水泥搅拌桩 D400mm	m				
	205-1-11-4	双向水泥搅拌桩 D400mm	m				
LJ0501080102		直径500mm	m				
	205-1-11	浆喷桩					
	205-1-11-2	单向水泥搅拌桩 D500mm	m				
	205-1-11-5	双向水泥搅拌桩 D500mm	m				
LJ0501080103		直径600mm	m				
	205-1-11	浆喷桩					
	205-1-11-3	单向水泥搅拌桩 D600mm	m				
	205-1-11-6	双向水泥搅拌桩 D600mm	m				
LJ0501080107		直径1000mm	m				
	205-1-11	浆喷桩					
	205-1-11-7	双向钉形水泥搅拌桩 D1000mm	m				
LJ05010802		粉喷桩	m/m²				
LJ0501080201		直径400mm	m				
	205-1-10	粉喷桩					
	205-1-10-1	直径400mm	m				
LJ0501080202		直径500mm	m				
	205-1-10	粉喷桩					
	205-1-10-2	直径500mm	m				
LJ0501080203		直径600mm	m				
	205-1-10	粉喷桩					
	205-1-10-3	直径600mm	m				
LJ050109		砂桩	m/m²				
	205-1	软土路基处理					
	205-1-8	砂桩	m				
LJ050110		碎石桩	m/m²				
	205-1	软土路基处理					
	205-1-9	碎石桩	m				
LJ050111		混凝土管桩	m/m²				
LJ05011101		直径400mm	m				
	205-1-15	静压管桩	m				

续上表

要素费用项目编码	清单子目编码	工程或费用名称（或清单子目名称）	单位	设计工程量	清单工程量	单价	合价
	205-1-15-1	直径400mm	m				
	205-1-16	锤击管桩					
	205-1-16-1	直径400mm	m				
LJ05011102		直径500mm	m				
	205-1-15	静压管桩	m				
	205-1-15-2	直径500mm	m				
	205-1-16	锤击管桩					
	205-1-16-2	直径500mm					
LJ05011103		直径600mm	m				
	205-1-15	静压管桩	m				
	205-1-15-3	直径600mm	m				
	205-1-16	锤击管桩					
	205-1-16-3	直径600mm	m				
LJ05011104		直径700mm	m				
	205-1-15	静压管桩	m				
	205-1-15-4	直径700mm	m				
	205-1-16	锤击管桩					
	205-1-16-4	直径700mm	m				
LJ05011105		直径800mm	m				
	205-1-15	静压管桩	m				
	205-1-15-5	直径800mm	m				
	205-1-16	锤击管桩					
	205-1-16-5	直径800mm	m				
LJ050112		素混凝土桩	m/m²				
LJ05011201		直径300mm	m				
	205-1-18	素混凝土桩					
	205-1-18-1	直径300mm	m				
LJ05011202		直径400mm	m				
	205-1-18	素混凝土桩					
	205-1-18-2	直径400mm	m				
LJ05011203		直径500mm	m				
	205-1-18	素混凝土桩					
	205-1-18-3	直径500mm	m				
LJ05011204		直径600mm	m				
	205-1-18	素混凝土桩					

续上表

要素费用项目编码	清单子目编码	工程或费用名称（或清单子目名称）	单位	设计工程量	清单工程量	单价	合价
	205-1-18-4	直径600mm	m				
LJ05011205		直径700mm	m				
	205-1-18	素混凝土桩					
	205-1-18-5	直径700mm	m				
LJ05011206		直径800mm	m				
	205-1-18	素混凝土桩					
	205-1-18-6	直径800mm	m				
LJ05011207		直径900mm	m				
	205-1-18	素混凝土桩					
	205-1-18-7	直径900mm	m				
LJ05011208		直径1000mm	m				
	205-1-18	素混凝土桩					
	205-1-18-8	直径1000mm	m				
LJ050113		CFG桩	m/m²				
	205-1	软土路基处理					
	205-1-12	CFG桩	m				
LJ050114		Y形沉管灌注桩	m/m²				
	205-1	软土路基处理					
	205-1-13	Y形沉管灌注桩	m				
LJ050115		薄壁筒型沉管灌注桩	m/m²				
	205-1	软土路基处理					
	205-1-14	薄壁筒型沉管灌注桩	m				
LJ050116		混凝土方桩	m³/m²				
	205-1	软土路基处理					
	205-1-19	预制打设混凝土方桩	m³				
LJ050117		强夯及强夯置换处理	m²				
LJ05011701		强夯	m²				
	205-1-17	强夯及强夯置换					
	205-1-17-1	强夯	m²				
LJ05011702		强夯置换	m³				
	205-1-17	强夯及强夯置换					
	205-1-17-2	强夯置换	m³				
LJ050118		地基固化处理	m³/m²				
	204-1	路基填筑					
	204-1-14	淤泥就地固化	m³				

附表3 分项清单编码格式文件衔接示例

续上表

要素费用项目编码	清单子目编码	工程或费用名称（或清单子目名称）	单位	设计工程量	清单工程量	单价	合价
LJ050119		灌浆处理	m³/m²				
	205-1	软土路基处理					
	205-1-19	注浆	m³				
LJ0502		不良地质路段处治	km/m²				
LJ050201		滑坡地段路基防治	km/处				
	205-3	滑坡处理					
	205-3-1	清除滑坡体					
	207	坡面排水					
	208	护坡、护面墙					
	209	挡土墙					
	210	锚杆、锚定板挡土墙					
	211	加筋挡土墙					
	212	喷射混凝土和喷浆边坡防护					
	213	预应力锚索边坡加固					
	214	抗滑桩					
	215	河道防护					
LJ050202		崩塌及岩堆路段路基防治	km/处				
	203	挖方路基					
	207	坡面排水					
	208	护坡、护面墙					
	209	挡土墙					
	210	锚杆、锚定板挡土墙					
	211	加筋挡土墙					
	212	喷射混凝土和喷浆边坡防护					
	213	预应力锚索边坡加固					
	214	抗滑桩					
LJ050203		泥石流路段路基防治	km/处				
	203	挖方路基					
	207	坡面排水					
	208	护坡、护面墙					
	209	挡土墙					
	210	锚杆、锚定板挡土墙					
	211	加筋挡土墙					
	212	喷射混凝土和喷浆边坡防护					
	213	预应力锚索边坡加固					

续上表

要素费用项目编码	清单子目编码	工程或费用名称（或清单子目名称）	单位	设计工程量	清单工程量	单价	合价
	214	抗滑桩					
LJ050204		岩溶地区防治	km/处				
	205-4	岩溶洞处理					
	205-4-1	回填土	m³				
	205-4-2	抛石	m³				
	205-4-3	注浆	m³				
	205-4-4	灌注混凝土	m³				
	205-4-5	钢筋	kg				
	205-4-6	钢护筒	kg				
	205-4-7	桩基岩溶洞钻孔处置	m				
LJ050205		采空区处理	km/处				
	203	挖方路基					
	204	填方路基					
	207	坡面排水					
LJ050206		膨胀土处理	km/处				
	203	挖方路基					
	205	特殊地区路基处理	m³				
LJ050207		滨海路基防护与加固	km/处				
	208	护坡、护面墙					
	209	挡土墙					
	210	锚杆、锚定板挡土墙					
	211	加筋挡土墙					
	212	喷射混凝土和喷浆边坡防护					
	213	预应力锚索边坡加固					
	214	抗滑桩					
LJ050208		盐渍土处理	km/m³				
	203	挖方路基					
	205	特殊地区路基处理	m³				
LJ050209		红黏土及高液限土处治	km/m²				
	203	挖方路基					
	205	特殊地区路基处理	m³				
	……						
LJ0503		特殊路段路基处理	km				
LJ050301		低填浅挖路段处理	km/m²				
	203-1	路基挖方					

续上表

要素费用项目编码	清单子目编码	工程或费用名称（或清单子目名称）	单位	设计工程量	清单工程量	单价	合价
	203-1-1	挖土方	m^3				
	203-1-2	挖石方					
	203-1-2-1	爆破石方	m^3				
	203-1-2-2	机械开挖石方	m^3				
	203-1-2-3	静态开挖石方	m^3				
	203-1-3	挖除非适用材料（不含淤泥、岩盐、冻土）	m^3				
	203-1-7	挖土石方	m^3				
	204-1	路基填筑					
	204-1-1	利用土方	m^3				
	204-1-2	利用石方	m^3				
	204-1-3	利用土石混填	m^3				
	204-1-4	借土填方	m^3				
	204-1-11-1	土石混合料（宕渣）填筑	m^3				
	204-1-12	灰土填筑					
	204-1-12-1	5%掺灰土	m^3				
	204-1-12-2	7%掺灰土	m^3				
	204-1-13	泡沫混凝土	m^3				
	204-3	特殊路基压实					
	204-3-1	冲击碾压	m^2				
	205-1	软土路基处理					
	205-1-3	垫层					
	205-1-3-1	砂垫层	m^3				
	205-1-3-2	砂砾垫层	m^3				
	205-1-3-3	碎石垫层	m^3				
	205-1-3-4	碎石土垫层	m^3				
	205-1-3-5	灰土垫层	m^3				
	205-1-3-6	清宕渣垫层	m^3				
	205-1-4	土工合成材料					
	205-1-4-1	土工布	m^2				
	205-1-4-2	防渗土工膜	m^2				
	205-1-4-3	土工格栅	m^2				
	205-1-4-4	土工格室	m^2				
	205-1-4-5	钢塑格栅	m^2				
	205-1-4-6	钢丝格栅	m^2				

续上表

要素费用项目编码	清单子目编码	工程或费用名称（或清单子目名称）	单位	设计工程量	清单工程量	单价	合价
	205-1-17	强夯及强夯置换					
	205-1-17-1	强夯	m²				
LJ050302		新旧路基衔接处理	km/m²				
	203-1	路基挖方					
	203-1-1	挖土方	m³				
	203-1-2	挖石方					
	203-1-2-1	爆破石方	m³				
	203-1-2-2	机械开挖石方	m³				
	203-1-2-3	静态开挖石方	m³				
	203-1-3	挖除非适用材料（不含淤泥、岩盐、冻土）	m³				
	203-1-7	挖土石方	m³				
	204-1	路基填筑					
	204-1-1	利用土方	m³				
	204-1-2	利用石方	m³				
	204-1-3	利用土石混填	m³				
	204-1-4	借土填方	m³				
	204-1-11	土石混合料（宕渣）填筑	m³				
	204-1-11-1	土石混合料（宕渣）填筑	m³				
	204-1-12	灰土填筑					
	204-1-12-1	5%掺灰土	m³				
	204-1-12-2	7%掺灰土	m³				
	204-1-13	泡沫混凝土	m³				
	204-3	特殊路基压实					
	204-3-1	冲击碾压	m²				
	205-1	软土路基处理					
	205-1-3	垫层					
	205-1-3-1	砂垫层	m³				
	205-1-3-2	砂砾垫层	m³				
	205-1-3-3	碎石垫层	m³				
	205-1-3-4	碎石土垫层	m³				
	205-1-3-5	灰土垫层	m³				
	205-1-3-6	清宕渣垫层	m³				
	205-1-4	土工合成材料					
	205-1-4-1	土工布	m²				

附表3 分项清单编码格式文件衔接示例

续上表

要素费用项目编码	清单子目编码	工程或费用名称（或清单子目名称）	单位	设计工程量	清单工程量	单价	合价
	205-1-4-2	防渗土工膜	m²				
	205-1-4-3	土工格栅	m²				
	205-1-4-4	土工格室	m²				
	205-1-4-5	钢塑格栅	m²				
	205-1-4-6	钢丝格栅	m²				
	205-1-17	强夯及强夯置换					
	205-1-17-1	强夯	m²				
	205-1-17-2	强夯置换	m³				
LJ050303		陡坡路堤或填挖交界路段处理	km/m²				
	203-1	路基挖方					
	203-1-1	挖土方	m³				
	203-1-2	挖石方					
	203-1-2-1	爆破石方	m³				
	203-1-2-2	机械开挖石方	m³				
	203-1-2-3	静态开挖石方	m³				
	203-1-3	挖除非适用材料（不含淤泥、岩盐、冻土）	m³				
	203-1-7	挖土石方	m³				
	204-1	路基填筑					
	204-1-1	利用土方	m³				
	204-1-2	利用石方	m³				
	204-1-3	利用土石混填	m³				
	204-1-4	借土填方	m³				
	204-1-11	土石混合料（宕渣）填筑					
	204-1-11-1	土石混合料（宕渣）填筑	m³				
	204-1-12	灰土填筑					
	204-1-12-1	5%掺灰土	m³				
	204-1-12-2	7%掺灰土	m³				
	204-1-13	泡沫混凝土	m³				
	204-3	特殊路基压实					
	204-3-1	冲击碾压	m²				
	205-1	软土路基处理					
	205-1-3	垫层					
	205-1-3-1	砂垫层	m³				
	205-1-3-2	砂砾垫层	m³				

续上表

要素费用项目编码	清单子目编码	工程或费用名称（或清单子目名称）	单位	设计工程量	清单工程量	单价	合价
	205-1-3-3	碎石垫层	m³				
	205-1-3-4	碎石土垫层	m³				
	205-1-3-5	灰土垫层	m³				
	205-1-3-6	清宕渣垫层	m³				
	205-1-4	土工合成材料					
	205-1-4-1	土工布	m²				
	205-1-4-2	防渗土工膜	m²				
	205-1-4-3	土工格栅	m²				
	205-1-4-4	土工格室	m²				
	205-1-4-5	钢塑格栅	m²				
	205-1-4-6	钢丝格栅	m²				
	205-1-17	强夯及强夯置换					
	205-1-17-1	强夯	m²				
	205-1-17-2	强夯置换	m³				
LJ050304		桥涵路基处理	km/m²				
	203-1	路基挖方					
	203-1-1	挖土方	m³				
	203-1-2	挖石方					
	203-1-2-1	爆破石方	m³				
	203-1-2-2	机械开挖石方	m³				
	203-1-2-3	静态开挖石方	m³				
	203-1-3	挖除非适用材料(不含淤泥、岩盐、冻土)	m³				
	203-1-7	挖土石方	m³				
	204-1	路基填筑					
	204-1-1	利用土方	m³				
	204-1-2	利用石方	m³				
	204-1-3	利用土石混填	m³				
	204-1-4	借土填方	m³				
	204-1-11	土石混合料(宕渣)填筑					
	204-1-11-1	土石混合料(宕渣)填筑	m³				
	204-1-12	灰土填筑					
	204-1-12-1	5%掺灰土	m³				
	204-1-12-2	7%掺灰土	m³				
	204-1-13	泡沫混凝土	m³				

附表3 分项清单编码格式文件衔接示例

续上表

要素费用项目编码	清单子目编码	工程或费用名称（或清单子目名称）	单位	设计工程量	清单工程量	单价	合价
	204-3	特殊路基压实					
	204-3-1	冲击碾压	m²				
	205-1	软土路基处理					
	205-1-3	垫层					
	205-1-3-1	砂垫层	m³				
	205-1-3-2	砂砾垫层	m³				
	205-1-3-3	碎石垫层	m³				
	205-1-3-4	碎石土垫层	m³				
	205-1-3-5	灰土垫层	m³				
	205-1-3-6	清宕渣垫层	m³				
	205-1-4	土工合成材料					
	205-1-4-1	土工布	m²				
	205-1-4-2	防渗土工膜	m²				
	205-1-4-3	土工格栅	m²				
	205-1-4-4	土工格室	m²				
	205-1-4-5	钢塑格栅	m²				
	205-1-4-6	钢丝格栅	m²				
	205-1-17	强夯及强夯置换					
	205-1-17-1	强夯	m²				
	205-1-17-2	强夯置换	m³				
	205-1-19	注浆	m³				
LJ06		排水工程	km				
LJ0601		边沟	m³/m				
LJ060101		现浇混凝土边沟	m³/m				
	207-1	边沟					
	207-1-3	现浇混凝土					
	207-1-3-1	C15 混凝土	m³				
	207-1-3-2	C20 混凝土	m³				
	207-1-3-3	C25 混凝土	m³				
	207-1-3-4	C30 混凝土	m³				
	207-1-5	预制安装混凝土盖板					
	207-1-5-1	C20 混凝土	m³				
	207-1-5-2	C25 混凝土	m³				
	207-1-5-3	C30 混凝土	m³				
	207-1-5-4	C35 混凝土	m³				

139

续上表

要素费用项目编码	清单子目编码	工程或费用名称（或清单子目名称）	单位	设计工程量	清单工程量	单价	合价
	207-1-5-5	C40 混凝土	m^3				
LJ060102		混凝土预制块边沟	m^3/m				
	207-1	边沟					
	207-1-4	预制安装混凝土					
	207-1-4-1	C20 混凝土	m^3				
	207-1-4-2	C25 混凝土	m^3				
	207-1-4-3	C30 混凝土	m^3				
	207-1-4-4	C35 混凝土	m^3				
	207-1-4-5	C40 混凝土	m^3				
	207-1-5	预制安装混凝土盖板					
	207-1-5-1	C20 混凝土	m^3				
	207-1-5-2	C25 混凝土	m^3				
	207-1-5-3	C30 混凝土	m^3				
	207-1-5-4	C35 混凝土	m^3				
	207-1-5-5	C40 混凝土	m^3				
LJ060103		浆砌片块石边沟	m^3/m				
	207-1	边沟					
	207-1-1	浆砌片石					
	207-1-1-1	M7.5 浆砌片石	m^3				
	207-1-1-2	M10 浆砌片石	m^3				
	207-1-1-3	压顶混凝土	m^3				
	207-1-2	浆砌块石					
	207-1-2-1	M7.5 浆砌块石	m^3				
	207-1-2-2	M10 浆砌块石	m^3				
	207-1-2-3	压顶混凝土	m^3				
LJ0602		排水沟	m^3/m				
LJ060201		现浇混凝土排水沟	m^3/m				
	207-2	排水沟					
	207-2-3	现浇混凝土					
	207-2-3-1	C15 混凝土	m^3				
	207-2-3-2	C20 混凝土	m^3				
	207-2-3-3	C25 混凝土	m^3				
	207-2-3-4	C30 混凝土	m^3				
	207-2-5	预制安装混凝土盖板					
	207-2-5-1	C20 混凝土	m^3				

续上表

要素费用项目编码	清单子目编码	工程或费用名称（或清单子目名称）	单位	设计工程量	清单工程量	单价	合价
	207-2-5-2	C25 混凝土	m^3				
	207-2-5-3	C30 混凝土	m^3				
	207-2-5-4	C35 混凝土	m^3				
	207-2-5-5	C40 混凝土	m^3				
LJ060202		混凝土预制块排水沟	m^3/m				
	207-2	排水沟					
	207-2-4	预制安装混凝土					
	207-2-4-1	C20 混凝土	m^3				
	207-2-4-2	C25 混凝土	m^3				
	207-2-4-3	C30 混凝土	m^3				
	207-2-4-4	C35 混凝土	m^3				
	207-2-4-5	C40 混凝土	m^3				
	207-2-5	预制安装混凝土盖板					
	207-2-5-1	C20 混凝土	m^3				
	207-2-5-2	C25 混凝土	m^3				
	207-2-5-3	C30 混凝土	m^3				
	207-2-5-4	C35 混凝土	m^3				
	207-2-5-5	C40 混凝土	m^3				
LJ060203		浆砌片块石排水沟	m^3/m				
	207-2	排水沟					
	207-2-1	浆砌片石					
	207-2-1-1	M7.5 浆砌片石	m^3				
	207-2-1-2	M10 浆砌片石	m^3				
	207-2-1-3	压顶混凝土	m^3				
	207-2-2	浆砌块石					
	207-2-2-1	M7.5 浆砌块石	m^3				
	207-2-2-2	M10 浆砌块石	m^3				
	207-2-2-3	压顶混凝土	m^3				
LJ0603		截水沟	m^3/m				
LJ060301		现浇混凝土截水沟	m^3/m				
	207-3	截水沟					
	207-3-3	现浇混凝土					
	207-3-3-1	C15 混凝土	m^3				
	207-3-3-2	C20 混凝土	m^3				
	207-3-3-3	C25 混凝土	m^3				

续上表

要素费用项目编码	清单子目编码	工程或费用名称（或清单子目名称）	单位	设计工程量	清单工程量	单价	合价
	207-3-3-4	C30 混凝土	m³				
LJ060302		混凝土预制块截水沟	m³/m				
	207-3	截水沟					
	207-3-4	预制安装混凝土					
	207-3-4-1	C20 混凝土	m³				
	207-3-4-2	C25 混凝土	m³				
	207-3-4-3	C30 混凝土	m³				
	207-3-4-4	C35 混凝土	m³				
	207-3-4-5	C40 混凝土	m³				
LJ060303		浆砌片石截水沟	m³/m				
	207-3-1	浆砌片石					
	207-3-1-1	M7.5 浆砌片石	m³				
	207-3-1-2	M10 浆砌片石	m³				
	207-3-1-3	压顶混凝土	m³				
LJ0604		跌水与急流槽	m³/m				
LJ060401		现浇混凝土急流槽	m³/m				
	207-4	跌水与急流槽					
	207-4-3	现浇混凝土					
	207-4-3-1	C15 混凝土	m³				
	207-4-3-2	C20 混凝土	m³				
	207-4-3-3	C25 混凝土	m³				
	207-4-3-4	C30 混凝土	m³				
LJ060402		混凝土预制块急流槽	m³/m				
	207-4	跌水与急流槽					
	207-4-4	预制安装混凝土					
	207-4-4-1	C20 混凝土	m³				
	207-4-4-2	C25 混凝土	m³				
	207-4-4-3	C30 混凝土	m³				
	207-4-4-4	C35 混凝土	m³				
	207-4-4-5	C40 混凝土	m³				
LJ060403		浆砌片石急流槽	m³/m				
	207-4	跌水与急流槽					
	207-4-2	浆砌片石	m³				
	207-4-2-1	M7.5 浆砌片石	m³				
	207-4-2-2	M10 浆砌片石	m³				

附表3 分项清单编码格式文件衔接示例

续上表

要素费用项目编码	清单子目编码	工程或费用名称（或清单子目名称）	单位	设计工程量	清单工程量	单价	合价
LJ0605		暗沟	m³/m				
LJ060501		现浇混凝土暗沟	m³/m				
	207-1	边沟					
	207-1-3	现浇混凝土					
	207-1-3-1	C15 混凝土	m³				
	207-1-3-2	C20 混凝土	m³				
	207-1-3-3	C25 混凝土	m³				
	207-1-3-4	C30 混凝土	m³				
	207-1-5	预制安装混凝土盖板					
	207-1-5-1	C20 混凝土	m³				
	207-1-5-2	C25 混凝土	m³				
	207-1-5-3	C30 混凝土	m³				
	207-1-5-4	C35 混凝土	m³				
	207-1-5-5	C40 混凝土	m³				
LJ060502		浆砌片石暗沟	m³/m				
	207-1	边沟					
	207-1-1	浆砌片石					
	207-1-1-1	M7.5 浆砌片石	m³				
	207-1-1-2	M10 浆砌片石	m³				
	207-1-1-3	压顶混凝土	m³				
LJ0606		渗(盲)沟	m³/m				
	207-5	渗(盲)沟	m				
LJ0607		其他排水工程	km				
LJ060701		排水构筑物(沉淀池、蒸发池、截留缓冲池)	m³/座				
	207-6	排水构筑物					
	207-6-1	蒸发池	座				
	207-6-2	截留缓冲池	座				
LJ060702		倒虹吸	m/道				
	419-3	钢筋混凝土圆管倒虹吸管涵					
	419-3-1	φ0.5m	m				
	419-3-2	φ0.75m	m				
	419-3-3	φ1.0m	m				
	419-3-4	φ1.5m	m				
LJ060703		混凝土坡面排水结构物	m³				

143

续上表

要素费用项目编码	清单子目编码	工程或费用名称（或清单子目名称）	单位	设计工程量	清单工程量	单价	合价
	207-8	现浇混凝土坡面排水结构物					
	207-8-1	C15 混凝土	m³				
	207-8-2	C20 混凝土	m³				
	207-8-3	C25 混凝土	m³				
	207-8-4	C30 混凝土	m³				
	207-9	预制混凝土坡面排水结构物					
	207-9-1	C20 混凝土	m³				
	207-9-2	C25 混凝土	m³				
	207-9-3	C30 混凝土	m³				
	207-9-4	C35 混凝土	m³				
	207-9-5	C40 混凝土	m³				
LJ07		路基防护与加固工程	km				
LJ0701		一般边坡防护与加固	km				
LJ070101		播植（喷播）草灌	m²				
	208-5	植物护坡					
	208-5-2	播植（喷播）草灌	m²				
	208-5-3	客土喷播草灌					
	208-5-3-1	厚 5cm～8cm	m²				
	208-5-3-2	厚 10cm～12cm	m²				
	208-5-4	挂网客土喷播草灌					
	208-5-4-1	厚 5cm～8cm	m²				
	208-5-4-2	厚 10cm～12cm	m²				
LJ070102		TBS 生态植被	m²				
	208-5	植物护坡					
	208-5-5	TBS 生态植被（挂网客土喷混植草）					
	208-5-5-1	厚 5cm～8cm	m²				
	208-5-5-2	厚 10cm～12cm	m²				
LJ070103		TBS 生态植被＋系统锚杆	m²				
	208-5	植物护坡					
	208-5-5	TBS 生态植被（挂网客土喷混植草）					
	208-5-5-1	厚 5cm～8cm	m²				
	208-5-5-2	厚 10cm～12cm	m²				
	213-2	锚杆					
	213-2-1	钢筋锚杆	kg				
	213-2-2	预应力钢筋锚杆	kg				

附表3 分项清单编码格式文件衔接示例

续上表

要素费用项目编码	清单子目编码	工程或费用名称（或清单子目名称）	单位	设计工程量	清单工程量	单价	合价
	213-2-3	环氧钢筋锚杆	kg				
LJ070104		TBS生态植被+预应力锚索	m²				
	208-5	植物护坡					
	208-5-5	TBS生态植被（挂网客土喷混植草）					
	208-5-5-1	厚5cm~8cm	m²				
	208-5-5-2	厚10cm~12cm	m²				
	213-1	预应力锚索					
	213-1-1	预应力钢绞线	kg				
	213-1-2	无黏结预应力钢绞线	kg				
	213-5	混凝土锚固板(墩)					
	213-5-1	C20混凝土	m³				
	213-5-2	C25混凝土	m³				
	213-5-3	C30混凝土	m³				
	213-5-4	C35混凝土	m³				
	213-5-5	C40混凝土	m³				
	213-6	钢筋					
	213-6-1	光圆钢筋	kg				
	213-6-2	带肋钢筋	kg				
LJ070105		高次团粒生态植被	m²				
	208-5	植物护坡					
	208-5-6	高次团粒生态植被	m²				
LJ070106		土工格室植草灌	m²				
	208-5	植物护坡					
	208-5-7	土工格室植草灌	m²				
LJ070107		植生袋植草灌	m²				
	208-5	植物护坡					
	208-5-8	植生袋植草灌	m²				
LJ070108		框格+植草	m³				
	213-4	混凝土框格梁					
	213-4-1	C20混凝土	m³				
	213-4-2	C25混凝土	m³				
	213-4-3	C30混凝土	m³				
	213-4-4	C35混凝土	m³				
	213-4-5	C40混凝土	m³				
	213-6	钢筋					

续上表

要素费用项目编码	清单子目编码	工程或费用名称（或清单子目名称）	单位	设计工程量	清单工程量	单价	合价
	213-6-1	光圆钢筋	kg				
	213-6-2	带肋钢筋	kg				
	208-5	植物护坡					
	208-5-2	播植（喷播）草灌	m²				
LJ070109		框格＋系统锚杆＋植草（TBS生态植被等）	m³				
	213-2	锚杆					
	213-2-1	钢筋锚杆	kg				
	213-2-2	预应力钢筋锚杆	kg				
	213-2-3	环氧钢筋锚杆	kg				
	213-4	混凝土框格梁					
	213-4-1	C20混凝土	m³				
	213-4-2	C25混凝土	m³				
	213-4-3	C30混凝土	m³				
	213-4-4	C35混凝土	m³				
	213-4-5	C40混凝土	m³				
	213-6	钢筋					
	213-6-1	光圆钢筋	kg				
	213-6-2	带肋钢筋	kg				
	208-5	植物护坡					
	208-5-2	播植（喷播）草灌	m²				
	208-5-5	TBS生态植被（挂网客土喷混植草）					
	208-5-5-1	厚5cm~8cm	m²				
	208-5-5-2	厚10cm~12cm	m²				
LJ070110		框格＋预应力锚索＋植草（TBS生态植被等）	m³				
	213-1	预应力锚索					
	213-1-1	预应力钢绞线	kg				
	213-1-2	无黏结预应力钢绞线	kg				
	213-4	混凝土框格梁					
	213-4-1	C20混凝土	m³				
	213-4-2	C25混凝土	m³				
	213-4-3	C30混凝土	m³				
	213-4-4	C35混凝土	m³				
	213-4-5	C40混凝土	m³				

附表3 分项清单编码格式文件衔接示例

续上表

要素费用项目编码	清单子目编码	工程或费用名称（或清单子目名称）	单位	设计工程量	清单工程量	单价	合价
	213-5	混凝土锚固板(墩)					
	213-5-1	C20混凝土	m³				
	213-5-2	C25混凝土	m³				
	213-5-3	C30混凝土	m³				
	213-5-4	C35混凝土	m³				
	213-5-5	C40混凝土	m³				
	213-6	钢筋					
	213-6-1	光圆钢筋	kg				
	213-6-2	带肋钢筋	kg				
	208-5	植物护坡					
	208-5-2	播植(喷播)草灌	m²				
	208-5-5	TBS生态植被(挂网客土喷混植草)					
	208-5-5-1	厚5cm~8cm	m²				
	208-5-5-2	厚10cm~12cm	m²				
LJ070111		边坡柔性防护	m²				
LJ07011101		主动防护系统	m²				
	208-9	坡面柔性防护					
	208-9-1	主动防护系统	m²				
LJ07011102		主动防护系统+系统锚杆	m²				
	208-9	坡面柔性防护					
	208-9-1	主动防护系统	m²				
	213-2	锚杆					
	213-2-1	钢筋锚杆	kg				
	213-2-2	预应力钢筋锚杆	kg				
	213-2-3	环氧钢筋锚杆	kg				
LJ07011103		主动防护系统+预应力锚索	m²				
	208-9	坡面柔性防护					
	208-9-1	主动防护系统	m²				
	213-1	预应力锚索					
	213-1-1	预应力钢绞线	kg				
	213-1-2	无黏结预应力钢绞线	kg				
	213-5	混凝土锚固板(墩)					
	213-5-1	C20混凝土	m³				
	213-5-2	C25混凝土	m³				
	213-5-3	C30混凝土	m³				

续上表

要素费用项目编码	清单子目编码	工程或费用名称（或清单子目名称）	单位	设计工程量	清单工程量	单价	合价
	213-5-4	C35 混凝土	m³				
	213-5-5	C40 混凝土	m³				
	213-6	钢筋					
	213-6-1	光圆钢筋	kg				
	213-6-2	带肋钢筋	kg				
LJ07011104		主动防护系统＋系统锚杆＋植草（TBS 生态植被等）	m²				
	208-9	坡面柔性防护					
	208-9-1	主动防护系统	m²				
	213-2	锚杆					
	213-2-1	钢筋锚杆	kg				
	213-2-2	预应力钢筋锚杆	kg				
	213-2-3	环氧钢筋锚杆	kg				
	208-5	植物护坡					
	208-5-2	播植（喷播）草灌	m²				
	208-5-5	TBS 生态植被(挂网客土喷混植草)					
	208-5-5-1	厚 5cm～8cm	m²				
	208-5-5-2	厚 10cm～12cm	m²				
LJ07011105		主动防护系统＋预应力锚索＋植草（TBS 生态植被等）	m²				
	208-9	坡面柔性防护					
	208-9-1	主动防护系统	m²				
	213-1	预应力锚索					
	213-1-1	预应力钢绞线	kg				
	213-1-2	无黏结预应力钢绞线	kg				
	213-5	混凝土锚固板（墩）					
	213-5-1	C20 混凝土	m³				
	213-5-2	C25 混凝土	m³				
	213-5-3	C30 混凝土	m³				
	213-5-4	C35 混凝土	m³				
	213-5-5	C40 混凝土	m³				
	213-6	钢筋					
	213-6-1	光圆钢筋	kg				
	213-6-2	带肋钢筋	kg				
	208-5	植物护坡					

续上表

要素费用项目编码	清单子目编码	工程或费用名称（或清单子目名称）	单位	设计工程量	清单工程量	单价	合价
	208-5-2	播植(喷播)草灌	m^2				
	208-5-5	TBS生态植被(挂网客土喷混植草)					
	208-5-5-1	厚5cm~8cm	m^2				
	208-5-5-2	厚10cm~12cm	m^2				
LJ07011106		被动防护系统	m^2				
	208-9	坡面柔性防护					
	208-9-2	被动防护系统	m^2				
LJ07011107		覆盖式引导防护系统	m^2				
	208-9	坡面柔性防护					
	208-9-3	覆盖式引导防护系统	m^2				
LJ070112		六角空心块护坡	m^3				
	208-1	垫层					
	208-1-1	砂砾垫层	m^3				
	208-1-2	碎石垫层	m^3				
	208-4	混凝土护坡					
	208-4-2	混凝土预制件满铺护坡					
	208-4-2-1	C15混凝土	m^3				
	208-4-2-2	C20混凝土	m^3				
	208-4-2-3	C25混凝土	m^3				
	208-4-2-4	C30混凝土	m^3				
	208-5	植物护坡					
	208-5-1	铺(植)草皮	m^2				
	208-5-2	播植(喷播)草灌	m^2				
LJ070113		浆砌片石护坡	m^3				
LJ07011301		满铺浆砌片石护坡	m^3				
	208-1	垫层					
	208-1-1	砂砾垫层	m^3				
	208-1-2	碎石垫层	m^3				
	208-3	浆砌片石护坡					
	208-3-1	满铺浆砌片石护坡					
	208-3-1-1	M7.5浆砌片石护坡	m^3				
	208-3-1-2	M10浆砌片石护坡	m^3				
	208-3-3	现浇混凝土					
	208-3-3-1	C15混凝土	m^3				
	208-3-3-2	C20混凝土	m^3				

续上表

要素费用项目编码	清单子目编码	工程或费用名称（或清单子目名称）	单位	设计工程量	清单工程量	单价	合价
	208-3-3-3	C25 混凝土	m³				
	208-3-3-4	C30 混凝土	m³				
LJ07011302		浆砌片石骨架护坡	m³				
	208-1	垫层					
	208-1-1	砂砾垫层	m³				
	208-1-2	碎石垫层	m³				
	208-3	浆砌片石护坡					
	208-3-2	浆砌骨架护坡					
	208-3-2-1	M7.5 浆砌片石护坡	m³				
	208-3-2-2	M10 浆砌片石护坡	m³				
	208-3-3	现浇混凝土					
	208-3-3-1	C15 混凝土	m³				
	208-3-3-2	C20 混凝土	m³				
	208-3-3-3	C25 混凝土	m³				
	208-3-3-4	C30 混凝土	m³				
LJ070114		现浇混凝土骨架护坡	m³				
	208-1	垫层					
	208-1-1	砂砾垫层	m³				
	208-1-2	碎石垫层	m³				
	208-4	混凝土护坡					
	208-4-3	现浇混凝土骨架护坡					
	208-4-3-1	C15 混凝土	m³				
	208-4-3-2	C20 混凝土	m³				
	208-4-3-3	C25 混凝土	m³				
	208-4-3-4	C30 混凝土	m³				
	208-5	植物护坡					
	208-5-1	铺(植)草皮	m²				
	208-5-2	播植(喷播)草灌	m²				
LJ070115		挂网锚喷混凝土防护边坡	m²				
	212-2	挂网锚喷混凝土防护边坡(全坡面)					
	212-2-1	喷射混凝土防护边坡	m²				
	212-2-2	钢筋网	kg				
	212-2-3	铁丝网	kg				
	212-2-4	土工格栅	m²				
	212-2-5	锚杆	kg				

附表3　分项清单编码格式文件衔接示例

续上表

要素费用项目编码	清单子目编码	工程或费用名称（或清单子目名称）	单位	设计工程量	清单工程量	单价	合价
LJ070116		检查踏步	m³				
	208-1	垫层					
	208-1-1	砂砾垫层	m³				
	208-1-2	碎石垫层	m³				
	208-4	混凝土护坡					
	208-4-5	检查踏步					
	208-4-5-1	C15 混凝土	m³				
	208-4-5-2	C20 混凝土	m³				
	208-4-5-3	C25 混凝土	m³				
	208-4-5-4	C30 混凝土	m³				
LJ070117		边坡注浆加固	m³				
	208	护坡、护面墙					
	208-10	地表注浆	m³				
	213	预应力锚索边坡加固					
	213-3	钢（花）管	m				
LJ070118		挡土墙	m³/m				
LJ07011801		重力式混凝土挡土墙	m³/m				
	209-1	垫层					
	209-1-1	砂砾垫层	m³				
	209-1-2	碎石垫层	m³				
	209-2	基础					
	209-2-2	混凝土基础					
	209-2-2-5	C15 片石混凝土	m³				
	209-2-2-6	C20 片石混凝土	m³				
	209-2-3	灌注桩					
	209-2-3-1	桩径 0.8m	m				
	209-2-3-2	桩径 1.0m	m				
	209-2-3-3	桩径 1.1m	m				
	209-2-3-4	桩径 1.2m	m				
	209-2-3-5	声测管	kg				
	209-2-4	管桩					
	209-2-4-1	直径 400mm	m				
	209-2-4-2	直径 500mm	m				
	209-2-4-3	直径 600mm	m				
	209-4	混凝土挡土墙					

续上表

要素费用项目编码	清单子目编码	工程或费用名称（或清单子目名称）	单位	设计工程量	清单工程量	单价	合价
	209-4-1	混凝土					
	209-4-1-5	C15 片石混凝土	m³				
	209-4-1-6	C20 片石混凝土	m³				
	209-6	挡土墙墙顶护栏					
	209-6-1	混凝土					
	209-6-1-1	C20 混凝土	m³				
	209-6-1-2	C25 混凝土	m³				
	209-6-1-3	C30 混凝土	m³				
	209-6-1-4	C35 混凝土	m³				
	209-6-2	钢筋					
	209-6-2-1	光圆钢筋	kg				
	209-6-2-2	带肋钢筋	kg				
LJ07011802		悬臂式混凝土挡土墙	m³/m				
	209-1	垫层					
	209-1-1	砂砾垫层	m³				
	209-1-2	碎石垫层	m³				
	209-2	基础					
	209-2-2	混凝土基础					
	209-2-2-1	C15 混凝土	m³				
	209-2-2-2	C20 混凝土	m³				
	209-2-2-3	C25 混凝土	m³				
	209-2-2-4	C30 混凝土	m³				
	209-2-3	灌注桩					
	209-2-3-1	桩径 0.8m	m				
	209-2-3-2	桩径 1.0m	m				
	209-2-3-3	桩径 1.1m	m				
	209-2-3-4	桩径 1.2m	m				
	209-2-3-5	声测管	kg				
	209-2-4	管桩					
	209-2-4-1	直径 400mm	m				
	209-2-4-2	直径 500mm	m				
	209-2-4-3	直径 600mm	m				
	209-2-6	钢筋					
	209-2-6-1	光圆钢筋	kg				
	209-2-6-2	带肋钢筋	kg				

附表3 分项清单编码格式文件衔接示例

续上表

要素费用项目编码	清单子目编码	工程或费用名称（或清单子目名称）	单位	设计工程量	清单工程量	单价	合价
	209-4	混凝土挡土墙					
	209-4-1	混凝土					
	209-4-1-1	C15 混凝土	m³				
	209-4-1-2	C20 混凝土	m³				
	209-4-1-3	C25 混凝土	m³				
	209-4-1-4	C30 混凝土	m³				
	209-4-2	钢筋					
	209-4-2-1	光圆钢筋	kg				
	209-4-2-2	带肋钢筋	kg				
	209-6	挡土墙墙顶护栏					
	209-6-1	混凝土					
	209-6-1-1	C20 混凝土	m³				
	209-6-1-2	C25 混凝土	m³				
	209-6-1-3	C30 混凝土	m³				
	209-6-1-4	C35 混凝土	m³				
	209-6-2	钢筋					
	209-6-2-1	光圆钢筋	kg				
	209-6-2-2	带肋钢筋	kg				
LJ07011803		扶壁式混凝土挡土墙	m³/m				
	209-1	垫层					
	209-1-1	砂砾垫层	m³				
	209-1-2	碎石垫层	m³				
	209-2	基础					
	209-2-2	混凝土基础					
	209-2-2-1	C15 混凝土	m³				
	209-2-2-2	C20 混凝土	m³				
	209-2-2-3	C25 混凝土	m³				
	209-2-2-4	C30 混凝土	m³				
	209-2-3	灌注桩					
	209-2-3-1	桩径 0.8m	m				
	209-2-3-2	桩径 1.0m	m				
	209-2-3-3	桩径 1.1m	m				
	209-2-3-4	桩径 1.2m	m				
	209-2-3-5	声测管	kg				
	209-2-4	管桩					

续上表

要素费用项目编码	清单子目编码	工程或费用名称（或清单子目名称）	单位	设计工程量	清单工程量	单价	合价
	209-2-4-1	直径400mm	m				
	209-2-4-2	直径500mm	m				
	209-2-4-3	直径600mm	m				
	209-2-6	钢筋					
	209-2-6-1	光圆钢筋	kg				
	209-2-6-2	带肋钢筋	kg				
	209-4	混凝土挡土墙					
	209-4-1	混凝土					
	209-4-1-1	C15混凝土	m³				
	209-4-1-2	C20混凝土	m³				
	209-4-1-3	C25混凝土	m³				
	209-4-1-4	C30混凝土	m³				
	209-4-2	钢筋					
	209-4-2-1	光圆钢筋	kg				
	209-4-2-2	带肋钢筋	kg				
	209-6	挡土墙墙顶护栏					
	209-6-1	混凝土					
	209-6-1-1	C20混凝土	m³				
	209-6-1-2	C25混凝土	m³				
	209-6-1-3	C30混凝土	m³				
	209-6-1-4	C35混凝土	m³				
	209-6-2	钢筋					
	209-6-2-1	光圆钢筋	kg				
	209-6-2-2	带肋钢筋	kg				
LJ07011804		锚杆式混凝土挡土墙	m³/m				
	210-1	锚杆挡土墙					
	210-1-1	现浇混凝土立柱					
	210-1-1-1	C15混凝土	m³				
	210-1-1-2	C20混凝土	m³				
	210-1-1-3	C25混凝土	m³				
	210-1-1-4	C30混凝土	m³				
	210-1-1-5	C35混凝土	m³				
	210-1-2	预制安装混凝土立柱					
	210-1-2-1	C20混凝土	m³				
	210-1-2-2	C25混凝土	m³				

附表3 分项清单编码格式文件衔接示例

续上表

要素费用项目编码	清单子目编码	工程或费用名称（或清单子目名称）	单位	设计工程量	清单工程量	单价	合价
	210-1-2-3	C30 混凝土	m³				
	210-1-2-4	C35 混凝土	m³				
	210-1-2-5	C40 混凝土	m³				
	210-1-3	预制安装混凝土挡板					
	210-1-3-1	C20 混凝土	m³				
	210-1-3-2	C25 混凝土	m³				
	210-1-3-3	C30 混凝土	m³				
	210-1-3-4	C35 混凝土	m³				
	210-1-3-5	C40 混凝土	m³				
	210-3	现浇墙身混凝土、附属部位混凝土					
	210-3-1	现浇混凝土墙身					
	210-3-1-1	C15 混凝土	m³				
	210-3-1-2	C20 混凝土	m³				
	210-3-1-3	C25 混凝土	m³				
	210-3-1-4	C30 混凝土	m³				
	210-3-1-5	C35 混凝土	m³				
	210-3-2	现浇附属部位混凝土					
	210-3-2-1	C15 混凝土	m³				
	210-3-2-2	C20 混凝土	m³				
	210-3-2-3	C25 混凝土	m³				
	210-3-2-4	C30 混凝土	m³				
	210-3-2-5	C35 混凝土	m³				
	210-4	灌注桩					
	210-4-1	桩径 0.8m	m				
	210-4-2	桩径 1.0m	m				
	210-4-3	桩径 1.1m	m				
	210-4-4	桩径 1.2m	m				
	210-4-5	声测管	kg				
	210-5	锚杆及拉杆					
	210-5-1	锚杆	kg				
	210-6	钢筋					
	210-6-1	光圆钢筋	kg				
	210-6-2	带肋钢筋	kg				
LJ07011805		锚定板混凝土挡土墙	m³/m				
	210-2	锚定板挡土墙					

155

续上表

要素费用项目编码	清单子目编码	工程或费用名称（或清单子目名称）	单位	设计工程量	清单工程量	单价	合价
	210-2-1	现浇混凝土肋柱					
	210-2-1-1	C15 混凝土	m³				
	210-2-1-2	C20 混凝土	m³				
	210-2-1-3	C25 混凝土	m³				
	210-2-1-4	C30 混凝土	m³				
	210-2-1-5	C35 混凝土	m³				
	210-2-2	预制安装混凝土肋柱					
	210-2-2-1	C20 混凝土	m³				
	210-2-2-2	C25 混凝土	m³				
	210-2-2-3	C30 混凝土	m³				
	210-2-2-4	C35 混凝土	m³				
	210-2-2-5	C40 混凝土	m³				
	210-2-3	预制安装混凝土锚定板					
	210-2-3-1	C20 混凝土	m³				
	210-2-3-2	C25 混凝土	m³				
	210-2-3-3	C30 混凝土	m³				
	210-2-3-4	C35 混凝土	m³				
	210-2-3-5	C40 混凝土	m³				
	210-3	现浇墙身混凝土、附属部位混凝土					
	210-3-1	现浇混凝土墙身					
	210-3-1-1	C15 混凝土	m³				
	210-3-1-2	C20 混凝土	m³				
	210-3-1-3	C25 混凝土	m³				
	210-3-1-4	C30 混凝土	m³				
	210-3-1-5	C35 混凝土	m³				
	210-3-2	现浇附属部位混凝土					
	210-3-2-1	C15 混凝土	m³				
	210-3-2-2	C20 混凝土	m³				
	210-3-2-3	C25 混凝土	m³				
	210-3-2-4	C30 混凝土	m³				
	210-3-2-5	C35 混凝土	m³				
	210-4	灌注桩					
	210-4-1	桩径 0.8m	m				
	210-4-2	桩径 1.0m	m				
	210-4-3	桩径 1.1m	m				

附表3 分项清单编码格式文件衔接示例

续上表

要素费用项目编码	清单子目编码	工程或费用名称（或清单子目名称）	单位	设计工程量	清单工程量	单价	合价
	210-4-4	桩径1.2m	m				
	210-4-5	声测管	kg				
	210-5	锚杆及拉杆					
	210-5-2	拉杆	kg				
	210-6	钢筋					
	210-6-1	光圆钢筋	kg				
	210-6-2	带肋钢筋	kg				
LJ07011806		加筋混凝土挡土墙	m³/m				
	211-1	基础					
	211-1-1	浆砌片石基础					
	211-1-1-1	M7.5浆砌片石基础	m³				
	211-1-1-2	M10浆砌片石基础	m³				
	211-1-2	混凝土基础					
	211-1-2-1	C15混凝土	m³				
	211-1-2-2	C20混凝土	m³				
	211-1-2-3	C25混凝土	m³				
	211-1-2-4	C30混凝土	m³				
	211-1-2-5	C15片石混凝土	m³				
	211-1-2-6	C20片石混凝土	m³				
	211-1-3	灌注桩					
	211-1-3-1	桩径0.8m	m				
	211-1-3-2	桩径1.0m	m				
	211-1-3-3	桩径1.1m	m				
	211-1-3-4	桩径1.2m	m				
	211-1-3-5	声测管	kg				
	211-2	混凝土帽石					
	211-2-1	现浇帽石混凝土					
	211-2-1-1	C15混凝土	m³				
	211-2-1-2	C20混凝土	m³				
	211-2-1-3	C25混凝土	m³				
	211-2-1-4	C30混凝土	m³				
	211-3	预制安装混凝土墙面板					
	211-3-1	C20混凝土	m³				
	211-3-2	C25混凝土	m³				
	211-3-3	C30混凝土	m³				

续上表

要素费用项目编码	清单子目编码	工程或费用名称（或清单子目名称）	单位	设计工程量	清单工程量	单价	合价
	211-3-4	C35 混凝土	m³				
	211-3-5	C40 混凝土	m³				
	211-4	加筋带					
	211-4-1	扁钢带	kg				
	211-4-2	钢筋混凝土带					
	211-4-2-1	C15 混凝土	m³				
	211-4-2-2	C20 混凝土	m³				
	211-4-2-3	C25 混凝土	m³				
	211-4-2-4	C30 混凝土	m³				
	211-4-3	塑钢复合带	kg				
	211-4-4	塑料土工格栅	m²				
	211-4-5	聚丙烯土工带	kg				
	211-5	钢筋					
	211-5-1	光圆钢筋	kg				
	211-5-2	带肋钢筋	kg				
LJ07011807		加筋格宾挡土墙	m³/m				
	209-1	垫层					
	209-1-1	砂砾垫层	m³				
	209-1-2	碎石垫层	m³				
	209-5	加筋格宾挡土墙	m²				
LJ07011808		砌体挡土墙	m³/m				
	209-1	垫层					
	209-1-1	砂砾垫层	m³				
	209-1-2	碎石垫层	m³				
	209-2	基础					
	209-2-1	浆砌片(块)石基础					
	209-2-1-1	M7.5 浆砌片石基础	m³				
	209-2-1-2	M10 浆砌片石基础	m³				
	209-2-1-3	M7.5 浆砌块石基础	m³				
	209-2-1-4	M10 浆砌块石基础	m³				
	209-3	砌体挡土墙					
	209-3-1	干砌挡土墙	m³				
	209-3-2	浆砌片(块)石					
	209-3-2-1	M7.5 浆砌片石	m³				
	209-3-2-2	M10 浆砌片石	m³				

附表3 分项清单编码格式文件衔接示例

续上表

要素费用项目编码	清单子目编码	工程或费用名称（或清单子目名称）	单位	设计工程量	清单工程量	单价	合价
	209-3-2-3	M7.5浆砌块石	m³				
	209-3-2-4	M10浆砌块石	m³				
	209-3-3	条(料)石镶面	m³				
	209-3-4	压顶混凝土	m³				
	209-6	挡土墙墙顶护栏					
	209-6-1	混凝土					
	209-6-1-1	C20混凝土	m³				
	209-6-1-2	C25混凝土	m³				
	209-6-1-3	C30混凝土	m³				
	209-6-1-4	C35混凝土	m³				
	209-6-2	钢筋					
	209-6-2-1	光圆钢筋	kg				
	209-6-2-2	带肋钢筋	kg				
LJ070119		抗滑桩	m³/m				
	214-1	现浇混凝土桩					
	214-1-1	混凝土					
	214-1-1-1	C20混凝土	m³				
	214-1-1-2	C25混凝土	m³				
	214-1-1-3	C30混凝土	m³				
	214-1-1-4	C35混凝土	m³				
	214-1-1-5	C40混凝土	m³				
	214-1-1-6	声测管	kg				
	214-2	挡土板(墙)					
	214-2-1	混凝土					
	214-2-1-1	C20混凝土	m³				
	214-2-1-2	C25混凝土	m³				
	214-2-1-3	C30混凝土	m³				
	214-2-1-4	C35混凝土	m³				
	214-2-1-5	C40混凝土	m³				
	214-3	钢筋					
	214-3-1	光圆钢筋	kg				
	214-3-2	带肋钢筋	kg				
	214-4	锚杆					
	214-4-1	钢筋锚杆	kg				
	214-4-2	预应力钢筋锚杆	kg				

续上表

要素费用项目编码	清单子目编码	工程或费用名称（或清单子目名称）	单位	设计工程量	清单工程量	单价	合价
LJ070120		护面墙	m³				
LJ07012001		浆砌片(块)石护面墙	m³				
	208-6-1	浆砌片(块)石护面墙					
	208-6-1-1	M7.5浆砌片石护面墙	m³				
	208-6-1-2	M10浆砌片石护面墙	m³				
	208-6-1-3	M7.5浆砌块石护面墙	m³				
	208-6-1-4	M10浆砌块石护面墙	m³				
	208-6-1-5	条(料)石镶面	m³				
	208-6-1-6	压顶混凝土	m³				
LJ07012002		现浇混凝土护面墙	m³				
	208-6-2	现浇混凝土护面墙					
	208-6-2-1	C15混凝土	m³				
	208-6-2-2	C20混凝土	m³				
	208-6-2-3	C25混凝土	m³				
	208-6-2-4	C30混凝土	m³				
LJ07012003		预制安装混凝土护面墙	m³				
	208-6-3	预制安装混凝土护面墙					
	208-6-3-1	C20混凝土	m³				
	208-6-3-2	C25混凝土	m³				
	208-6-3-3	C30混凝土	m³				
	208-6-3-4	C35混凝土	m³				
LJ070121		封面、捶面	m²				
LJ07012101		封面	m²				
	208-7	封面					
	208-7-1	封面	m²				
LJ07012102		捶面	m²				
	208-8	捶面					
	208-8-1	捶面	m²				
LJ070122		仰斜式排水孔	m				
	207-10	仰斜式排水孔					
	207-10-1	钻孔	m				
	207-10-2	排水管	m				
	207-10-3	软式透水管	m				
LJ0702		高边坡防护与加固	km/处				
LJ070201		播植(喷播)草灌	m²				

附表3　分项清单编码格式文件衔接示例

续上表

要素费用项目编码	清单子目编码	工程或费用名称（或清单子目名称）	单位	设计工程量	清单工程量	单价	合价
	208-5	植物护坡					
	208-5-2	播植(喷播)草灌	m²				
	208-5-3	客土喷播草灌					
	208-5-3-1	厚5cm～8cm	m²				
	208-5-3-2	厚10cm～12cm	m²				
	208-5-4	挂网客土喷播草灌					
	208-5-4-1	厚5cm～8cm	m²				
	208-5-4-2	厚10cm～12cm	m²				
LJ070202		TBS生态植被	m²				
	208-5	植物护坡					
	208-5-5	TBS生态植被(挂网客土喷混植草)					
	208-5-5-1	厚5cm～8cm	m²				
	208-5-5-2	厚10cm～12cm	m²				
LJ070203		TBS生态植被＋系统锚杆	m²				
	208-5	植物护坡					
	208-5-5	TBS生态植被(挂网客土喷混植草)					
	208-5-5-1	厚5cm～8cm	m²				
	208-5-5-2	厚10cm～12cm	m²				
	213-2	锚杆					
	213-2-1	钢筋锚杆	kg				
	213-2-2	预应力钢筋锚杆	kg				
	213-2-3	环氧钢筋锚杆	kg				
LJ070204		TBS生态植被＋预应力锚索	m²				
	208-5	植物护坡					
	208-5-5	TBS生态植被(挂网客土喷混植草)					
	208-5-5-1	厚5cm～8cm	m²				
	208-5-5-2	厚10cm～12cm	m²				
	213-1	预应力锚索					
	213-1-1	预应力钢绞线	kg				
	213-1-2	无黏结预应力钢绞线	kg				
	213-5	混凝土锚固板(墩)					
	213-5-1	C20混凝土	m³				
	213-5-2	C25混凝土	m³				
	213-5-3	C30混凝土	m³				
	213-5-4	C35混凝土	m³				

续上表

要素费用项目编码	清单子目编码	工程或费用名称（或清单子目名称）	单位	设计工程量	清单工程量	单价	合价
	213-5-5	C40 混凝土	m³				
	213-6	钢筋					
	213-6-1	光圆钢筋	kg				
	213-6-2	带肋钢筋	kg				
LJ070205		高次团粒生态植被	m²				
	208-5	植物护坡					
	208-5-6	高次团粒生态植被	m²				
LJ070206		土工格室植草灌	m²				
	208-5	植物护坡					
	208-5-7	土工格室植草灌	m²				
LJ070207		植生袋植草灌	m²				
	208-5	植物护坡					
	208-5-8	植生袋植草灌	m²				
LJ070208		框格植草	m³				
	213-4	混凝土框格梁					
	213-4-1	C20 混凝土	m³				
	213-4-2	C25 混凝土	m³				
	213-4-3	C30 混凝土	m³				
	213-4-4	C35 混凝土	m³				
	213-4-5	C40 混凝土	m³				
	213-6	钢筋					
	213-6-1	光圆钢筋	kg				
	213-6-2	带肋钢筋	kg				
	208-5	植物护坡					
	208-5-2	播植（喷播）草灌	m²				
LJ070209		框格+系统锚杆+植草（TBS生态植被等）	m³				
	213-2	锚杆					
	213-2-1	钢筋锚杆	kg				
	213-2-2	预应力钢筋锚杆	kg				
	213-2-3	环氧钢筋锚杆	kg				
	213-4	混凝土框格梁					
	213-4-1	C20 混凝土	m³				
	213-4-2	C25 混凝土	m³				
	213-4-3	C30 混凝土	m³				

附表3 分项清单编码格式文件衔接示例

续上表

要素费用项目编码	清单子目编码	工程或费用名称（或清单子目名称）	单位	设计工程量	清单工程量	单价	合价
	213-4-4	C35 混凝土	m³				
	213-4-5	C40 混凝土	m³				
	213-6	钢筋					
	213-6-1	光圆钢筋	kg				
	213-6-2	带肋钢筋	kg				
	208-5	植物护坡					
	208-5-2	播植(喷播)草灌	m²				
	208-5-5	TBS 生态植被(挂网客土喷混植草)					
	208-5-5-1	厚 5cm～8cm	m²				
	208-5-5-2	厚 10cm～12cm	m²				
LJ070210		框格+预应力锚索+植草(TBS 生态植被等)	m³				
	213-1	预应力锚索					
	213-1-1	预应力钢绞线	kg				
	213-1-2	无黏结预应力钢绞线	kg				
	213-4	混凝土框格梁					
	213-4-1	C20 混凝土	m³				
	213-4-2	C25 混凝土	m³				
	213-4-3	C30 混凝土	m³				
	213-4-4	C35 混凝土	m³				
	213-4-5	C40 混凝土	m³				
	213-5	混凝土锚固板(墩)					
	213-5-1	C20 混凝土	m³				
	213-5-2	C25 混凝土	m³				
	213-5-3	C30 混凝土	m³				
	213-5-4	C35 混凝土	m³				
	213-5-5	C40 混凝土	m³				
	213-6	钢筋					
	213-6-1	光圆钢筋	kg				
	213-6-2	带肋钢筋	kg				
	208-5	植物护坡					
	208-5-2	播植(喷播)草灌	m²				
	208-5-5	TBS 生态植被(挂网客土喷混植草)					
	208-5-5-1	厚 5cm～8cm	m²				
	208-5-5-2	厚 10cm～12cm	m²				

续上表

要素费用项目编码	清单子目编码	工程或费用名称（或清单子目名称）	单位	设计工程量	清单工程量	单价	合价
LJ070211		边坡柔性防护	m²				
LJ07021101		主动防护系统	m²				
	208-9	坡面柔性防护					
	208-9-1	主动防护系统	m²				
LJ07021102		主动防护系统＋系统锚杆	m²				
	208-9	坡面柔性防护					
	208-9-1	主动防护系统	m²				
	213-2	锚杆					
	213-2-1	钢筋锚杆	kg				
	213-2-2	预应力钢筋锚杆	kg				
	213-2-3	环氧钢筋锚杆	kg				
LJ07021103		主动防护系统＋预应力锚索	m²				
	208-9	坡面柔性防护					
	208-9-1	主动防护系统	m²				
	213-1	预应力锚索					
	213-1-1	预应力钢绞线	kg				
	213-1-2	无黏结预应力钢绞线	kg				
	213-5	混凝土锚固板(墩)					
	213-5-1	C20混凝土	m³				
	213-5-2	C25混凝土	m³				
	213-5-3	C30混凝土	m³				
	213-5-4	C35混凝土	m³				
	213-5-5	C40混凝土	m³				
	213-6	钢筋					
	213-6-1	光圆钢筋	kg				
	213-6-2	带肋钢筋	kg				
LJ07021104		主动防护系统＋系统锚杆＋植草（TBS生态植被等）	m²				
	208-9	坡面柔性防护					
	208-9-1	主动防护系统	m²				
	213-2	锚杆					
	213-2-1	钢筋锚杆	kg				
	213-2-2	预应力钢筋锚杆	kg				
	213-2-3	环氧钢筋锚杆	kg				
	208-5	植物护坡					

附表3　分项清单编码格式文件衔接示例

续上表

要素费用项目编码	清单子目编码	工程或费用名称（或清单子目名称）	单位	设计工程量	清单工程量	单价	合价
	208-5-2	播植（喷播）草灌	m²				
	208-5-5	TBS生态植被（挂网客土喷混植草）					
	208-5-5-1	厚5cm~8cm	m²				
	208-5-5-2	厚10cm~12cm	m²				
LJ07021105		主动防护系统+预应力锚索+植草（TBS生态植被等）	m²				
	208-9	坡面柔性防护					
	208-9-1	主动防护系统	m²				
	213-1	预应力锚索					
	213-1-1	预应力钢绞线	kg				
	213-1-2	无黏结预应力钢绞线	kg				
	213-5	混凝土锚固板（墩）					
	213-5-1	C20混凝土	m³				
	213-5-2	C25混凝土	m³				
	213-5-3	C30混凝土	m³				
	213-5-4	C35混凝土	m³				
	213-5-5	C40混凝土	m³				
	213-6	钢筋					
	213-6-1	光圆钢筋	kg				
	213-6-2	带肋钢筋	kg				
	208-5	植物护坡					
	208-5-2	播植（喷播）草灌	m²				
	208-5-5	TBS生态植被（挂网客土喷混植草）					
	208-5-5-1	厚5cm~8cm	m²				
	208-5-5-2	厚10cm~12cm	m²				
LJ07021106		被动防护系统	m²				
	208-9	坡面柔性防护					
	208-9-2	被动防护系统	m²				
LJ07021107		覆盖式引导防护系统	m²				
	208-9	坡面柔性防护					
	208-9-3	覆盖式引导防护系统	m²				
LJ070212		六角空心块护坡	m³				
	208-1	垫层					
	208-1-1	砂砾垫层	m³				
	208-1-2	碎石垫层	m³				

续上表

要素费用项目编码	清单子目编码	工程或费用名称（或清单子目名称）	单位	设计工程量	清单工程量	单价	合价
	208-4	混凝土护坡					
	208-4-2	混凝土预制件满铺护坡					
	208-4-2-1	C15 混凝土	m³				
	208-4-2-2	C20 混凝土	m³				
	208-4-2-3	C25 混凝土	m³				
	208-4-2-4	C30 混凝土	m³				
	208-5	植物护坡					
	208-5-1	铺(植)草皮	m²				
	208-5-2	播植(喷播)草灌	m²				
LJ070213		浆砌片石护坡	m³				
LJ07021301		满铺浆砌片石护坡	m³				
	208-1	垫层					
	208-1-1	砂砾垫层	m³				
	208-1-2	碎石垫层	m³				
	208-3	浆砌片石护坡					
	208-3-1	满铺浆砌片石护坡					
	208-3-1-1	M7.5 浆砌片石护坡	m³				
	208-3-1-2	M10 浆砌片石护坡	m³				
	208-3-3	现浇混凝土					
	208-3-3-1	C15 混凝土	m³				
	208-3-3-2	C20 混凝土	m³				
	208-3-3-3	C25 混凝土	m³				
	208-3-3-4	C30 混凝土	m³				
LJ07021302		浆砌片石骨架护坡	m³				
	208-1	垫层					
	208-1-1	砂砾垫层	m³				
	208-1-2	碎石垫层	m³				
	208-3	浆砌片石护坡					
	208-3-2	浆砌骨架护坡					
	208-3-2-1	M7.5 浆砌片石护坡	m³				
	208-3-2-2	M10 浆砌片石护坡	m³				
	208-3-3	现浇混凝土					
	208-3-3-1	C15 混凝土	m³				
	208-3-3-2	C20 混凝土	m³				
	208-3-3-3	C25 混凝土	m³				

附表3 分项清单编码格式文件衔接示例

续上表

要素费用项目编码	清单子目编码	工程或费用名称（或清单子目名称）	单位	设计工程量	清单工程量	单价	合价
	208-3-3-4	C30 混凝土	m³				
LJ070214		现浇混凝土骨架护坡	m³				
	208-1	垫层					
	208-1-1	砂砾垫层	m³				
	208-1-2	碎石垫层	m³				
	208-4	混凝土护坡					
	208-4-3	现浇混凝土骨架护坡					
	208-4-3-1	C15 混凝土	m³				
	208-4-3-2	C20 混凝土	m³				
	208-4-3-3	C25 混凝土	m³				
	208-4-3-4	C30 混凝土	m³				
	208-5	植物护坡					
	208-5-1	铺(植)草皮	m²				
	208-5-2	播植(喷播)草灌	m²				
LJ070215		挂网锚喷混凝土防护边坡	m²				
	212-2	挂网锚喷混凝土防护边坡(全坡面)					
	212-2-1	喷射混凝土防护边坡	m²				
	212-2-2	钢筋网	kg				
	212-2-3	铁丝网	kg				
	212-2-4	土工格栅	m²				
	212-2-5	锚杆	kg				
LJ070216		检查踏步	m³				
	208-1	垫层					
	208-1-1	砂砾垫层	m³				
	208-1-2	碎石垫层	m³				
	208-4	混凝土护坡					
	208-4-5	检查踏步					
	208-4-5-1	C15 混凝土	m³				
	208-4-5-2	C20 混凝土	m³				
	208-4-5-3	C25 混凝土	m³				
	208-4-5-4	C30 混凝土	m³				
LJ070217		边坡注浆加固	m³				
	208	护坡、护面墙					
	208-10	地表注浆	m³				
	213	预应力锚索边坡加固					

续上表

要素费用项目编码	清单子目编码	工程或费用名称（或清单子目名称）	单位	设计工程量	清单工程量	单价	合价
	213-3	钢(花)管	m				
LJ070218		挡土墙	m³/m				
LJ07021801		重力式混凝土挡土墙	m³/m				
	209-1	垫层					
	209-1-1	砂砾垫层	m³				
	209-1-2	碎石垫层	m³				
	209-2	基础					
	209-2-2	混凝土基础					
	209-2-2-5	C15 片石混凝土	m³				
	209-2-2-6	C20 片石混凝土	m³				
	209-2-3	灌注桩					
	209-2-3-1	桩径 0.8m	m				
	209-2-3-2	桩径 1.0m	m				
	209-2-3-3	桩径 1.1m	m				
	209-2-3-4	桩径 1.2m	m				
	209-2-3-5	声测管	kg				
	209-2-4	管桩					
	209-2-4-1	直径 400mm	m				
	209-2-4-2	直径 500mm	m				
	209-2-4-3	直径 600mm	m				
	209-4	混凝土挡土墙					
	209-4-1	混凝土					
	209-4-1-5	C15 片石混凝土	m³				
	209-4-1-6	C20 片石混凝土	m³				
	209-6	挡土墙墙顶护栏					
	209-6-1	混凝土					
	209-6-1-1	C20 混凝土	m³				
	209-6-1-2	C25 混凝土	m³				
	209-6-1-3	C30 混凝土	m³				
	209-6-1-4	C35 混凝土	m³				
	209-6-2	钢筋					
	209-6-2-1	光圆钢筋	kg				
	209-6-2-2	带肋钢筋	kg				
LJ07021802		悬臂式混凝土挡土墙	m³/m				
	209-1	垫层					

附表3 分项清单编码格式文件衔接示例

续上表

要素费用项目编码	清单子目编码	工程或费用名称（或清单子目名称）	单位	设计工程量	清单工程量	单价	合价
	209-1-1	砂砾垫层	m³				
	209-1-2	碎石垫层	m³				
	209-2	基础					
	209-2-2	混凝土基础					
	209-2-2-1	C15混凝土	m³				
	209-2-2-2	C20混凝土	m³				
	209-2-2-3	C25混凝土	m³				
	209-2-2-4	C30混凝土	m³				
	209-2-3	灌注桩					
	209-2-3-1	桩径0.8m	m				
	209-2-3-2	桩径1.0m	m				
	209-2-3-3	桩径1.1m	m				
	209-2-3-4	桩径1.2m	m				
	209-2-3-5	声测管	kg				
	209-2-4	管桩					
	209-2-4-1	直径400mm	m				
	209-2-4-2	直径500mm	m				
	209-2-4-3	直径600mm	m				
	209-2-6	钢筋					
	209-2-6-1	光圆钢筋	kg				
	209-2-6-2	带肋钢筋	kg				
	209-4	混凝土挡土墙					
	209-4-1	混凝土					
	209-4-1-1	C15混凝土	m³				
	209-4-1-2	C20混凝土	m³				
	209-4-1-3	C25混凝土	m³				
	209-4-1-4	C30混凝土	m³				
	209-4-2	钢筋					
	209-4-2-1	光圆钢筋	kg				
	209-4-2-2	带肋钢筋	kg				
	209-6	挡土墙墙顶护栏					
	209-6-1	混凝土					
	209-6-1-1	C20混凝土	m³				
	209-6-1-2	C25混凝土	m³				
	209-6-1-3	C30混凝土	m³				

续上表

要素费用项目编码	清单子目编码	工程或费用名称（或清单子目名称）	单位	设计工程量	清单工程量	单价	合价
	209-6-1-4	C35 混凝土	m³				
	209-6-2	钢筋					
	209-6-2-1	光圆钢筋	kg				
	209-6-2-2	带肋钢筋	kg				
LJ07021803		扶壁式混凝土挡土墙	m³/m				
	209-1	垫层					
	209-1-1	砂砾垫层	m³				
	209-1-2	碎石垫层	m³				
	209-2	基础					
	209-2-2	混凝土基础					
	209-2-2-1	C15 混凝土	m³				
	209-2-2-2	C20 混凝土	m³				
	209-2-2-3	C25 混凝土	m³				
	209-2-2-4	C30 混凝土	m³				
	209-2-3	灌注桩					
	209-2-3-1	桩径0.8m	m				
	209-2-3-2	桩径1.0m	m				
	209-2-3-3	桩径1.1m	m				
	209-2-3-4	桩径1.2m	m				
	209-2-3-5	声测管	kg				
	209-2-4	管桩					
	209-2-4-1	直径400mm	m				
	209-2-4-2	直径500mm	m				
	209-2-4-3	直径600mm	m				
	209-2-6	钢筋					
	209-2-6-1	光圆钢筋	kg				
	209-2-6-2	带肋钢筋	kg				
	209-4	混凝土挡土墙					
	209-4-1	混凝土					
	209-4-1-1	C15 混凝土	m³				
	209-4-1-2	C20 混凝土	m³				
	209-4-1-3	C25 混凝土	m³				
	209-4-1-4	C30 混凝土	m³				
	209-4-2	钢筋					
	209-4-2-1	光圆钢筋	kg				

附表3 分项清单编码格式文件衔接示例

续上表

要素费用项目编码	清单子目编码	工程或费用名称（或清单子目名称）	单位	设计工程量	清单工程量	单价	合价
	209-4-2-2	带肋钢筋	kg				
	209-6	挡土墙墙顶护栏					
	209-6-1	混凝土					
	209-6-1-1	C20 混凝土	m³				
	209-6-1-2	C25 混凝土	m³				
	209-6-1-3	C30 混凝土	m³				
	209-6-1-4	C35 混凝土	m³				
	209-6-2	钢筋					
	209-6-2-1	光圆钢筋	kg				
	209-6-2-2	带肋钢筋	kg				
LJ07021804		锚杆式混凝土挡土墙	m³/m				
	210-1	锚杆挡土墙					
	210-1-1	现浇混凝土立柱					
	210-1-1-1	C15 混凝土	m³				
	210-1-1-2	C20 混凝土	m³				
	210-1-1-3	C25 混凝土	m³				
	210-1-1-4	C30 混凝土	m³				
	210-1-1-5	C35 混凝土	m³				
	210-1-2	预制安装混凝土立柱					
	210-1-2-1	C20 混凝土	m³				
	210-1-2-2	C25 混凝土	m³				
	210-1-2-3	C30 混凝土	m³				
	210-1-2-4	C35 混凝土	m³				
	210-1-2-5	C40 混凝土	m³				
	210-1-3	预制安装混凝土挡板					
	210-1-3-1	C20 混凝土	m³				
	210-1-3-2	C25 混凝土	m³				
	210-1-3-3	C30 混凝土	m³				
	210-1-3-4	C35 混凝土	m³				
	210-1-3-5	C40 混凝土	m³				
	210-3	现浇墙身混凝土、附属部位混凝土					
	210-3-1	现浇混凝土墙身					
	210-3-1-1	C15 混凝土	m³				
	210-3-1-2	C20 混凝土	m³				
	210-3-1-3	C25 混凝土	m³				

续上表

要素费用项目编码	清单子目编码	工程或费用名称（或清单子目名称）	单位	设计工程量	清单工程量	单价	合价
	210-3-1-4	C30 混凝土	m³				
	210-3-1-5	C35 混凝土	m³				
	210-3-2	现浇附属部位混凝土					
	210-3-2-1	C15 混凝土	m³				
	210-3-2-2	C20 混凝土	m³				
	210-3-2-3	C25 混凝土	m³				
	210-3-2-4	C30 混凝土	m³				
	210-3-2-5	C35 混凝土	m³				
	210-4	灌注桩					
	210-4-1	桩径 0.8m	m				
	210-4-2	桩径 1.0m	m				
	210-4-3	桩径 1.1m	m				
	210-4-4	桩径 1.2m	m				
	210-4-5	声测管	kg				
	210-5	锚杆及拉杆					
	210-5-1	锚杆	kg				
	210-6	钢筋					
	210-6-1	光圆钢筋	kg				
	210-6-2	带肋钢筋	kg				
LJ07021805		锚定板混凝土挡土墙	m³/m				
	210-2	锚定板挡土墙					
	210-2-1	现浇混凝土肋柱					
	210-2-1-1	C15 混凝土	m³				
	210-2-1-2	C20 混凝土	m³				
	210-2-1-3	C25 混凝土	m³				
	210-2-1-4	C30 混凝土	m³				
	210-2-1-5	C35 混凝土	m³				
	210-2-2	预制安装混凝土肋柱					
	210-2-2-1	C20 混凝土	m³				
	210-2-2-2	C25 混凝土	m³				
	210-2-2-3	C30 混凝土	m³				
	210-2-2-4	C35 混凝土	m³				
	210-2-2-5	C40 混凝土	m³				
	210-2-3	预制安装混凝土锚定板					
	210-2-3-1	C20 混凝土	m³				

附表3 分项清单编码格式文件衔接示例

续上表

要素费用项目编码	清单子目编码	工程或费用名称（或清单子目名称）	单位	设计工程量	清单工程量	单价	合价
	210-2-3-2	C25 混凝土	m³				
	210-2-3-3	C30 混凝土	m³				
	210-2-3-4	C35 混凝土	m³				
	210-2-3-5	C40 混凝土	m³				
	210-3	现浇墙身混凝土、附属部位混凝土					
	210-3-1	现浇混凝土墙身					
	210-3-1-1	C15 混凝土	m³				
	210-3-1-2	C20 混凝土	m³				
	210-3-1-3	C25 混凝土	m³				
	210-3-1-4	C30 混凝土	m³				
	210-3-1-5	C35 混凝土	m³				
	210-3-2	现浇附属部位混凝土					
	210-3-2-1	C15 混凝土	m³				
	210-3-2-2	C20 混凝土	m³				
	210-3-2-3	C25 混凝土	m³				
	210-3-2-4	C30 混凝土	m³				
	210-3-2-5	C35 混凝土	m³				
	210-4	灌注桩					
	210-4-1	桩径0.8m	m				
	210-4-2	桩径1.0m	m				
	210-4-3	桩径1.1m	m				
	210-4-4	桩径1.2m	m				
	210-4-5	声测管	kg				
	210-5	锚杆及拉杆					
	210-5-2	拉杆	kg				
	210-6	钢筋					
	210-6-1	光圆钢筋	kg				
	210-6-2	带肋钢筋	kg				
LJ07021806		加筋混凝土挡土墙	m³/m				
	211-1	基础					
	211-1-1	浆砌片石基础					
	211-1-1-1	M7.5 浆砌片石基础	m³				
	211-1-1-2	M10 浆砌片石基础	m³				
	211-1-2	混凝土基础					
	211-1-2-1	C15 混凝土	m³				

续上表

要素费用项目编码	清单子目编码	工程或费用名称（或清单子目名称）	单位	设计工程量	清单工程量	单价	合价
	211-1-2-2	C20 混凝土	m³				
	211-1-2-3	C25 混凝土	m³				
	211-1-2-4	C30 混凝土	m³				
	211-1-2-5	C15 片石混凝土	m³				
	211-1-2-6	C20 片石混凝土	m³				
	211-1-3	灌注桩					
	211-1-3-1	桩径 0.8m	m				
	211-1-3-2	桩径 1.0m	m				
	211-1-3-3	桩径 1.1m	m				
	211-1-3-4	桩径 1.2m	m				
	211-1-3-5	声测管	kg				
	211-2	混凝土帽石					
	211-2-1	现浇帽石混凝土					
	211-2-1-1	C15 混凝土	m³				
	211-2-1-2	C20 混凝土	m³				
	211-2-1-3	C25 混凝土	m³				
	211-2-1-4	C30 混凝土	m³				
	211-3	预制安装混凝土墙面板					
	211-3-1	C20 混凝土	m³				
	211-3-2	C25 混凝土	m³				
	211-3-3	C30 混凝土	m³				
	211-3-4	C35 混凝土	m³				
	211-3-5	C40 混凝土	m³				
	211-4	加筋带					
	211-4-1	扁钢带	kg				
	211-4-2	钢筋混凝土带					
	211-4-2-1	C15 混凝土	m³				
	211-4-2-2	C20 混凝土	m³				
	211-4-2-3	C25 混凝土	m³				
	211-4-2-4	C30 混凝土	m³				
	211-4-3	塑钢复合带	kg				
	211-4-4	塑料土工格栅	m²				
	211-4-5	聚丙烯土工带	kg				
	211-5	钢筋					
	211-5-1	光圆钢筋	kg				

附表3 分项清单编码格式文件衔接示例

续上表

要素费用项目编码	清单子目编码	工程或费用名称（或清单子目名称）	单位	设计工程量	清单工程量	单价	合价
	211-5-2	带肋钢筋	kg				
LJ07021807		加筋格宾挡土墙	m³/m				
	209-1	垫层					
	209-1-1	砂砾垫层	m³				
	209-1-2	碎石垫层	m³				
	209-5	加筋格宾挡土墙	m²				
LJ07021808		砌体挡土墙	m³/m				
	209-1	垫层					
	209-1-1	砂砾垫层	m³				
	209-1-2	碎石垫层	m³				
	209-2	基础					
	209-2-1	浆砌片（块）石基础					
	209-2-1-1	M7.5浆砌片石基础	m³				
	209-2-1-2	M10浆砌片石基础	m³				
	209-2-1-3	M7.5浆砌块石基础	m³				
	209-2-1-4	M10浆砌块石基础	m³				
	209-3	砌体挡土墙					
	209-3-1	干砌挡土墙	m³				
	209-3-2	浆砌片（块）石					
	209-3-2-1	M7.5浆砌片石	m³				
	209-3-2-2	M10浆砌片石	m³				
	209-3-2-3	M7.5浆砌块石	m³				
	209-3-2-4	M10浆砌块石	m³				
	209-3-3	条（料）石镶面	m³				
	209-3-4	压顶混凝土	m³				
	209-6	挡土墙墙顶护栏					
	209-6-1	混凝土					
	209-6-1-1	C20混凝土	m³				
	209-6-1-2	C25混凝土	m³				
	209-6-1-3	C30混凝土	m³				
	209-6-1-4	C35混凝土	m³				
	209-6-2	钢筋					
	209-6-2-1	光圆钢筋	kg				
	209-6-2-2	带肋钢筋	kg				
LJ070219		抗滑桩	m³/m				

续上表

要素费用项目编码	清单子目编码	工程或费用名称（或清单子目名称）	单位	设计工程量	清单工程量	单价	合价
	214-1	现浇混凝土桩					
	214-1-1	混凝土					
	214-1-1-1	C20 混凝土	m^3				
	214-1-1-2	C25 混凝土	m^3				
	214-1-1-3	C30 混凝土	m^3				
	214-1-1-4	C35 混凝土	m^3				
	214-1-1-5	C40 混凝土	m^3				
	214-1-1-6	声测管	kg				
	214-2	挡土板(墙)					
	214-2-1	混凝土					
	214-2-1-1	C20 混凝土	m^3				
	214-2-1-2	C25 混凝土	m^3				
	214-2-1-3	C30 混凝土	m^3				
	214-2-1-4	C35 混凝土	m^3				
	214-2-1-5	C40 混凝土	m^3				
	214-3	钢筋					
	214-3-1	光圆钢筋	kg				
	214-3-2	带肋钢筋	kg				
	214-4	锚杆					
	214-4-1	钢筋锚杆	kg				
	214-4-2	预应力钢筋锚杆	kg				
LJ070220		护面墙	m^3				
LJ07022001		浆砌片(块)石护面墙	m^3				
	208-6-1	浆砌片(块)石护面墙					
	208-6-1-1	M7.5 浆砌片石护面墙	m^3				
	208-6-1-2	M10 浆砌片石护面墙	m^3				
	208-6-1-3	M7.5 浆砌块石护面墙	m^3				
	208-6-1-4	M10 浆砌块石护面墙	m^3				
	208-6-1-5	条(料)石镶面	m^3				
	208-6-1-6	压顶混凝土	m^3				
LJ07022002		现浇混凝土护面墙	m^3				
	208-6-2	现浇混凝土护面墙					
	208-6-2-1	C15 混凝土	m^3				
	208-6-2-2	C20 混凝土	m^3				
	208-6-2-3	C25 混凝土	m^3				

附表3 分项清单编码格式文件衔接示例

续上表

要素费用项目编码	清单子目编码	工程或费用名称（或清单子目名称）	单位	设计工程量	清单工程量	单价	合价
	208-6-2-4	C30 混凝土	m³				
LJ07022003		预制安装混凝土护面墙	m³				
	208-6-3	预制安装混凝土护面墙					
	208-6-3-1	C20 混凝土	m³				
	208-6-3-2	C25 混凝土	m³				
	208-6-3-3	C30 混凝土	m³				
	208-6-3-4	C35 混凝土	m³				
LJ070221		封面、捶面	m²				
LJ07022101		封面	m²				
	208-7	封面					
	208-7-1	封面	m²				
LJ07022102		捶面	m²				
	208-8	捶面					
	208-8-1	捶面	m²				
LJ070222		仰斜式排水孔	m				
	207-10	仰斜式排水孔					
	207-10-1	钻孔	m				
	207-10-2	排水管	m				
	207-10-3	软式透水管	m				
LJ0703		冲刷防护	m				
LJ070301		河床铺砌	m³/m				
LJ07030101		浆砌片石铺砌	m³/m				
	215-1-1	浆砌片石铺砌					
	215-1-1-1	M7.5 浆砌片石铺砌	m³				
	215-1-1-2	M10 浆砌片石铺砌	m³				
LJ07030102		混凝土铺砌	m³/m				
	215-1-2	混凝土铺砌					
	215-1-2-1	C15 混凝土	m³				
	215-1-2-2	C20 混凝土	m³				
	215-1-2-3	C25 混凝土	m³				
	215-1-2-4	C30 混凝土	m³				
	215-1-2-5	C15 片石混凝土	m³				
	215-1-2-6	C20 片石混凝土	m³				
LJ070302		导流设施	m³/处				
LJ07030201		浆砌片石	m³/处				

续上表

要素费用项目编码	清单子目编码	工程或费用名称（或清单子目名称）	单位	设计工程量	清单工程量	单价	合价
	215-2-1	浆砌片石					
	215-2-1-1	M7.5 浆砌片石	m^3				
	215-2-1-2	M10 浆砌片石	m^3				
LJ07030202		现浇混凝土	$m^3/处$				
	215-2-2	现浇混凝土					
	215-2-2-1	C15 混凝土	m^3				
	215-2-2-2	C20 混凝土	m^3				
	215-2-2-3	C25 混凝土	m^3				
	215-2-2-4	C30 混凝土	m^3				
	215-2-2-5	C15 片石混凝土	m^3				
	215-2-2-6	C20 片石混凝土	m^3				
LJ07030203		预制安装混凝土	$m^3/处$				
	215-2-3	预制安装混凝土					
	215-2-3-1	C15 混凝土	m^3				
	215-2-3-2	C20 混凝土	m^3				
	215-2-3-3	C25 混凝土	m^3				
	215-2-3-4	C30 混凝土	m^3				
LJ070303		护岸、驳岸	m^3/m				
LJ07030301		浆砌片石	m^3/m				
	215-2-1	浆砌片石					
	215-2-1-1	M7.5 浆砌片石	m^3				
	215-2-1-2	M10 浆砌片石	m^3				
LJ07030302		现浇混凝土	m^3/m				
	215-2-2	现浇混凝土					
	215-2-2-1	C15 混凝土	m^3				
	215-2-2-2	C20 混凝土	m^3				
	215-2-2-3	C25 混凝土	m^3				
	215-2-2-4	C30 混凝土	m^3				
	215-2-2-5	C15 片石混凝土	m^3				
	215-2-2-6	C20 片石混凝土	m^3				
LJ07030303		预制安装混凝土	m^3/m				
	215-2-3	预制安装混凝土					
	215-2-3-1	C15 混凝土	m^3				
	215-2-3-2	C20 混凝土	m^3				
	215-2-3-3	C25 混凝土	m^3				

附表3 分项清单编码格式文件衔接示例

续上表

要素费用项目编码	清单子目编码	工程或费用名称（或清单子目名称）	单位	设计工程量	清单工程量	单价	合价
	215-2-3-4	C30 混凝土	m³				
LJ070304		石笼防护	m³/处				
	215	河道防护					
	215-3	石笼防护	m³				
LJ070305		抛石防护	m³/处				
	215-4	抛石防护					
	215-4-1	水上抛石	m³				
	215-4-2	陆上抛石	m³				
LJ0704		其他防护	km				
LJ08		路基其他工程	km				
LJ0801		整修路拱	km				
LJ0802		整修边坡	km				
103		路面工程	km				
LM01		沥青混凝土路面	m²				
LM0101		路面垫层	m³/m²				
LM010101		碎石垫层	m³/m²				
	302-1	碎石垫层					
	302-1-1	不等厚	m³				
	302-1-2	厚100mm	m²				
	302-1-3	厚150mm	m²				
	302-1-4	厚160mm	m²				
	302-1-5	厚180mm	m²				
	302-1-6	厚200mm	m²				
LM010102		砂砾垫层	m³/m²				
	302-2	砂砾垫层					
	302 2 1	不等厚	m³				
	302-2-2	厚100mm	m²				
	302-2-3	厚150mm	m²				
	302-2-4	厚160mm	m²				
	302-2-5	厚180mm	m²				
	302-2-6	厚200mm	m²				
LM010103		煤渣垫层	m³/m²				
	302-3	煤渣垫层					
	302-3-1	不等厚	m³				
	302-3-2	厚100mm	m²				

续上表

要素费用项目编码	清单子目编码	工程或费用名称（或清单子目名称）	单位	设计工程量	清单工程量	单价	合价
	302-3-3	厚150mm	m²				
	302-3-4	厚160mm	m²				
	302-3-5	厚180mm	m²				
	302-3-6	厚200mm	m²				
LM010104		矿渣垫层	m³/m²				
	302-4	矿渣垫层					
	302-4-1	不等厚	m³				
	302-4-2	厚100mm	m²				
	302-4-3	厚150mm	m²				
	302-4-4	厚160mm	m²				
	302-4-5	厚180mm	m²				
	302-4-6	厚200mm	m²				
LM010105		碎石土垫层	m³/m²				
	302-5	碎石土垫层					
	302-5-1	不等厚	m³				
	302-5-2	厚100mm	m²				
	302-5-3	厚150mm	m²				
	302-5-4	厚160mm	m²				
	302-5-5	厚180mm	m²				
	302-5-6	厚200mm	m²				
LM010106		水泥稳定土垫层	m³/m²				
	302-6	水泥稳定土垫层					
	302-6-1	不等厚	m³				
	302-6-2	厚100mm	m²				
	302-6-3	厚150mm	m²				
	302-6-4	厚160mm	m²				
	302-6-5	厚180mm	m²				
	302-6-6	厚200mm	m²				
LM010107		石灰稳定土垫层	m³/m²				
	302-7	石灰稳定土垫层					
	302-7-1	不等厚	m³				
	302-7-2	厚100mm	m²				
	302-7-3	厚150mm	m²				
	302-7-4	厚160mm	m²				
	302-7-5	厚180mm	m²				

附表3 分项清单编码格式文件衔接示例

续上表

要素费用项目编码	清单子目编码	工程或费用名称（或清单子目名称）	单位	设计工程量	清单工程量	单价	合价
	302-7-6	厚200mm	m²				
LM010108		素混凝土垫层	m³/m²				
	302-8	素混凝土垫层					
	302-8-1	不等厚	m³				
	302-8-2	厚100mm	m²				
	302-8-3	厚150mm	m²				
	302-8-4	厚160mm	m²				
	302-8-5	厚180mm	m²				
	302-8-6	厚200mm	m²				
LM0102		路面底基层	m³/m²				
LM010201		水泥稳定碎石底基层	m³/m²				
	303-1	水泥稳定土底基层					
	303-1-1	不等厚	m³				
	303-1-2	厚150mm	m²				
	303-1-3	厚160mm	m²				
	303-1-4	厚180mm	m²				
	303-1-5	厚200mm	m²				
	303-1-6	厚220mm	m²				
	303-1-7	厚320mm	m²				
	303-1-8	厚340mm	m²				
LM010202		石灰稳定土底基层	m³/m²				
	303-2	石灰稳定土底基层					
	303-2-1	不等厚	m³				
	303-2-2	厚150mm	m²				
	303-2-3	厚160mm	m²				
	303-2-4	厚180mm	m²				
	303-2-5	厚200mm	m²				
	303-2-6	厚220mm	m²				
	303-2-7	厚320mm	m²				
	303-2-8	厚340mm	m²				
LM010203		水泥、石灰稳定土底基层	m³/m²				
	303-3	水泥、石灰稳定土底基层					
	303-3-1	不等厚	m³				
	303-3-2	厚150mm	m²				
	303-3-3	厚160mm	m²				

续上表

要素费用项目编码	清单子目编码	工程或费用名称（或清单子目名称）	单位	设计工程量	清单工程量	单价	合价
	303-3-4	厚180mm	m²				
	303-3-5	厚200mm	m²				
	303-3-6	厚220mm	m²				
	303-3-7	厚320mm	m²				
	303-3-8	厚340mm	m²				
LM010204		石灰粉煤灰稳定土底基层	m³/m²				
	303-4	石灰粉煤灰稳定土底基层					
	303-4-1	不等厚	m³				
	303-4-2	厚150mm	m²				
	303-4-3	厚160mm	m²				
	303-4-4	厚180mm	m²				
	303-4-5	厚200mm	m²				
	303-4-6	厚220mm	m²				
	303-4-7	厚320mm	m²				
	303-4-8	厚340mm	m²				
LM010205		石灰工业废渣稳定土底基层	m³/m²				
	303-5	石灰工业废渣稳定土底基层					
	303-5-1	不等厚	m³				
	303-5-2	厚150mm	m²				
	303-5-3	厚160mm	m²				
	303-5-4	厚180mm	m²				
	303-5-5	厚200mm	m²				
	303-5-6	厚220mm	m²				
	303-5-7	厚320mm	m²				
	303-5-8	厚340mm	m²				
LM010206		级配碎石底基层	m³/m²				
	303-6	级配碎石底基层					
	303-6-1	不等厚	m³				
	303-6-2	厚150mm	m²				
	303-6-3	厚160mm	m²				
	303-6-4	厚180mm	m²				
	303-6-5	厚200mm	m²				
LM010207		级配砾石底基层	m³/m²				
	303-7	级配砾石底基层					
	303-7-1	不等厚	m³				

附表3 分项清单编码格式文件衔接示例

续上表

要素费用项目编码	清单子目编码	工程或费用名称（或清单子目名称）	单位	设计工程量	清单工程量	单价	合价
	303-7-2	厚150mm	m²				
	303-7-3	厚160mm	m²				
	303-7-4	厚180mm	m²				
	303-7-5	厚200mm	m²				
LM010208		填隙碎石底基层	m³/m²				
	303-8	填隙碎石底基层					
	303-8-1	不等厚	m³				
	303-8-2	厚150mm	m²				
	303-8-3	厚160mm	m²				
	303-8-4	厚180mm	m²				
	303-8-5	厚200mm	m²				
LM010209		泥结碎石底基层	m³/m²				
	303-9	泥结碎石底基层					
	303-9-1	不等厚	m³				
	303-9-2	厚150mm	m²				
	303-9-3	厚160mm	m²				
	303-9-4	厚180mm	m²				
	303-9-5	厚200mm	m²				
LM0103		路面基层	m³/m²				
LM010301		水泥稳定碎石基层	m³/m²				
	304-1	水泥稳定土基层					
	304-1-1	不等厚	m³				
	304-1-2	厚150mm	m²				
	304-1-3	厚160mm	m²				
	304-1-4	厚180mm	m²				
	304-1-5	厚200mm	m²				
	304-1-6	厚220mm	m²				
	304-1-7	厚320mm	m²				
	304-1-8	厚340mm	m²				
LM010302		石灰稳定土基层	m³/m²				
	304-2	石灰稳定土基层					
	304-2-1	不等厚	m³				
	304-2-2	厚150mm	m²				
	304-2-3	厚160mm	m²				
	304-2-4	厚180mm	m²				

续上表

要素费用项目编码	清单子目编码	工程或费用名称（或清单子目名称）	单位	设计工程量	清单工程量	单价	合价
	304-2-5	厚200mm	m^2				
	304-2-6	厚220mm	m^2				
	304-2-7	厚320mm	m^2				
	304-2-8	厚340mm	m^2				
LM010303		石灰粉煤灰稳定土基层	m^3/m^2				
	304-3	石灰粉煤灰稳定土基层					
	304-3-1	不等厚	m^3				
	304-3-2	厚150mm	m^2				
	304-3-3	厚160mm	m^2				
	304-3-4	厚180mm	m^2				
	304-3-5	厚200mm	m^2				
	304-3-6	厚220mm	m^2				
	304-3-7	厚320mm	m^2				
	304-3-8	厚340mm	m^2				
LM010304		沥青稳定碎石基层	m^3/m^2				
	304-4	沥青稳定碎石基层					
	304-4-1	不等厚	m^3				
	304-4-2	厚80mm	m^2				
	304-4-3	厚100mm	m^2				
	304-4-4	厚120mm	m^2				
	304-4-5	厚150mm	m^2				
LM010305		贫混凝土基层	m^3/m^2				
	304-5	贫混凝土基层					
	304-5-1	不等厚	m^3				
	304-5-2	厚100mm	m^2				
	304-5-3	厚150mm	m^2				
	304-5-4	厚160mm	m^2				
	304-5-5	厚180mm	m^2				
	304-5-6	厚200mm	m^2				
LM010306		级配碎石基层	m^3/m^2				
	304-6	级配碎石基层					
	304-6-1	不等厚	m^3				
	304-6-2	厚150mm	m^2				
	304-6-3	厚160mm	m^2				
	304-6-4	厚180mm	m^2				

续上表

要素费用项目编码	清单子目编码	工程或费用名称（或清单子目名称）	单位	设计工程量	清单工程量	单价	合价
	304-6-5	厚200mm	m²				
LM010307		级配砾石基层	m³/m²				
	304-7	级配砾石基层					
	304-7-1	不等厚	m³				
	304-7-2	厚150mm	m²				
	304-7-3	厚160mm	m²				
	304-7-4	厚180mm	m²				
	304-7-5	厚200mm	m²				
LM010308		填隙碎石基层	m³/m²				
	304-8	填隙碎石基层					
	304-8-1	不等厚	m³				
	304-8-2	厚150mm	m²				
	304-8-3	厚160mm	m²				
	304-8-4	厚180mm	m²				
	304-8-5	厚200mm	m²				
LM010309		泥结碎石基层	m³/m²				
	304-9	泥结碎石基层					
	304-9-1	不等厚	m³				
	304-9-2	厚150mm	m²				
	304-9-3	厚160mm	m²				
	304-9-4	厚180mm	m²				
	304-9-5	厚200mm	m²				
LM0104		透层、黏层、封层	m²				
LM010401		透层	m²				
	305	透层、封层、黏层					
	305-1	透层	m²				
LM010402		黏层	m²				
	305	透层、封层、黏层					
	305-2	黏层	m²				
LM010403		封层	m²				
	305-3	封层					
	305-3-1	石油沥青封层	m²				
	305-3-2	乳化沥青封层	m²				
	305-3-3	改性乳化沥青封层	m²				
	305-3-4	稀浆封层	m²				

续上表

要素费用项目编码	清单子目编码	工程或费用名称（或清单子目名称）	单位	设计工程量	清单工程量	单价	合价
	305-3-5	预拌碎石封层	m^2				
LM010404		透封层	m^2				
	305	透层、封层、黏层					
	305-4	透封层	m^2				
LM0105		沥青混凝土面层	m^3/m^2				
LM010501		普通沥青混凝土面层	m^3/m^2				
LM01050101		细粒式沥青混凝土	m^3/m^2				
	306-1-1	细粒式沥青混凝土					
	306-1-1-1	厚30mm	m^2				
	306-1-1-2	厚40mm	m^2				
	306-1-1-3	厚50mm	m^2				
	306-1-1-4	厚60mm	m^2				
LM01050102		中粒式沥青混凝土	m^3/m^2				
	306-1-2	中粒式沥青混凝土					
	306-1-2-1	厚40mm	m^2				
	306-1-2-2	厚50mm	m^2				
	306-1-2-3	厚60mm	m^2				
	306-1-2-4	厚70mm	m^2				
LM01050103		粗粒式沥青混凝土	m^3/m^2				
	306-1-3	粗粒式沥青混凝土					
	306-1-3-1	厚50mm	m^2				
	306-1-3-2	厚60mm	m^2				
	306-1-3-3	厚70mm	m^2				
	306-1-3-4	厚80mm	m^2				
LM010502		改性沥青混凝土面层	m^3/m^2				
LM01050201		细粒式改性沥青混凝土	m^3/m^2				
	306-2-1	细粒式改性沥青混凝土					
	306-2-1-1	厚30mm	m^2				
	306-2-1-2	厚40mm	m^2				
	306-2-1-3	厚50mm	m^2				
	306-2-1-4	厚60mm	m^2				
LM01050202		中粒式改性沥青混凝土	m^3/m^2				
	306-2-2	中粒式改性沥青混凝土					
	306-2-2-1	厚40mm	m^2				
	306-2-2-2	厚50mm	m^2				

附表3 分项清单编码格式文件衔接示例

续上表

要素费用项目编码	清单子目编码	工程或费用名称（或清单子目名称）	单位	设计工程量	清单工程量	单价	合价
	306-2-2-3	厚60mm	m²				
	306-2-2-4	厚70mm	m²				
LM01050203		粗粒式改性沥青混凝土	m³/m²				
	306-2-3	粗粒式改性沥青混凝土					
	306-2-3-1	厚50mm	m²				
	306-2-3-2	厚60mm	m²				
	306-2-3-3	厚70mm	m²				
	306-2-3-4	厚80mm	m²				
LM010503		沥青玛琋脂碎石混合料面层（SMA）	m³/m²				
LM01050301		细粒式沥青玛琋脂碎石混合料面层（SMA）	m³/m²				
	306-3-1	细粒式沥青玛琋脂碎石混合料面层（SMA）					
	306-3-1-1	厚30mm	m²				
	306-3-1-2	厚40mm	m²				
	306-3-1-3	厚50mm	m²				
	306-3-1-4	厚60mm	m²				
LM01050302		中粒式沥青玛琋脂碎石混合料面层（SMA）	m³/m²				
	306-3-2	中粒式沥青玛琋脂碎石混合料面层（SMA）					
	306-3-2-1	厚40mm	m²				
	306-3-2-2	厚50mm	m²				
	306-3-2-3	厚60mm	m²				
	306-3-2-4	厚70mm	m²				
LM02		水泥混凝土路面	m²				
LM0201		路面垫层	m³/m²				
LM020101		碎石垫层	m³/m²				
	302-1	碎石垫层					
	302-1-1	不等厚	m³				
	302-1-2	厚100mm	m²				
	302-1-3	厚150mm	m²				
	302-1-4	厚160mm	m²				
	302-1-5	厚180mm	m²				

续上表

要素费用项目编码	清单子目编码	工程或费用名称（或清单子目名称）	单位	设计工程量	清单工程量	单价	合价
	302-1-6	厚200mm	m^2				
LM020102		砂砾垫层	m^3/m^2				
	302-2	砂砾垫层					
	302-2-1	不等厚	m^3				
	302-2-2	厚100mm	m^2				
	302-2-3	厚150mm	m^2				
	302-2-4	厚160mm	m^2				
	302-2-5	厚180mm	m^2				
	302-2-6	厚200mm	m^2				
LM020103		煤渣垫层	m^3/m^2				
	302-3	煤渣垫层					
	302-3-1	不等厚	m^3				
	302-3-2	厚100mm	m^2				
	302-3-3	厚150mm	m^2				
	302-3-4	厚160mm	m^2				
	302-3-5	厚180mm	m^2				
	302-3-6	厚200mm	m^2				
LM020104		矿渣垫层	m^3/m^2				
	302-4	矿渣垫层					
	302-4-1	不等厚	m^3				
	302-4-2	厚100mm	m^2				
	302-4-3	厚150mm	m^2				
	302-4-4	厚160mm	m^2				
	302-4-5	厚180mm	m^2				
	302-4-6	厚200mm	m^2				
LM020105		碎石土垫层	m^3/m^2				
	302-5	碎石土垫层					
	302-5-1	不等厚	m^3				
	302-5-2	厚100mm	m^2				
	302-5-3	厚150mm	m^2				
	302-5-4	厚160mm	m^2				
	302-5-5	厚180mm	m^2				
	302-5-6	厚200mm	m^2				
LM020106		水泥稳定土垫层	m^3/m^2				
	302-6	水泥稳定土垫层					

附表3 分项清单编码格式文件衔接示例

续上表

要素费用项目编码	清单子目编码	工程或费用名称（或清单子目名称）	单位	设计工程量	清单工程量	单价	合价
	302-6-1	不等厚	m³				
	302-6-2	厚100mm	m²				
	302-6-3	厚150mm	m²				
	302-6-4	厚160mm	m²				
	302-6-5	厚180mm	m²				
	302-6-6	厚200mm	m²				
LM020107		石灰稳定土垫层	m³/m²				
	302-7	石灰稳定土垫层					
	302-7-1	不等厚	m³				
	302-7-2	厚100mm	m²				
	302-7-3	厚150mm	m²				
	302-7-4	厚160mm	m²				
	302-7-5	厚180mm	m²				
	302-7-6	厚200mm	m²				
LM020108		素混凝土垫层	m³/m²				
	302-8	素混凝土垫层					
	302-8-1	不等厚	m³				
	302-8-2	厚100mm	m²				
	302-8-3	厚150mm	m²				
	302-8-4	厚160mm	m²				
	302-8-5	厚180mm	m²				
	302-8-6	厚200mm	m²				
LM0202		路面底基层	m³/m²				
LM020201		水泥稳定碎石底基层	m³/m²				
	303-1	水泥稳定土底基层					
	303-1-1	不等厚	m³				
	303-1-2	厚150mm	m²				
	303-1-3	厚160mm	m²				
	303-1-4	厚180mm	m²				
	303-1-5	厚200mm	m²				
	303-1-6	厚220mm	m²				
	303-1-7	厚320mm	m²				
	303-1-8	厚340mm	m²				
LM020202		石灰稳定土底基层	m³/m²				
	303-2	石灰稳定土底基层					

189

续上表

要素费用项目编码	清单子目编码	工程或费用名称（或清单子目名称）	单位	设计工程量	清单工程量	单价	合价
	303-2-1	不等厚	m³				
	303-2-2	厚150mm	m²				
	303-2-3	厚160mm	m²				
	303-2-4	厚180mm	m²				
	303-2-5	厚200mm	m²				
	303-2-6	厚220mm	m²				
	303-2-7	厚320mm	m²				
	303-2-8	厚340mm	m²				
LM020203		水泥、石灰稳定土底基层	m³/m²				
	303-3	水泥、石灰稳定土底基层					
	303-3-1	不等厚	m³				
	303-3-2	厚150mm	m²				
	303-3-3	厚160mm	m²				
	303-3-4	厚180mm	m²				
	303-3-5	厚200mm	m²				
	303-3-6	厚220mm	m²				
	303-3-7	厚320mm	m²				
	303-3-8	厚340mm	m²				
LM020204		石灰粉煤灰稳定土底基层	m³/m²				
	303-4	石灰粉煤灰稳定土底基层					
	303-4-1	不等厚	m³				
	303-4-2	厚150mm	m²				
	303-4-3	厚160mm	m²				
	303-4-4	厚180mm	m²				
	303-4-5	厚200mm	m²				
	303-4-6	厚220mm	m²				
	303-4-7	厚320mm	m²				
	303-4-8	厚340mm	m²				
LM020205		石灰工业废渣稳定土底基层	m³/m²				
	303-5	石灰工业废渣稳定土底基层					
	303-5-1	不等厚	m³				
	303-5-2	厚150mm	m²				
	303-5-3	厚160mm	m²				
	303-5-4	厚180mm	m²				
	303-5-5	厚200mm	m²				

续上表

要素费用项目编码	清单子目编码	工程或费用名称（或清单子目名称）	单位	设计工程量	清单工程量	单价	合价
	303-5-6	厚220mm	m^2				
	303-5-7	厚320mm	m^2				
	303-5-8	厚340mm	m^2				
LM020206		级配碎石底基层	m^3/m^2				
	303-6	级配碎石底基层					
	303-6-1	不等厚	m^3				
	303-6-2	厚150mm	m^2				
	303-6-3	厚160mm	m^2				
	303-6-4	厚180mm	m^2				
	303-6-5	厚200mm	m^2				
LM020207		级配砾石底基层	m^3/m^2				
	303-7	级配砾石底基层					
	303-7-1	不等厚	m^3				
	303-7-2	厚150mm	m^2				
	303-7-3	厚160mm	m^2				
	303-7-4	厚180mm	m^2				
	303-7-5	厚200mm	m^2				
LM020208		填隙碎石底基层	m^3/m^2				
	303-8	填隙碎石底基层					
	303-8-1	不等厚	m^3				
	303-8-2	厚150mm	m^2				
	303-8-3	厚160mm	m^2				
	303-8-4	厚180mm	m^2				
	303-8-5	厚200mm	m^2				
LM020209		泥结碎石底基层	m^3/m^2				
	303-9	泥结碎石底基层					
	303-9-1	不等厚	m^3				
	303-9-2	厚150mm	m^2				
	303-9-3	厚160mm	m^2				
	303-9-4	厚180mm	m^2				
	303-9-5	厚200mm	m^2				
LM0203		路面基层	m^3/m^2				
LM020301		水泥稳定碎石基层	m^3/m^2				
	304-1	水泥稳定土基层					
	304-1-1	不等厚	m^3				

续上表

要素费用项目编码	清单子目编码	工程或费用名称（或清单子目名称）	单位	设计工程量	清单工程量	单价	合价
	304-1-2	厚150mm	m²				
	304-1-3	厚160mm	m²				
	304-1-4	厚180mm	m²				
	304-1-5	厚200mm	m²				
	304-1-6	厚220mm	m²				
	304-1-7	厚320mm	m²				
	304-1-8	厚340mm	m²				
LM020302		石灰稳定土基层	m³/m²				
	304-2	石灰稳定土基层					
	304-2-1	不等厚	m³				
	304-2-2	厚150mm	m²				
	304-2-3	厚160mm	m²				
	304-2-4	厚180mm	m²				
	304-2-5	厚200mm	m²				
	304-2-6	厚220mm	m²				
	304-2-7	厚320mm	m²				
	304-2-8	厚340mm	m²				
LM020303		石灰粉煤灰稳定土基层	m³/m²				
	304-3	石灰粉煤灰稳定土基层					
	304-3-1	不等厚	m³				
	304-3-2	厚150mm	m²				
	304-3-3	厚160mm	m²				
	304-3-4	厚180mm	m²				
	304-3-5	厚200mm	m²				
	304-3-6	厚220mm	m²				
	304-3-7	厚320mm	m²				
	304-3-8	厚340mm	m²				
LM020304		沥青稳定碎石基层	m³/m²				
	304-4	沥青稳定碎石基层					
	304-4-1	不等厚	m³				
	304-4-2	厚80mm	m²				
	304-4-3	厚100mm	m²				
	304-4-4	厚120mm	m²				
	304-4-5	厚150mm	m²				
LM020305		贫混凝土基层	m³/m²				

续上表

要素费用项目编码	清单子目编码	工程或费用名称（或清单子目名称）	单位	设计工程量	清单工程量	单价	合价
	304-5	贫混凝土基层					
	304-5-1	不等厚	m³				
	304-5-2	厚100mm	m²				
	304-5-3	厚150mm	m²				
	304-5-4	厚160mm	m²				
	304-5-5	厚180mm	m²				
	304-5-6	厚200mm	m²				
LM020306		级配碎石基层	m³/m²				
	304-6	级配碎石基层					
	304-6-1	不等厚	m³				
	304-6-2	厚150mm	m²				
	304-6-3	厚160mm	m²				
	304-6-4	厚180mm	m²				
	304-6-5	厚200mm	m²				
LM020307		级配砾石基层	m³/m²				
	304-7	级配砾石基层					
	304-7-1	不等厚	m³				
	304-7-2	厚150mm	m²				
	304-7-3	厚160mm	m²				
	304-7-4	厚180mm	m²				
	304-7-5	厚200mm	m²				
LM020308		填隙碎石基层	m³/m²				
	304-8	填隙碎石基层					
	304-8-1	不等厚	m³				
	304-8-2	厚150mm	m²				
	304-8-3	厚160mm	m²				
	304-8-4	厚180mm	m²				
	304-8-5	厚200mm	m²				
LM020309		泥结碎石基层	m³/m²				
	304-9	泥结碎石基层					
	304-9-1	不等厚	m³				
	304-9-2	厚150mm	m²				
	304-9-3	厚160mm	m²				
	304-9-4	厚180mm	m²				
	304-9-5	厚200mm	m²				

续上表

要素费用项目编码	清单子目编码	工程或费用名称（或清单子目名称）	单位	设计工程量	清单工程量	单价	合价
LM0204		透层、黏层、封层	m^2				
LM020401		透层	m^2				
	305	透层、封层、黏层					
	305-1	透层	m^2				
LM020402		黏层	m^2				
	305	透层、封层、黏层					
	305-2	黏层	m^2				
LM020403		封层	m^2				
	305-3	封层					
	305-3-1	石油沥青封层	m^2				
	305-3-2	乳化沥青封层	m^2				
	305-3-3	改性乳化沥青封层	m^2				
	305-3-4	稀浆封层	m^2				
	305-3-5	预拌碎石封层	m^2				
LM020404		透封层	m^2				
	305	透层、封层、黏层					
	305-4	透封层	m^2				
LM0205		水泥混凝土面层	m^3/m^2				
	307	水泥混凝土面板					
	307-1	水泥混凝土面层					
	307-1-1	C30 混凝土	m^3				
	307-1-2	C35 混凝土	m^3				
	307-1-3	C40 混凝土	m^3				
	307-2	钢筋					
	307-2-1	光圆钢筋	kg				
	307-2-2	带肋钢筋	kg				
	307-2-3	钢筋网	kg				
LM03		其他路面	m^2				
LM0301		沥青表面处置	m^2				
	308-1	沥青表面处置					
	308-1-1	层铺法					
	308-1-1-1	厚10mm	m^2				
	308-1-1-2	厚15mm	m^2				
	308-1-1-3	厚20mm	m^2				
	308-1-2	拌和法					

续上表

要素费用项目编码	清单子目编码	工程或费用名称（或清单子目名称）	单位	设计工程量	清单工程量	单价	合价
	308-1-2-1	厚10mm	m²				
	308-1-2-2	厚15mm	m²				
	308-1-2-3	厚20mm	m²				
LM0302		沥青贯入式路面	m²				
	308-2	沥青贯入式面层					
	308-1-1	厚30mm	m²				
	308-1-2	厚40mm	m²				
LM0303		泥结碎(砾)石面层	m²				
	308-3	泥结碎(砾)石面层					
	308-3-1	厚80mm	m²				
	308-3-2	厚100mm	m²				
LM0304		级配碎(砾)石面层	m²				
	308-4	级配碎(砾)石面层					
	308-4-1	厚80mm	m²				
	308-4-2	厚100mm	m²				
LM0305		天然砂砾面层	m²				
	308-5	天然砂砾面层					
	308-5-1	厚80mm	m²				
	308-5-2	厚100mm	m²				
LM0306		整齐块石路面	m²				
	308-6	整齐块石路面					
	308-6-1	水泥混凝土预制块	m²				
	308-6-2	砖块	m²				
	308-6-3	块石	m²				
LM0307		人行道路面	m²				
LM04		路槽、路肩及中央分隔带	km				
LM0401		挖路槽	m²				
LM0402		路肩	km				
	309	路槽、路肩及中央分隔带					
	309-1	路肩培土	m³				
	309-3	加固土路肩					
	309-3-1	现浇混凝土					
	309-3-1-1	C15混凝土	m³				
	309-3-1-2	C20混凝土	m³				
	309-3-1-3	C25混凝土	m³				

续上表

要素费用项目编码	清单子目编码	工程或费用名称（或清单子目名称）	单位	设计工程量	清单工程量	单价	合价
	309-3-2	混凝土预制块加固土路肩					
	309-3-2-1	C20 混凝土	m³				
	309-3-2-2	C25 混凝土	m³				
	309-3-2-3	C30 混凝土	m³				
	309-3-3	浆砌片(块)石					
	309-3-3-1	M7.5 浆砌片(块)石	m³				
	310	路面排水					
	310-13	路肩排水					
	310-13-1	砂砾(碎石)透水层	m³				
	310-13-2	透水土工布	m²				
	310-13-3	透水管排水	m				
LM0403		中间带	km				
	309	路槽、路肩及中央分隔带					
	309-2	中央分隔带回填土	m³				
	310	路面排水					
	310-3	中央分隔带渗沟	m				
LM0404		路缘石	m				
LM040401		混凝土路缘石	m³				
	309-4	路缘石					
	309-4-1	现浇混凝土路缘石					
	309-4-1-1	C20 混凝土	m³				
	309-4-1-2	C25 混凝土	m³				
	309-4-1-3	C30 混凝土	m³				
	309-4-2	预制块混凝土路缘石					
	309-4-2-1	C20 混凝土	m³				
	309-4-2-2	C25 混凝土	m³				
	309-4-2-3	C30 混凝土	m³				
	309-4-4	路缘石附属部位现浇混凝土					
	309-4-4-1	C15 混凝土	m³				
	309-4-4-2	C20 混凝土	m³				
LM040402		花岗岩路缘石	m³				
	309-4-3	其他路缘石					
	309-4-3-1	花岗岩	m³				
	309-4-4	路缘石附属部位现浇混凝土					
	309-4-4-1	C15 混凝土	m³				

附表3 分项清单编码格式文件衔接示例

续上表

要素费用项目编码	清单子目编码	工程或费用名称（或清单子目名称）	单位	设计工程量	清单工程量	单价	合价
	309-4-4-2	C20 混凝土	m³				
LM040403		水磨石路缘石	m				
	309-4-3	其他路缘石					
	309-4-3-2	水磨石	m³				
	309-4-4	路缘石附属部位现浇混凝土					
	309-4-4-1	C15 混凝土	m³				
	309-4-4-2	C20 混凝土	m³				
LM05		路面排水	km				
LM0501		拦水带	m				
	310-14	拦水带					
	310-14-1	沥青混凝土拦水带	m				
	310-14-2	水泥混凝土拦水带	m				
LM0502		排水沟、过水槽	m³/m				
	310-2	纵向雨水沟（管）					
	310-2-1	纵向雨水沟	m				
	310-13	路肩排水					
	310-13-4	混凝土（管）沟排水	m				
LM0503		排水管	m				
LM050301		混凝土排水管	m				
	310-1	排水管					
	310-1-1	混凝土排水管					
	310-1-1-1	D200mm	m				
	310-1-1-2	D300mm	m				
	310-1-1-3	D400mm	m				
	310-1-1-4	D500mm	m				
	310-1-1-5	D600mm	m				
	310-1-1-6	D800mm	m				
	310-1-1-7	D900mm	m				
	310-1-1-8	D1000mm	m				
	310-1-1-9	D1200mm	m				
	310-1-1-10	D1500mm	m				
	310-1-1-11	D1600mm	m				
	310-1-1-12	D1800mm	m				
	310-1-1-13	D2000mm	m				
	310-1-1-14	D2200mm	m				

续上表

要素费用项目编码	清单子目编码	工程或费用名称（或清单子目名称）	单位	设计工程量	清单工程量	单价	合价
	310-1-1-15	D2500mm	m				
	310-2	纵向雨水沟（管）					
	310-2-2	纵向雨水管	m				
LM050302		塑料排水管	m				
	310-1	排水管					
	310-1-2	PVC 排水管					
	310-1-2-1	D50mm	m				
	310-1-2-2	D60mm	m				
	310-1-2-3	D75mm	m				
	310-1-2-4	D110mm	m				
	310-1-3	HDPE 双壁波纹排水管					
	310-1-3-1	D225mm	m				
	310-1-3-2	D300mm	m				
	310-1-3-3	D400mm	m				
	310-1-3-4	D500mm	m				
	310-1-3-5	D600mm	m				
	310-1-4	UPVC 排水管					
	310-1-4-1	D225mm	m				
	310-1-4-2	D300mm	m				
	310-1-4-3	D400mm	m				
	310-1-4-4	D500mm	m				
	310-1-4-5	D600mm	m				
	310-2	纵向雨水沟（管）					
	310-2-2	纵向雨水管	m				
LM050303		玻璃钢夹砂管	m				
	310-1	排水管					
	310-1-5	玻璃钢夹砂管					
	310-1-5-1	D300mm	m				
	310-1-5-2	D400mm	m				
	310-1-5-3	D500mm	m				
	310-1-5-4	D600mm	m				
	310-1-5-5	D800mm	m				
	310-1-5-6	D900mm	m				
	310-1-5-7	D1000mm	m				
	310-1-5-8	D1200mm	m				

续上表

要素费用项目编码	清单子目编码	工程或费用名称（或清单子目名称）	单位	设计工程量	清单工程量	单价	合价
	310-1-5-9	D1400mm	m				
	310-1-5-10	D1600mm	m				
	310-1-5-11	D1800mm	m				
	310-1-5-12	D2000mm	m				
	310-1-5-13	D2200mm	m				
	310-1-5-14	D2400mm	m				
	310-1-5-15	D2600mm	m				
	310-1-5-16	D2800mm	m				
	310-1-5-17	D3000mm	m				
	310-2	纵向雨水沟（管）					
	310-2-2	纵向雨水管	m				
LM050304		球墨铸铁管	m				
	310-1	排水管					
	310-1-6	球墨铸铁管					
	310-1-6-1	D100mm	m				
	310-1-6-2	D200mm	m				
	310-1-6-3	D300mm	m				
	310-1-6-4	D400mm	m				
	310-1-6-5	D500mm	m				
	310-1-6-6	D600mm	m				
	310-1-6-7	D800mm	m				
	310-1-6-8	D900mm	m				
	310-1-6-9	D1000mm	m				
	310-1-6-10	D1200mm	m				
	310-1-6-11	D1500mm	m				
	310-1-6-12	D1600mm	m				
	310-1-6-13	D1800mm	m				
	310-1-6-14	D2000mm	m				
	310-2	纵向雨水沟（管）					
	310-2-2	纵向雨水管	m				
LM0504		井（集水井、检查井、雨水井、污水井、跌水井、收水井）	m^3/座				
	310	路面排水					
	310-4	集水井	座				
	310-5	检查井	座				

续上表

要素费用项目编码	清单子目编码	工程或费用名称（或清单子目名称）	单位	设计工程量	清单工程量	单价	合价
	310-6	雨水井	座				
	310-7	污水井	座				
	310-8	跌水井	座				
	310-9	收水井	座				
LM0505		雨水口、出水口	m³/处				
	310	路面排水					
	310-10	雨水口	处				
	310-11	出水口	处				
LM06		旧路面处理	km/m²				
LM0601		既有路面处治	m²				
	311-1	纤维土工布	m²				
	311-2	玻璃纤维格栅	m²				
	311-3	应力吸收层	m²				
	311-4	水泥路面压浆					
	311-4-1	水泥浆	m³				
	311-4-2	水玻璃	m³				
	311-4-3	水泥-水玻璃浆	m³				
	311-5	路面灌缝	m				
	311-6	植筋(φ…mm,植入深度…mm)	根				
LM0602		路面拼接处理	m²				
	311	旧路面处理					
	311-1	纤维土工布	m²				
	311-2	玻璃纤维格栅	m²				
LM07		旧路面利用	m²				
LM0701		沥青路面冷再生	m³				
	312	旧路面利用					
	312-1	沥青路面冷再生	m³				
LM0702		沥青路面热再生	m³				
	312	旧路面利用					
	312-2	沥青路面热再生	m³				
LM0703		水泥混凝土路面再生	m³				
	312	旧路面利用					
	312-3	水泥混凝土路面再生	m³				
LM0704		破碎混凝土面层利用	m³				
	312	旧路面利用					

附表3 分项清单编码格式文件衔接示例

续上表

要素费用项目编码	清单子目编码	工程或费用名称（或清单子目名称）	单位	设计工程量	清单工程量	单价	合价
	312-4	破碎混凝土面层利用	m³				
104		桥梁涵洞工程	km				
10401		涵洞工程	m/道				
HD01		管涵	m/道				
	207	坡面排水					
	207-7	涵洞上下游改沟、改渠铺砌					
	207-7-1	浆砌片石铺砌					
	207-7-1-1	M7.5浆砌片石铺砌	m³				
	207-7-1-2	M10浆砌片石铺砌	m³				
	207-7-2	现浇混凝土铺砌					
	207-7-2-1	C15混凝土	m³				
	207-7-2-2	C20混凝土	m³				
	207-7-2-3	C25混凝土	m³				
	207-7-2-4	C30混凝土	m³				
	207-7-3	预制混凝土铺砌					
	207-7-3-1	C20混凝土	m³				
	207-7-3-2	C25混凝土	m³				
	207-7-3-3	C30混凝土	m³				
	207-7-3-4	C35混凝土	m³				
	207-7-3-5	C40混凝土	m³				
	419	圆管涵及倒虹吸管涵					
	419-1	单孔钢筋混凝土圆管涵					
	419-1-1	1-ϕ0.5m	m				
	419-1-2	1-ϕ0.75m	m				
	419-1-3	1-ϕ1.0m	m				
	419-1-4	1 ϕ1.5m	m				
	419-2	双孔钢筋混凝土圆管涵					
	419-2-1	2-ϕ0.75m	m				
	419-2-2	2-ϕ1.0m	m				
	419-2-3	2-ϕ1.5m	m				
	419-3	钢筋混凝土圆管倒虹吸管涵					
	419-3-1	ϕ0.5m	m				
	419-3-2	ϕ0.75m	m				
	419-3-3	ϕ1.0m	m				
	419-3-4	ϕ1.5m	m				

续上表

要素费用项目编码	清单子目编码	工程或费用名称（或清单子目名称）	单位	设计工程量	清单工程量	单价	合价
HD02		盖板涵	m/道				
	207	坡面排水					
	207-7	涵洞上下游改沟、改渠铺砌					
	207-7-1	浆砌片石铺砌					
	207-7-1-1	M7.5浆砌片石铺砌	m³				
	207-7-1-2	M10浆砌片石铺砌	m³				
	207-7-2	现浇混凝土铺砌					
	207-7-2-1	C15混凝土	m³				
	207-7-2-2	C20混凝土	m³				
	207-7-2-3	C25混凝土	m³				
	207-7-2-4	C30混凝土	m³				
	207-7-3	预制混凝土铺砌					
	207-7-3-1	C20混凝土	m³				
	207-7-3-2	C25混凝土	m³				
	207-7-3-3	C30混凝土	m³				
	207-7-3-4	C35混凝土	m³				
	207-7-3-5	C40混凝土	m³				
	420	盖板涵					
	420-1	开挖(含回填)	m³				
	420-2	光圆钢筋	kg				
	420-3	带肋钢筋	kg				
	420-4	钢材	kg				
	420-5	C···混凝土盖板	m³				
	420-6	C···混凝土台帽	m³				
	420-7	C···混凝土台身	m³				
	420-8	C···混凝土基础	m³				
	420-9	C···片石混凝土基础	m³				
	420-10	C···混凝土支撑梁	m³				
	420-11	C···混凝土翼墙基础	m³				
	420-12	C···混凝土翼墙墙身	m³				
	420-13	C···混凝土护栏	m³				
	420-14	C···混凝土铺装	m³				
	420-15	沥青混凝土铺装	m³				
	420-16	M···浆砌片(块)石	m³				
	420-17	M···浆砌片(块)石涵底铺砌	m³				

附表3 分项清单编码格式文件衔接示例

续上表

要素费用项目编码	清单子目编码	工程或费用名称（或清单子目名称）	单位	设计工程量	清单工程量	单价	合价
	420-18	砂石粒料垫层	m³				
	420-19	沥青土工布	m²				
HD03		箱涵	m/道				
	207	坡面排水					
	207-7	涵洞上下游改沟、改渠铺砌					
	207-7-1	浆砌片石铺砌					
	207-7-1-1	M7.5浆砌片石铺砌	m³				
	207-7-1-2	M10浆砌片石铺砌	m³				
	207-7-2	现浇混凝土铺砌					
	207-7-2-1	C15混凝土	m³				
	207-7-2-2	C20混凝土	m³				
	207-7-2-3	C25混凝土	m³				
	207-7-2-4	C30混凝土	m³				
	207-7-3	预制混凝土铺砌					
	207-7-3-1	C20混凝土	m³				
	207-7-3-2	C25混凝土	m³				
	207-7-3-3	C30混凝土	m³				
	207-7-3-4	C35混凝土	m³				
	207-7-3-5	C40混凝土	m³				
	421	箱涵					
	421-1	开挖(含回填)	m³				
	421-2	光圆钢筋	kg				
	421-3	带肋钢筋	kg				
	421-4	钢材	kg				
	421-5	C…现浇混凝土箱涵涵身	m³				
	421-6	C…混凝土基础	m³				
	421-7	C…片石混凝土基础	m³				
	421-8	C…混凝土支撑梁	m³				
	421-9	C…混凝土翼墙基础	m³				
	421-10	C…混凝土翼墙墙身	m³				
	421-11	C…混凝土护栏	m³				
	421-12	C…混凝土铺装	m³				
	421-13	沥青混凝土铺装	m³				
	421-14	M…浆砌片(块)石	m³				
	421-15	M…浆砌片(块)石涵底铺砌	m³				

续上表

要素费用项目编码	清单子目编码	工程或费用名称（或清单子目名称）	单位	设计工程量	清单工程量	单价	合价
	421-16	砂石粒料垫层	m^3				
	421-17	沥青土工布	m^2				
HD04		拱涵	m/道				
	207	坡面排水					
	207-7	涵洞上下游改沟、改渠铺砌					
	207-7-1	浆砌片石铺砌					
	207-7-1-1	M7.5浆砌片石铺砌	m^3				
	207-7-1-2	M10浆砌片石铺砌	m^3				
	207-7-2	现浇混凝土铺砌					
	207-7-2-1	C15混凝土	m^3				
	207-7-2-2	C20混凝土	m^3				
	207-7-2-3	C25混凝土	m^3				
	207-7-2-4	C30混凝土	m^3				
	207-7-3	预制混凝土铺砌					
	207-7-3-1	C20混凝土	m^3				
	207-7-3-2	C25混凝土	m^3				
	207-7-3-3	C30混凝土	m^3				
	207-7-3-4	C35混凝土	m^3				
	207-7-3-5	C40混凝土	m^3				
	422	拱涵					
	422-1	开挖(含回填)	m^3				
	422-2	光圆钢筋	kg				
	422-3	带肋钢筋	kg				
	422-4	钢材	kg				
	422-5	C…现浇混凝土拱涵涵身	m^3				
	422-6	C…混凝土基础	m^3				
	422-7	C…片石混凝土基础	m^3				
	422-8	C…混凝土支撑梁	m^3				
	422-9	C…混凝土翼墙基础	m^3				
	422-10	C…混凝土翼墙墙身	m^3				
	422-11	C…混凝土护栏	m^3				
	422-12	C…混凝土铺装	m^3				
	422-13	沥青混凝土铺装	m^3				
	422-14	M…浆砌片(块)石	m^3				
	422-15	M…浆砌片(块)石涵底铺砌	m^3				

附表3　分项清单编码格式文件衔接示例

续上表

要素费用项目编码	清单子目编码	工程或费用名称（或清单子目名称）	单位	设计工程量	清单工程量	单价	合价
	422-16	砂石粒料垫层	m³				
	422-17	沥青土工布	m²				
HD05		旧涵洞处理	m/道				
10404		大桥工程	m/座				
1040401		K×+××× 桥(跨径、桥型)(示例:6-30m T 梁)	m²/m				
QL01		基础工程	m³/m²				
QL0101		桩基础	m³/m²				
QL010101		桩径0.8m	m³/m				
	403-1	基础钢筋					
	403-1-1	光圆钢筋	kg				
	403-1-2	带肋钢筋	kg				
	405-1	陆上钻孔灌注桩					
	405-1-1	桩径0.8m	m				
	405-2	水中钻孔灌注桩					
	405-2-1	桩径0.8m	m				
	405-3	钻孔灌注桩(不区分水中、陆上桩)					
	405-3-1	桩径0.8m	m				
	405-4	声测管	kg				
QL010102		桩径1.0m	m³/m				
	403-1	基础钢筋					
	403-1-1	光圆钢筋	kg				
	403-1-2	带肋钢筋	kg				
	405-1	陆上钻孔灌注桩					
	405-1-2	桩径1.0m	m				
	405-2	水中钻孔灌注桩					
	405-2-2	桩径1.0m	m				
	405-3	钻孔灌注桩(不区分水中、陆上桩)					
	405-3-2	桩径1.0m	m				
	405-4	声测管	kg				
QL010103		桩径1.1m	m³/m				
	403-1	基础钢筋					
	403-1-1	光圆钢筋	kg				
	403-1-2	带肋钢筋	kg				
	405-1	陆上钻孔灌注桩					

续上表

要素费用项目编码	清单子目编码	工程或费用名称（或清单子目名称）	单位	设计工程量	清单工程量	单价	合价
	405-1-3	桩径1.1m	m				
	405-2	水中钻孔灌注桩					
	405-2-3	桩径1.1m	m				
	405-3	钻孔灌注桩(不区分水中、陆上桩)					
	405-3-3	桩径1.1m	m				
	405-4	声测管	kg				
QL010104		桩径1.2m	m³/m				
	403-1	基础钢筋					
	403-1-1	光圆钢筋	kg				
	403-1-2	带肋钢筋	kg				
	405-1	陆上钻孔灌注桩					
	405-1-4	桩径1.2m	m				
	405-2	水中钻孔灌注桩					
	405-2-4	桩径1.2m	m				
	405-3	钻孔灌注桩(不区分水中、陆上桩)					
	405-3-4	桩径1.2m	m				
	405-4	声测管	kg				
QL010105		桩径1.3m	m³/m				
	403-1	基础钢筋					
	403-1-1	光圆钢筋	kg				
	403-1-2	带肋钢筋	kg				
	405-1	陆上钻孔灌注桩					
	405-1-5	桩径1.3m	m				
	405-2	水中钻孔灌注桩					
	405-2-5	桩径1.3m	m				
	405-3	钻孔灌注桩(不区分水中、陆上桩)					
	405-3-5	桩径1.3m	m				
	405-4	声测管	kg				
QL010106		桩径1.4m	m³/m				
	403-1	基础钢筋					
	403-1-1	光圆钢筋	kg				
	403-1-2	带肋钢筋	kg				
	405-1	陆上钻孔灌注桩					
	405-1-6	桩径1.4m	m				
	405-2	水中钻孔灌注桩					

附表3 分项清单编码格式文件衔接示例

续上表

要素费用项目编码	清单子目编码	工程或费用名称（或清单子目名称）	单位	设计工程量	清单工程量	单价	合价
	405-2-6	桩径1.4m	m				
	405-3	钻孔灌注桩(不区分水中、陆上桩)					
	405-3-6	桩径1.4m	m				
	405-4	声测管	kg				
QL010107		桩径1.5m	m³/m				
	403-1	基础钢筋					
	403-1-1	光圆钢筋	kg				
	403-1-2	带肋钢筋	kg				
	405-1	陆上钻孔灌注桩					
	405-1-7	桩径1.5m	m				
	405-2	水中钻孔灌注桩					
	405-2-7	桩径1.5m	m				
	405-3	钻孔灌注桩(不区分水中、陆上桩)					
	405-3-7	桩径1.5m	m				
	405-4	声测管	kg				
QL010108		桩径1.6m	m³/m				
	403-1	基础钢筋					
	403-1-1	光圆钢筋	kg				
	403-1-2	带肋钢筋	kg				
	405-1	陆上钻孔灌注桩					
	405-1-8	桩径1.6m	m				
	405-2	水中钻孔灌注桩					
	405-2-8	桩径1.6m	m				
	405-3	钻孔灌注桩(不区分水中、陆上桩)					
	405-3-8	桩径1.6m	m				
	405-4	声测管	kg				
QL010109		桩径1.7m	m³/m				
	403-1	基础钢筋					
	403-1-1	光圆钢筋	kg				
	403-1-2	带肋钢筋	kg				
	405-1	陆上钻孔灌注桩					
	405-1-9	桩径1.7m	m				
	405-2	水中钻孔灌注桩					
	405-2-9	桩径1.7m	m				
	405-3	钻孔灌注桩(不区分水中、陆上桩)					

续上表

要素费用项目编码	清单子目编码	工程或费用名称（或清单子目名称）	单位	设计工程量	清单工程量	单价	合价
	405-3-9	桩径1.7m	m				
	405-4	声测管	kg				
QL010110		桩径1.8m	m³/m				
	403-1	基础钢筋					
	403-1-1	光圆钢筋	kg				
	403-1-2	带肋钢筋	kg				
	405-1	陆上钻孔灌注桩					
	405-1-10	桩径1.8m	m				
	405-2	水中钻孔灌注桩					
	405-2-10	桩径1.8m	m				
	405-3	钻孔灌注桩(不区分水中、陆上桩)					
	405-3-10	桩径1.8m	m				
	405-4	声测管	kg				
	407-1	挖孔灌注桩					
	407-1-10	桩径1.8m	m				
QL010111		桩径1.9m	m³/m				
	403-1	基础钢筋					
	403-1-1	光圆钢筋	kg				
	403-1-2	带肋钢筋	kg				
	405-1	陆上钻孔灌注桩					
	405-1-11	桩径1.9m	m				
	405-2	水中钻孔灌注桩					
	405-2-11	桩径1.9m	m				
	405-3	钻孔灌注桩(不区分水中、陆上桩)					
	405-3-11	桩径1.9m	m				
	405-4	声测管	kg				
	407-1	挖孔灌注桩					
	407-1-11	桩径1.9m	m				
QL010112		桩径2.0m	m³/m				
	403-1	基础钢筋					
	403-1-1	光圆钢筋	kg				
	403-1-2	带肋钢筋	kg				
	405-1	陆上钻孔灌注桩					
	405-1-12	桩径2.0m	m				
	405-2	水中钻孔灌注桩					

附表3 分项清单编码格式文件衔接示例

续上表

要素费用项目编码	清单子目编码	工程或费用名称 (或清单子目名称)	单位	设计工程量	清单工程量	单价	合价
	405-2-12	桩径2.0m	m				
	405-3	钻孔灌注桩(不区分水中、陆上桩)					
	405-3-12	桩径2.0m	m				
	405-4	声测管	kg				
	407-1	挖孔灌注桩					
	407-1-12	桩径2.0m	m				
QL010113		桩径2.2m	m³/m				
	403-1	基础钢筋					
	403-1-1	光圆钢筋	kg				
	403-1-2	带肋钢筋	kg				
	405-1	陆上钻孔灌注桩					
	405-1-13	桩径2.2m	m				
	405-2	水中钻孔灌注桩					
	405-2-13	桩径2.2m	m				
	405-3	钻孔灌注桩(不区分水中、陆上桩)					
	405-3-13	桩径2.2m	m				
	405-4	声测管	kg				
	407-1	挖孔灌注桩					
	407-1-13	桩径2.2m	m				
QL010114		桩径2.5m	m³/m				
	403-1	基础钢筋					
	403-1-1	光圆钢筋	kg				
	403-1-2	带肋钢筋	kg				
	405-1	陆上钻孔灌注桩					
	405-1-14	桩径2.5m	m				
	405-2	水中钻孔灌注桩					
	405-2-14	桩径2.5m	m				
	405-3	钻孔灌注桩(不区分水中、陆上桩)					
	405-3-14	桩径2.5m	m				
	405-4	声测管	kg				
	407-1	挖孔灌注桩					
	407-1-14	桩径2.5m	m				
QL010115		桩径2.8m	m³/m				
	403-1	基础钢筋					
	403-1-1	光圆钢筋	kg				

续上表

要素费用项目编码	清单子目编码	工程或费用名称（或清单子目名称）	单位	设计工程量	清单工程量	单价	合价
	403-1-2	带肋钢筋	kg				
	405-1	陆上钻孔灌注桩					
	405-1-15	桩径2.8m	m				
	405-2	水中钻孔灌注桩					
	405-2-15	桩径2.8m	m				
	405-3	钻孔灌注桩(不区分水中、陆上桩)					
	405-3-15	桩径2.8m	m				
	405-4	声测管	kg				
	407-1	挖孔灌注桩					
	407-1-15	桩径2.8m	m				
QL010116		桩径3.0m	m³/m				
	403-1	基础钢筋					
	403-1-1	光圆钢筋	kg				
	403-1-2	带肋钢筋	kg				
	405-1	陆上钻孔灌注桩					
	405-1-16	桩径3.0m	m				
	405-2	水中钻孔灌注桩					
	405-2-16	桩径3.0m	m				
	405-3	钻孔灌注桩(不区分水中、陆上桩)					
	405-3-16	桩径3.0m	m				
	405-4	声测管	kg				
	407-1	挖孔灌注桩					
	407-1-16	桩径3.0m	m				
QL010117		桩径3.2m	m³/m				
	403-1	基础钢筋					
	403-1-1	光圆钢筋	kg				
	403-1-2	带肋钢筋	kg				
	405-1	陆上钻孔灌注桩					
	405-1-17	桩径3.2m	m				
	405-2	水中钻孔灌注桩					
	405-2-17	桩径3.2m	m				
	405-3	钻孔灌注桩(不区分水中、陆上桩)					
	405-3-17	桩径3.2m	m				
	405-4	声测管	kg				
	407-1	挖孔灌注桩					

续上表

要素费用项目编码	清单子目编码	工程或费用名称（或清单子目名称）	单位	设计工程量	清单工程量	单价	合价
	407-1-17	桩径3.2m	m				
QL010118		桩径3.5m	m³/m				
	403-1	基础钢筋					
	403-1-1	光圆钢筋	kg				
	403-1-2	带肋钢筋	kg				
	405-1	陆上钻孔灌注桩					
	405-1-18	桩径3.5m	m				
	405-2	水中钻孔灌注桩					
	405-2-18	桩径3.5m	m				
	405-3	钻孔灌注桩(不区分水中、陆上桩)					
	405-3-18	桩径3.5m	m				
	405-4	声测管	kg				
	407-1	挖孔灌注桩					
	407-1-18	桩径3.5m	m				
QL010130		变截面桩(桩径…m～…m)	m³/m				
	403-1	基础钢筋					
	403-1-1	光圆钢筋	kg				
	403-1-2	带肋钢筋	kg				
	405-1	陆上钻孔灌注桩					
	405-1-30	变截面桩(桩径…m～…m)	m				
	405-2	水中钻孔灌注桩					
	405-2-30	变截面桩(桩径…m～…m)	m				
	405-3	钻孔灌注桩(不区分水中、陆上桩)					
	405-3-30	变截面桩(桩径…m～…m)	m				
	405-4	声测管	kg				
QL010140		扩孔桩桩径(…m)	m³/m				
	403-1	基础钢筋					
	403-1-1	光圆钢筋	kg				
	403-1-2	带肋钢筋	kg				
	405-1	陆上钻孔灌注桩					
	405-1-40	扩孔桩桩径(…m)	m				
	405-2	水中钻孔灌注桩					
	405-2-40	扩孔桩桩径(…m)	m				
	405-3	钻孔灌注桩(不区分水中、陆上桩)					
	405-3-40	扩孔桩桩径(…m)	m				

续上表

要素费用项目编码	清单子目编码	工程或费用名称 (或清单子目名称)	单位	设计工程量	清单工程量	单价	合价
	405-4	声测管	kg				
		……					
QL0102		承台	m^3/m^2				
	403-1	基础钢筋					
	403-1-1	光圆钢筋	kg				
	403-1-2	带肋钢筋	kg				
	403-1-3	冷轧带肋钢筋焊接网	kg				
	410-1	混凝土基础					
	410-1-1	C15 混凝土	m^3				
	410-1-2	C20 混凝土	m^3				
	410-1-3	C25 混凝土	m^3				
	410-1-4	C30 混凝土	m^3				
	410-1-5	C35 混凝土	m^3				
	410-1-6	C40 混凝土	m^3				
	410-1-7	C45 混凝土	m^3				
	410-1-8	C50 混凝土	m^3				
	410-1-9	C15 片石混凝土	m^3				
	410-1-10	C20 片石混凝土	m^3				
	410-1-11	C25 片石混凝土	m^3				
	410-1-12	垫层	m^3				
QL0103		地系梁	m^3/m^2				
	403-1	基础钢筋					
	403-1-1	光圆钢筋	kg				
	403-1-2	带肋钢筋	kg				
	403-1-3	冷轧带肋钢筋焊接网	kg				
	410-1	混凝土基础					
	410-1-1	C15 混凝土	m^3				
	410-1-2	C20 混凝土	m^3				
	410-1-3	C25 混凝土	m^3				
	410-1-4	C30 混凝土	m^3				
	410-1-5	C35 混凝土	m^3				
	410-1-6	C40 混凝土	m^3				
	410-1-7	C45 混凝土	m^3				
	410-1-8	C50 混凝土	m^3				
	410-1-9	C15 片石混凝土	m^3				

附表3 分项清单编码格式文件衔接示例

续上表

要素费用项目编码	清单子目编码	工程或费用名称（或清单子目名称）	单位	设计工程量	清单工程量	单价	合价
	410-1-10	C20 片石混凝土	m³				
	410-1-11	C25 片石混凝土	m³				
	410-1-12	垫层	m³				
QL0104		扩大基础	m³/m²				
	403-1	基础钢筋					
	403-1-1	光圆钢筋	kg				
	403-1-2	带肋钢筋	kg				
	403-1-3	冷轧带肋钢筋焊接网	kg				
	410-1	混凝土基础					
	410-1-1	C15 混凝土	m³				
	410-1-2	C20 混凝土	m³				
	410-1-3	C25 混凝土	m³				
	410-1-4	C30 混凝土	m³				
	410-1-5	C35 混凝土	m³				
	410-1-6	C40 混凝土	m³				
	410-1-7	C45 混凝土	m³				
	410-1-8	C50 混凝土	m³				
	410-1-9	C15 片石混凝土	m³				
	410-1-10	C20 片石混凝土	m³				
	410-1-11	C25 片石混凝土	m³				
	410-1-12	垫层	m³				
QL0105		水中工作平台	m²				
QL0106		永久钢护筒	t				
	405	钻孔灌注桩					
	405-5	永久钢护筒	kg				
QL0107		钢围堰	t				
	105-2	大型临时工程和设施					
	105-2-5	钢围堰	总额				
QL0108		桩底注浆	m³				
	405	钻孔灌注桩					
	405-6	桩底注浆	m³				
QL0109		桩基岩溶洞处理	m³/处				
	405-7	桩基岩溶洞处理					
	405-7-1	回填	m³				
	405-7-2	永久钢护筒	kg				

续上表

要素费用项目编码	清单子目编码	工程或费用名称（或清单子目名称）	单位	设计工程量	清单工程量	单价	合价
QL0110		沉井基础	m³				
QL011001		混凝土沉井	m³				
	403-1	基础钢筋					
	403-1-1	光圆钢筋	kg				
	403-1-2	带肋钢筋	kg				
	403-1-3	冷轧带肋钢筋焊接网	kg				
	409-1	井壁混凝土					
	409-1-1	C25 混凝土	m³				
	409-1-2	C30 混凝土	m³				
	409-1-3	C35 混凝土	m³				
	409-1-4	C40 混凝土	m³				
	409-2	封底混凝土					
	409-2-1	C15 混凝土	m³				
	409-2-2	C20 混凝土	m³				
	409-2-3	C25 混凝土	m³				
	409-2-4	C30 混凝土	m³				
	409-3	填芯混凝土					
	409-3-1	C25 混凝土	m³				
	409-3-2	C30 混凝土	m³				
	409-3-3	C35 混凝土	m³				
	409-3-4	C40 混凝土	m³				
	409-4	顶板混凝土					
	409-4-1	C15 混凝土	m³				
	409-4-2	C20 混凝土	m³				
	409-4-3	C25 混凝土	m³				
	409-4-4	C30 混凝土	m³				
QL011002		钢沉井	t				
	409	沉井					
	409-5	钢壳沉井	kg				
QL0111		沉桩	m³/m				
	403	钢筋					
	403-1	基础钢筋					
	403-1-1	光圆钢筋	kg				
	403-1-2	带肋钢筋	kg				
	403-1-3	冷轧带肋钢筋焊接网	kg				

附表3 分项清单编码格式文件衔接示例

续上表

要素费用项目编码	清单子目编码	工程或费用名称（或清单子目名称）	单位	设计工程量	清单工程量	单价	合价
	406	沉桩					
	406-1	钢筋混凝土沉桩	m				
	406-2	预应力混凝土沉桩	m				
	406-3	试桩（暂定工程量）	m				
	406-4	打入式钢管桩	m				
QL0112		地下连续墙	m³/m				
	403-1	基础钢筋					
	403-1-1	光圆钢筋	kg				
	403-1-2	带肋钢筋	kg				
	403-1-3	冷轧带肋钢筋焊接网	kg				
	410-1	混凝土基础					
	410-1-1	C15 混凝土	m³				
	410-1-2	C20 混凝土	m³				
	410-1-3	C25 混凝土	m³				
	410-1-4	C30 混凝土	m³				
	410-1-5	C35 混凝土	m³				
	410-1-6	C40 混凝土	m³				
	410-1-7	C45 混凝土	m³				
	410-1-8	C50 混凝土	m³				
	410-1-9	C15 片石混凝土	m³				
	410-1-10	C20 片石混凝土	m³				
	410-1-11	C25 片石混凝土	m³				
	410-1-12	垫层	m³				
QL0113		锚碇	m³/处				
	403-1	基础钢筋					
	403-1-1	光圆钢筋	kg				
	403-1-2	带肋钢筋	kg				
	403-1-3	冷轧带肋钢筋焊接网	kg				
	410-1	混凝土基础					
	410-1-1	C15 混凝土	m³				
	410-1-2	C20 混凝土	m³				
	410-1-3	C25 混凝土	m³				
	410-1-4	C30 混凝土	m³				
	410-1-5	C35 混凝土	m³				
	410-1-6	C40 混凝土	m³				

续上表

要素费用项目编码	清单子目编码	工程或费用名称（或清单子目名称）	单位	设计工程量	清单工程量	单价	合价
	410-1-7	C45 混凝土	m³				
	410-1-8	C50 混凝土	m³				
	410-1-9	C15 片石混凝土	m³				
	410-1-10	C20 片石混凝土	m³				
	410-1-11	C25 片石混凝土	m³				
	410-1-12	垫层	m³				
QL02		下部构造	m³/m²				
QL0201		桥台	m³				
	403-2	下部结构钢筋					
	403-2-1	光圆钢筋	kg				
	403-2-2	带肋钢筋	kg				
	403-2-3	冷轧带肋钢筋焊接网	kg				
	410-2	混凝土下部结构					
	410-2-2	墩台身混凝土					
	410-2-2-1	C25 混凝土	m³				
	410-2-2-2	C30 混凝土	m³				
	410-2-2-3	C35 混凝土	m³				
	410-2-2-4	C40 混凝土	m³				
	410-2-2-5	C45 混凝土	m³				
	410-2-2-6	C50 混凝土	m³				
	410-2-2-7	C55 混凝土	m³				
	410-2-3	墩台帽、防震挡块混凝土					
	410-2-3-1	C40 混凝土	m³				
	410-2-3-2	C45 混凝土	m³				
	410-2-3-3	C50 混凝土	m³				
	410-2-3-4	C55 混凝土	m³				
	410-2-4	耳背墙混凝土					
	410-2-4-1	C25 混凝土	m³				
	410-2-4-2	C30 混凝土	m³				
	410-2-4-3	C35 混凝土	m³				
	410-2-4-4	C40 混凝土	m³				
	410-2-4-5	C45 混凝土	m³				
	410-2-4-6	C50 混凝土	m³				
QL0202		墩柱	m³				
QL020201		现浇钢筋混凝土墩柱	m³				

续上表

要素费用项目编码	清单子目编码	工程或费用名称（或清单子目名称）	单位	设计工程量	清单工程量	单价	合价
	403-2	下部结构钢筋					
	403-2-1	光圆钢筋	kg				
	403-2-2	带肋钢筋	kg				
	403-2-3	冷轧带肋钢筋焊接网	kg				
	410-2	混凝土下部结构					
	410-2-1	立柱混凝土					
	410-2-1-1	C25 混凝土	m³				
	410-2-1-2	C30 混凝土	m³				
	410-2-1-3	C35 混凝土	m³				
	410-2-1-4	C40 混凝土	m³				
	410-2-1-5	C45 混凝土	m³				
	410-2-1-6	C50 混凝土	m³				
QL020202		预制安装装配式墩柱	m³				
	403-2	下部结构钢筋					
	403-2-1	光圆钢筋	kg				
	403-2-2	带肋钢筋	kg				
	403-2-3	冷轧带肋钢筋焊接网	kg				
	410-2	混凝土下部结构					
	410-2-8	预制墩身混凝土					
	410-2-8-1	C40 混凝土	m³				
	410-2-8-2	C45 混凝土	m³				
	410-2-8-3	C50 混凝土	m³				
	410-2-8-4	C55 混凝土	m³				
QL020203		钢管混凝土叠合柱	m³/t				
QL0203		系梁	m³				
QL020301		现浇钢筋混凝土系梁	m³				
	403-2	下部结构钢筋					
	403-2-1	光圆钢筋	kg				
	403-2-2	带肋钢筋	kg				
	403-2-3	冷轧带肋钢筋焊接网	kg				
	410-2	混凝土下部结构					
	410-2-6	墩间系梁混凝土					
	410-2-6-1	C25 混凝土	m³				
	410-2-6-2	C30 混凝土	m³				
	410-2-6-3	C35 混凝土	m³				

续上表

要素费用项目编码	清单子目编码	工程或费用名称（或清单子目名称）	单位	设计工程量	清单工程量	单价	合价
	410-2-6-4	C40 混凝土	m³				
	410-2-6-5	C45 混凝土	m³				
	410-2-6-6	C50 混凝土	m³				
QL020302		钢系梁	t				
	412-13	其他钢结构					
	412-13-2	钢系梁	kg				
QL0204		盖梁	m³				
QL020401		现浇钢筋混凝土盖梁	m³				
	403-2	下部结构钢筋					
	403-2-1	光圆钢筋	kg				
	403-2-2	带肋钢筋	kg				
	403-2-3	冷轧带肋钢筋焊接网	kg				
	410-2	混凝土下部结构					
	410-2-5	盖梁混凝土					
	410-2-5-1	C40 混凝土	m³				
	410-2-5-2	C45 混凝土	m³				
	410-2-5-3	C50 混凝土	m³				
	410-2-5-4	C55 混凝土	m³				
QL020402		现浇预应力钢筋混凝土盖梁	m³				
	403-2	下部结构钢筋					
	403-2-1	光圆钢筋	kg				
	403-2-2	带肋钢筋	kg				
	403-2-3	冷轧带肋钢筋焊接网	kg				
	411-5	后张法预应力钢绞线	kg				
	411-9	预应力混凝土下部结构					
	411-9-1	C40 混凝土	m³				
	411-9-2	C45 混凝土	m³				
	411-9-3	C50 混凝土	m³				
	411-9-4	C55 混凝土	m³				
QL020403		预制安装装配式盖梁	m³				
	403-2	下部结构钢筋					
	403-2-1	光圆钢筋	kg				
	403-2-2	带肋钢筋	kg				
	403-2-3	冷轧带肋钢筋焊接网	kg				
	410-2	混凝土下部结构					

附表3 分项清单编码格式文件衔接示例

续上表

要素费用项目编码	清单子目编码	工程或费用名称（或清单子目名称）	单位	设计工程量	清单工程量	单价	合价
	410-2-9	预制盖梁混凝土					
	410-2-9-1	C40 混凝土	m³				
	410-2-9-2	C45 混凝土	m³				
	410-2-9-3	C50 混凝土	m³				
	410-2-9-4	C55 混凝土	m³				
	411-9	预应力混凝土下部结构					
	411-9-1	C40 混凝土	m³				
	411-9-2	C45 混凝土	m³				
	411-9-3	C50 混凝土	m³				
	411-9-4	C55 混凝土	m³				
	411-5	后张法预应力钢绞线	kg				
QL020404		钢盖梁	t				
	412-13	其他钢结构					
	412-13-1	钢盖梁	kg				
QL0205		索塔	m³				
QL020501		现浇钢筋混凝土索塔	m³				
	403-3	上部结构钢筋					
	403-3-1	光圆钢筋	kg				
	403-3-2	带肋钢筋	kg				
	403-3-3	焊接钢筋网	kg				
	403-5	涂层钢筋					
	403-5-1	环氧涂层钢筋	kg				
	410-3	现浇混凝土上部结构					
	410-3-5	索塔					
	410-3-5-1	C40 混凝土	m³				
	410-3-5-2	C45 混凝土	m³				
	410-3-5-3	C50 混凝土	m³				
	410-3-5-4	C55 混凝土	m³				
	411-5	后张法预应力钢绞线	kg				
QL020502		预制安装钢筋混凝土索塔	m³				
	403-3	上部结构钢筋					
	403-3-1	光圆钢筋	kg				
	403-3-2	带肋钢筋	kg				
	403-3-3	焊接钢筋网	kg				
	403-5	涂层钢筋					

续上表

要素费用项目编码	清单子目编码	工程或费用名称（或清单子目名称）	单位	设计工程量	清单工程量	单价	合价
	403-5-1	环氧涂层钢筋	kg				
	411-5	后张法预应力钢绞线	kg				
	411-8	预制预应力混凝土上部结构					
	411-8-11	索塔					
	411-8-11-1	C40 混凝土	m³				
	411-8-11-2	C45 混凝土	m³				
	411-8-11-3	C50 混凝土	m³				
	411-8-11-4	C55 混凝土	m³				
QL020503		钢索塔	t				
	412-12	钢索塔					
	412-12-1	Q235A	kg				
	412-12-2	Q235B	kg				
	412-12-3	Q235C	kg				
	412-12-4	Q345C	kg				
	412-12-5	Q345D	kg				
QL0206		其他	m²				
QL03		上部构造	m²				
QL0301		T 梁	m³/m²				
	403-3	上部结构钢筋					
	403-3-1	光圆钢筋	kg				
	403-3-2	带肋钢筋	kg				
	410-5	桥梁上部结构现浇整体化混凝土					
	410-5-1	C30 混凝土	m³				
	410-5-2	C35 混凝土	m³				
	410-5-3	C40 混凝土	m³				
	410-5-4	C45 混凝土	m³				
	410-5-5	C50 混凝土	m³				
	411-5	后张法预应力钢绞线	kg				
	411-8	预制预应力混凝土上部结构					
	411-8-3	T 梁					
	411-8-3-1	C40 混凝土	m³				
	411-8-3-2	C45 混凝土	m³				
	411-8-3-3	C50 混凝土	m³				
	411-8-3-4	C55 混凝土	m³				
QL0302		矮 T 梁	m³/m²				

附表3 分项清单编码格式文件衔接示例

续上表

要素费用项目编码	清单子目编码	工程或费用名称（或清单子目名称）	单位	设计工程量	清单工程量	单价	合价
	403-3	上部结构钢筋					
	403-3-1	光圆钢筋	kg				
	403-3-2	带肋钢筋	kg				
	410-5	桥梁上部结构现浇整体化混凝土					
	410-5-1	C30 混凝土	m³				
	410-5-2	C35 混凝土	m³				
	410-5-3	C40 混凝土	m³				
	410-5-4	C45 混凝土	m³				
	410-5-5	C50 混凝土	m³				
	411-5	后张法预应力钢绞线	kg				
	411-8	预制预应力混凝土上部结构					
	411-8-4	矮 T 梁					
	411-8-4-1	C40 混凝土	m³				
	411-8-4-2	C45 混凝土	m³				
	411-8-4-3	C50 混凝土	m³				
	411-8-4-4	C55 混凝土	m³				
QL0303		小箱梁	m³/m²				
	403-3	上部结构钢筋					
	403-3-1	光圆钢筋	kg				
	403-3-2	带肋钢筋	kg				
	410-5	桥梁上部结构现浇整体化混凝土					
	410-5-1	C30 混凝土	m³				
	410-5-2	C35 混凝土	m³				
	410-5-3	C40 混凝土	m³				
	410-5-4	C45 混凝土	m³				
	410-5-5	C50 混凝土	m³				
	411-5	后张法预应力钢绞线	kg				
	411-8	预制预应力混凝土上部结构					
	411-8-6	小箱梁					
	411-8-6-1	C40 混凝土	m³				
	411-8-6-2	C45 混凝土	m³				
	411-8-6-3	C50 混凝土	m³				
	411-8-6-4	C55 混凝土	m³				
QL0304		空心板	m³/m²				
	403-3	上部结构钢筋					

续上表

要素费用项目编码	清单子目编码	工程或费用名称（或清单子目名称）	单位	设计工程量	清单工程量	单价	合价
	403-3-1	光圆钢筋	kg				
	403-3-2	带肋钢筋	kg				
	410-3	现浇混凝土上部结构					
	410-3-2	空心板					
	410-3-2-1	C30 混凝土	m³				
	410-3-2-2	C35 混凝土	m³				
	410-3-2-3	C40 混凝土	m³				
	410-3-2-4	C45 混凝土	m³				
	410-3-2-5	C50 混凝土	m³				
	410-4	预制混凝土上部结构					
	410-4-2	空心板					
	410-4-2-1	C30 混凝土	m³				
	410-4-2-2	C35 混凝土	m³				
	410-4-2-3	C40 混凝土	m³				
	410-4-2-4	C45 混凝土	m³				
	410-4-2-5	C50 混凝土	m³				
	410-4-2-6	C55 混凝土	m³				
	410-5	桥梁上部结构现浇整体化混凝土					
	410-5-1	C30 混凝土	m³				
	410-5-2	C35 混凝土	m³				
	410-5-3	C40 混凝土	m³				
	410-5-4	C45 混凝土	m³				
	410-5-5	C50 混凝土	m³				
	411-2	先张法预应力钢绞线	kg				
	411-5	后张法预应力钢绞线	kg				
	411-8	预制预应力混凝土上部结构					
	411-8-2	空心板					
	411-8-2-1	C40 混凝土	m³				
	411-8-2-2	C45 混凝土	m³				
	411-8-2-3	C50 混凝土	m³				
	411-8-2-4	C55 混凝土	m³				
QL0305		实心板	m³/m²				
	403-3	上部结构钢筋					
	403-3-1	光圆钢筋	kg				
	403-3-2	带肋钢筋	kg				

附表3 分项清单编码格式文件衔接示例

续上表

要素费用项目编码	清单子目编码	工程或费用名称（或清单子目名称）	单位	设计工程量	清单工程量	单价	合价
	410-3	现浇混凝土上部结构					
	410-3-1	实心板					
	410-3-1-1	C30 混凝土	m³				
	410-3-1-2	C35 混凝土	m³				
	410-3-1-3	C40 混凝土	m³				
	410-3-1-4	C45 混凝土	m³				
	410-3-1-5	C50 混凝土	m³				
	410-4	预制混凝土上部结构					
	410-4-1	实心板					
	410-4-1-1	C30 混凝土	m³				
	410-4-1-2	C35 混凝土	m³				
	410-4-1-3	C40 混凝土	m³				
	410-4-1-4	C45 混凝土	m³				
	410-4-1-5	C50 混凝土	m³				
	410-4-1-6	C55 混凝土	m³				
	411-2	先张法预应力钢绞线	kg				
	411-5	后张法预应力钢绞线	kg				
	411-8	预制预应力混凝土上部结构					
	411-8-1	实心板					
	411-8-1-1	C40 混凝土	m³				
	411-8-1-2	C45 混凝土	m³				
	411-8-1-3	C50 混凝土	m³				
	411-8-1-4	C55 混凝土	m³				
QL0306		叠合梁	m³/m²				
	403-3	上部结构钢筋					
	403-3-1	光圆钢筋	kg				
	403-3-2	带肋钢筋	kg				
	410-3	现浇混凝土上部结构					
	410-3-3	叠合梁					
	410-3-3-1	C40 混凝土	m³				
	410-3-3-2	C45 混凝土	m³				
	410-3-3-3	C50 混凝土	m³				
	410-3-3-4	C55 混凝土	m³				
	410-5	桥梁上部结构现浇整体化混凝土					
	410-5-1	C30 混凝土	m³				

续上表

要素费用项目编码	清单子目编码	工程或费用名称（或清单子目名称）	单位	设计工程量	清单工程量	单价	合价
	410-5-2	C35 混凝土	m^3				
	410-5-3	C40 混凝土	m^3				
	410-5-4	C45 混凝土	m^3				
	410-5-5	C50 混凝土	m^3				
	411-5	后张法预应力钢绞线	kg				
	411-8	预制预应力混凝土上部结构					
	411-8-9	叠合梁					
	411-8-9-1	C40 混凝土	m^3				
	411-8-9-2	C45 混凝土	m^3				
	411-8-9-3	C50 混凝土	m^3				
	411-8-9-4	C55 混凝土	m^3				
QL0307		现浇连续箱梁	m^3/m^2				
	403	钢筋					
	403-3	上部结构钢筋					
	403-3-1	光圆钢筋	kg				
	403-3-2	带肋钢筋	kg				
	403-3-3	焊接钢筋网	kg				
	411	预应力混凝土工程					
	411-1	先张法预应力钢丝	kg				
	411-2	先张法预应力钢绞线	kg				
	411-3	先张法预应力钢筋	kg				
	411-4	后张法预应力钢丝	kg				
	411-5	后张法预应力钢绞线	kg				
	411-6	后张法预应力钢筋	kg				
	411-7	现浇预应力混凝土上部结构					
	411-7-1	现浇连续箱梁					
	411-7-1-1	C40 混凝土	m^3				
	411-7-1-2	C45 混凝土	m^3				
	411-7-1-3	C50 混凝土	m^3				
	411-7-1-4	C55 混凝土	m^3				
QL0308		连续刚构	m^3/m^2				
	403	钢筋					
	403-3	上部结构钢筋					
	403-3-1	光圆钢筋	kg				
	403-3-2	带肋钢筋	kg				

续上表

要素费用项目编码	清单子目编码	工程或费用名称（或清单子目名称）	单位	设计工程量	清单工程量	单价	合价
	411	预应力混凝土工程					
	411-1	先张法预应力钢丝	kg				
	411-2	先张法预应力钢绞线	kg				
	411-3	先张法预应力钢筋	kg				
	411-4	后张法预应力钢丝	kg				
	411-5	后张法预应力钢绞线	kg				
	411-6	后张法预应力钢筋	kg				
	411-7	现浇预应力混凝土上部结构					
	411-7-2	T形刚构					
	411-7-2-1	C40 混凝土	m³				
	411-7-2-2	C45 混凝土	m³				
	411-7-2-3	C50 混凝土	m³				
	411-7-2-4	C55 混凝土	m³				
	411-7-3	斜腿刚构					
	411-7-3-1	C40 混凝土	m³				
	411-7-3-2	C45 混凝土	m³				
	411-7-3-3	C50 混凝土	m³				
	411-7-3-4	C55 混凝土	m³				
QL0309		整体式预制箱梁	m³/m²				
	403	钢筋					
	403-3	上部结构钢筋					
	403-3-1	光圆钢筋	kg				
	403-3-2	带肋钢筋	kg				
	403-3-3	焊接钢筋网	kg				
	411	预应力混凝土工程					
	411-1	先张法预应力钢丝	kg				
	411-2	先张法预应力钢绞线	kg				
	411-3	先张法预应力钢筋	kg				
	411-4	后张法预应力钢丝	kg				
	411-5	后张法预应力钢绞线	kg				
	411-6	后张法预应力钢筋	kg				
	411-8	预制预应力混凝土上部结构					
	411-8-7	整体式箱梁					
	411-8-7-1	C40 混凝土	m³				
	411-8-7-2	C45 混凝土	m³				

续上表

要素费用项目编码	清单子目编码	工程或费用名称（或清单子目名称）	单位	设计工程量	清单工程量	单价	合价
	411-8-7-3	C50 混凝土	m³				
	411-8-7-4	C55 混凝土	m³				
QL0310		节段预制箱梁	m³/m²				
	403	钢筋					
	403-3	上部结构钢筋					
	403-3-1	光圆钢筋	kg				
	403-3-2	带肋钢筋	kg				
	403-3-3	焊接钢筋网	kg				
	411	预应力混凝土工程					
	411-1	先张法预应力钢丝	kg				
	411-2	先张法预应力钢绞线	kg				
	411-3	先张法预应力钢筋	kg				
	411-4	后张法预应力钢丝	kg				
	411-5	后张法预应力钢绞线	kg				
	411-6	后张法预应力钢筋	kg				
	411-8	预制预应力混凝土上部结构					
	411-8-8	节段预制箱梁					
	411-8-8-1	C45 混凝土	m³				
	411-8-8-2	C50 混凝土	m³				
	411-8-8-3	C55 混凝土	m³				
QL0311		钢梁	t/m²				
QL031101		钢箱梁	t/m²				
	412-8	钢箱梁					
	412-8-1	Q235A	kg				
	412-8-2	Q235B	kg				
	412-8-3	Q235C	kg				
	412-8-4	Q345C	kg				
	412-8-5	Q345D	kg				
	412-8-6	Q390D	kg				
	412-8-7	Q420D	kg				
QL031102		钢板梁	t/m²				
	412-9	钢板梁					
	412-9-1	Q235A	kg				
	412-9-2	Q235B	kg				
	412-9-3	Q235C	kg				

附表3 分项清单编码格式文件衔接示例

续上表

要素费用项目编码	清单子目编码	工程或费用名称（或清单子目名称）	单位	设计工程量	清单工程量	单价	合价
	412-9-4	Q345C	kg				
	412-9-5	Q345D	kg				
QL031103		钢混组合梁	t/m²				
	412-8	钢箱梁					
	412-8-1	Q235A	kg				
	412-8-2	Q235B	kg				
	412-8-3	Q235C	kg				
	412-8-4	Q345C	kg				
	412-8-5	Q345D	kg				
	412-8-6	Q390D	kg				
	412-8-7	Q420D	kg				
QL031104		钢桁架	t/m²				
	412	桥梁钢结构工程					
	412-10	钢桁架	kg				
QL031105		钢梁混凝土	m³/m²				
	403-3	上部结构钢筋					
	403-3-1	光圆钢筋	kg				
	403-3-2	带肋钢筋	kg				
	403-3-3	焊接钢筋网	kg				
	410-3	现浇混凝土上部结构					
	410-3-1	实心板					
	410-3-1-1	C30混凝土	m³				
	410-3-1-2	C35混凝土	m³				
	410-3-1-3	C40混凝土	m³				
	410-3-1-4	C45混凝土	m³				
	410-3-1-5	C50混凝土	m³				
	410-3-3	叠合梁					
	410-3-3-1	C40混凝土	m³				
	410-3-3-2	C45混凝土	m³				
	410-3-3-3	C50混凝土	m³				
	410-3-3-4	C55混凝土	m³				
	410-4	预制混凝土上部结构					
	410-4-1	实心板					
	410-4-1-1	C30混凝土	m³				
	410-4-1-2	C35混凝土	m³				

续上表

要素费用项目编码	清单子目编码	工程或费用名称（或清单子目名称）	单位	设计工程量	清单工程量	单价	合价
	410-4-1-3	C40 混凝土	m³				
	410-4-1-4	C45 混凝土	m³				
	410-4-1-5	C50 混凝土	m³				
	410-4-1-6	C55 混凝土	m³				
	410-5	桥梁上部结构现浇整体化混凝土					
	410-5-1	C30 混凝土	m³				
	410-5-2	C35 混凝土	m³				
	410-5-3	C40 混凝土	m³				
	410-5-4	C45 混凝土	m³				
	410-5-5	C50 混凝土	m³				
	411-2	先张法预应力钢绞线	kg				
	411-5	后张法预应力钢绞线	kg				
	411-8	预制预应力混凝土上部结构					
	411-8-1	实心板					
	411-8-1-1	C40 混凝土	m³				
	411-8-1-2	C45 混凝土	m³				
	411-8-1-3	C50 混凝土	m³				
	411-8-1-4	C55 混凝土	m³				
	411-8-9	叠合梁					
	411-8-9-1	C40 混凝土	m³				
	411-8-9-2	C45 混凝土	m³				
	411-8-9-3	C50 混凝土	m³				
	411-8-9-4	C55 混凝土	m³				
QL0312		斜拉桥上部构造	m³(t)/m²				
QL031201		预应力混凝土梁	m³/m²				
QL03120101		现浇连续箱梁	m³/m²				
	403	钢筋					
	403-3	上部结构钢筋					
	403-3-1	光圆钢筋	kg				
	403-3-2	带肋钢筋	kg				
	403-3-3	焊接钢筋网	kg				
	411	预应力混凝土工程					
	411-1	先张法预应力钢丝	kg				
	411-2	先张法预应力钢绞线	kg				
	411-3	先张法预应力钢筋	kg				

附表3 分项清单编码格式文件衔接示例

续上表

要素费用项目编码	清单子目编码	工程或费用名称（或清单子目名称）	单位	设计工程量	清单工程量	单价	合价
	411-4	后张法预应力钢丝	kg				
	411-5	后张法预应力钢绞线	kg				
	411-6	后张法预应力钢筋	kg				
	411-7	现浇预应力混凝土上部结构					
	411-7-1	现浇连续箱梁					
	411-7-1-1	C40混凝土	m³				
	411-7-1-2	C45混凝土	m³				
	411-7-1-3	C50混凝土	m³				
	411-7-1-4	C55混凝土	m³				
QL03120102		节段预制箱梁	m³/m²				
	403	钢筋					
	403-3	上部结构钢筋					
	403-3-1	光圆钢筋	kg				
	403-3-2	带肋钢筋	kg				
	403-3-3	焊接钢筋网	kg				
	411	预应力混凝土工程					
	411-1	先张法预应力钢丝	kg				
	411-2	先张法预应力钢绞线	kg				
	411-3	先张法预应力钢筋	kg				
	411-4	后张法预应力钢丝	kg				
	411-5	后张法预应力钢绞线	kg				
	411-6	后张法预应力钢筋	kg				
	411-8	预制预应力混凝土上部结构					
	411-8-8	节段预制箱梁					
	411-8-8-1	C45混凝土	m³				
	411-8-8-2	C50混凝土	m³				
	411-8-8-3	C55混凝土	m³				
QL031202		钢梁	t/m²				
QL03120201		钢箱梁	t/m²				
	412-8	钢箱梁					
	412-8-1	Q235A	kg				
	412-8-2	Q235B	kg				
	412-8-3	Q235C	kg				
	412-8-4	Q345C	kg				
	412-8-5	Q345D	kg				

续上表

要素费用项目编码	清单子目编码	工程或费用名称（或清单子目名称）	单位	设计工程量	清单工程量	单价	合价
	412-8-6	Q390D	kg				
	412-8-7	Q420D	kg				
QL03120202		钢混组合梁	t/m²				
	412-8	钢箱梁					
	412-8-1	Q235A	kg				
	412-8-2	Q235B	kg				
	412-8-3	Q235C	kg				
	412-8-4	Q345C	kg				
	412-8-5	Q345D	kg				
	412-8-6	Q390D	kg				
	412-8-7	Q420D	kg				
QL03120203		钢桁架	t/m²				
	412	桥梁钢结构工程					
	412-10	钢桁架	kg				
QL03120204		钢梁混凝土	m³/m²				
	403-3	上部结构钢筋					
	403-3-1	光圆钢筋	kg				
	403-3-2	带肋钢筋	kg				
	403-3-3	焊接钢筋网	kg				
	410-3	现浇混凝土上部结构					
	410-3-1	实心板					
	410-3-1-1	C30 混凝土	m³				
	410-3-1-2	C35 混凝土	m³				
	410-3-1-3	C40 混凝土	m³				
	410-3-1-4	C45 混凝土	m³				
	410-3-1-5	C50 混凝土	m³				
	410-3-3	叠合梁					
	410-3-3-1	C40 混凝土	m³				
	410-3-3-2	C45 混凝土	m³				
	410-3-3-3	C50 混凝土	m³				
	410-3-3-4	C55 混凝土	m³				
	410-4	预制混凝土上部结构					
	410-4-1	实心板					
	410-4-1-1	C30 混凝土	m³				
	410-4-1-2	C35 混凝土	m³				

附表 3 分项清单编码格式文件衔接示例

续上表

要素费用项目编码	清单子目编码	工程或费用名称（或清单子目名称）	单位	设计工程量	清单工程量	单价	合价
	410-4-1-3	C40 混凝土	m³				
	410-4-1-4	C45 混凝土	m³				
	410-4-1-5	C50 混凝土	m³				
	410-4-1-6	C55 混凝土	m³				
	410-5	桥梁上部结构现浇整体化混凝土					
	410-5-1	C30 混凝土	m³				
	410-5-2	C35 混凝土	m³				
	410-5-3	C40 混凝土	m³				
	410-5-4	C45 混凝土	m³				
	410-5-5	C50 混凝土	m³				
	411-2	先张法预应力钢绞线	kg				
	411-5	后张法预应力钢绞线	kg				
	411-8	预制预应力混凝土上部结构					
	411-8-1	实心板					
	411-8-1-1	C40 混凝土	m³				
	411-8-1-2	C45 混凝土	m³				
	411-8-1-3	C50 混凝土	m³				
	411-8-1-4	C55 混凝土	m³				
	411-8-9	叠合梁					
	411-8-9-1	C40 混凝土	m³				
	411-8-9-2	C45 混凝土	m³				
	411-8-9-3	C50 混凝土	m³				
	411-8-9-4	C55 混凝土	m³				
QL031203		斜拉索	t/m²				
	412-1	拉索					
	412-1-1	钢绞线拉索	kg				
	412-1-2	平行钢丝拉索	kg				
	412-5	索夹	kg				
QL031204		其他	m²				
QL0313		悬索桥上部构造	m³(t)/m²				
QL031301		预应力混凝土梁	m³/m²				
QL03130101		现浇连续箱梁	m³/m²				
	403	钢筋					
	403-3	上部结构钢筋					
	403-3-1	光圆钢筋	kg				

续上表

要素费用项目编码	清单子目编码	工程或费用名称（或清单子目名称）	单位	设计工程量	清单工程量	单价	合价
	403-3-2	带肋钢筋	kg				
	403-3-3	焊接钢筋网	kg				
	411	预应力混凝土工程					
	411-1	先张法预应力钢丝	kg				
	411-2	先张法预应力钢绞线	kg				
	411-3	先张法预应力钢筋	kg				
	411-4	后张法预应力钢丝	kg				
	411-5	后张法预应力钢绞线	kg				
	411-6	后张法预应力钢筋	kg				
	411-7	现浇预应力混凝土上部结构					
	411-7-1	现浇连续箱梁					
	411-7-1-1	C40 混凝土	m^3				
	411-7-1-2	C45 混凝土	m^3				
	411-7-1-3	C50 混凝土	m^3				
	411-7-1-4	C55 混凝土	m^3				
QL03130102		节段预制箱梁	m^3/m^2				
	403	钢筋					
	403-3	上部结构钢筋					
	403-3-1	光圆钢筋	kg				
	403-3-2	带肋钢筋	kg				
	403-3-3	焊接钢筋网	kg				
	411	预应力混凝土工程					
	411-1	先张法预应力钢丝	kg				
	411-2	先张法预应力钢绞线	kg				
	411-3	先张法预应力钢筋	kg				
	411-4	后张法预应力钢丝	kg				
	411-5	后张法预应力钢绞线	kg				
	411-6	后张法预应力钢筋	kg				
	411-8	预制预应力混凝土上部结构					
	411-8-8	节段预制箱梁					
	411-8-8-1	C45 混凝土	m^3				
	411-8-8-2	C50 混凝土	m^3				
	411-8-8-3	C55 混凝土	m^3				
QL031302		钢梁	t/m^2				
QL03130201		钢箱梁	t/m^2				

附表3　分项清单编码格式文件衔接示例

续上表

要素费用项目编码	清单子目编码	工程或费用名称 （或清单子目名称）	单位	设计工程量	清单工程量	单价	合价
	412-8	钢箱梁					
	412-8-1	Q235A	kg				
	412-8-2	Q235B	kg				
	412-8-3	Q235C	kg				
	412-8-4	Q345C	kg				
	412-8-5	Q345D	kg				
	412-8-6	Q390D	kg				
	412-8-7	Q420D	kg				
QL03130202		钢混组合梁	t/m^2				
	412-8	钢箱梁					
	412-8-1	Q235A	kg				
	412-8-2	Q235B	kg				
	412-8-3	Q235C	kg				
	412-8-4	Q345C	kg				
	412-8-5	Q345D	kg				
	412-8-6	Q390D	kg				
	412-8-7	Q420D	kg				
QL03130203		钢桁架	t/m^2				
	412	桥梁钢结构工程					
	412-10	钢桁架	kg				
QL03130204		钢梁混凝土	m^3/m^2				
	403-3	上部结构钢筋					
	403-3-1	光圆钢筋	kg				
	403-3-2	带肋钢筋	kg				
	403-3-3	焊接钢筋网	kg				
	410-3	现浇混凝土上部结构					
	410-3-1	实心板					
	410-3-1-1	C30混凝土	m^3				
	410-3-1-2	C35混凝土	m^3				
	410-3-1-3	C40混凝土	m^3				
	410-3-1-4	C45混凝土	m^3				
	410-3-1-5	C50混凝土	m^3				
	410-3-3	叠合梁					
	410-3-3-1	C40混凝土	m^3				
	410-3-3-2	C45混凝土	m^3				

续上表

要素费用项目编码	清单子目编码	工程或费用名称（或清单子目名称）	单位	设计工程量	清单工程量	单价	合价
	410-3-3-3	C50 混凝土	m³				
	410-3-3-4	C55 混凝土	m³				
	410-4	预制混凝土上部结构					
	410-4-1	实心板					
	410-4-1-1	C30 混凝土	m³				
	410-4-1-2	C35 混凝土	m³				
	410-4-1-3	C40 混凝土	m³				
	410-4-1-4	C45 混凝土	m³				
	410-4-1-5	C50 混凝土	m³				
	410-4-1-6	C55 混凝土	m³				
	410-5	桥梁上部结构现浇整体化混凝土					
	410-5-1	C30 混凝土	m³				
	410-5-2	C35 混凝土	m³				
	410-5-3	C40 混凝土	m³				
	410-5-4	C45 混凝土	m³				
	410-5-5	C50 混凝土	m³				
	411-2	先张法预应力钢绞线	kg				
	411-5	后张法预应力钢绞线	kg				
	411-8	预制预应力混凝土上部结构					
	411-8-1	实心板					
	411-8-1-1	C40 混凝土	m³				
	411-8-1-2	C45 混凝土	m³				
	411-8-1-3	C50 混凝土	m³				
	411-8-1-4	C55 混凝土	m³				
	411-8-9	叠合梁					
	411-8-9-1	C40 混凝土	m³				
	411-8-9-2	C45 混凝土	m³				
	411-8-9-3	C50 混凝土	m³				
	411-8-9-4	C55 混凝土	m³				
QL031303		主缆	t				
	412	桥梁钢结构工程					
	412-2	悬索(或缆索)	kg				
QL031304		吊索	t				
	412	桥梁钢结构工程					
	412-3	吊索	kg				

续上表

要素费用项目编码	清单子目编码	工程或费用名称（或清单子目名称）	单位	设计工程量	清单工程量	单价	合价
QL031305		吊杆	t				
	412-4	吊杆					
	412-4-1	平行钢丝吊杆	kg				
	412-4-2	钢丝绳吊杆	kg				
QL031306		索鞍	t				
	412	桥梁钢结构工程					
	412-7	索鞍	kg				
QL031307		猫道	m^2/m				
	105-2	大型临时工程和设施					
	105-2-3	施工猫道	总额				
QL031308		缆索吊装系统	m				
	105-2	大型临时工程和设施					
	105-2-4	缆索吊装系统	总额				
QL031309		其他	m^2				
QL0314		拱桥	$m^3(t)/m^2$				
QL031401		预应力混凝土梁	m^3/m^2				
QL03140101		现浇连续箱梁	m^3/m^2				
	403	钢筋					
	403-3	上部结构钢筋					
	403-3-1	光圆钢筋	kg				
	403-3-2	带肋钢筋	kg				
	403-3-3	焊接钢筋网	kg				
	411	预应力混凝土工程					
	411-1	先张法预应力钢丝	kg				
	411-2	先张法预应力钢绞线	kg				
	411-3	先张法预应力钢筋	kg				
	411-4	后张法预应力钢丝	kg				
	411-5	后张法预应力钢绞线	kg				
	411-6	后张法预应力钢筋	kg				
	411-7	现浇预应力混凝土上部结构					
	411-7-1	现浇连续箱梁					
	411-7-1-1	C40 混凝土	m^3				
	411-7-1-2	C45 混凝土	m^3				
	411-7-1-3	C50 混凝土	m^3				
	411-7-1-4	C55 混凝土	m^3				

续上表

要素费用项目编码	清单子目编码	工程或费用名称（或清单子目名称）	单位	设计工程量	清单工程量	单价	合价
QL03140102		整体式预制箱梁	m³/m²				
	403	钢筋					
	403-3	上部结构钢筋					
	403-3-1	光圆钢筋	kg				
	403-3-2	带肋钢筋	kg				
	403-3-3	焊接钢筋网	kg				
	411	预应力混凝土工程					
	411-1	先张法预应力钢丝	kg				
	411-2	先张法预应力钢绞线	kg				
	411-3	先张法预应力钢筋	kg				
	411-4	后张法预应力钢丝	kg				
	411-5	后张法预应力钢绞线	kg				
	411-6	后张法预应力钢筋	kg				
	411-8	预制预应力混凝土上部结构					
	411-8-7	整体式箱梁					
	411-8-7-1	C40 混凝土	m³				
	411-8-7-2	C45 混凝土	m³				
	411-8-7-3	C50 混凝土	m³				
	411-8-7-4	C55 混凝土	m³				
QL03140103		节段预制箱梁	m³/m²				
	403	钢筋					
	403-3	上部结构钢筋					
	403-3-1	光圆钢筋	kg				
	403-3-2	带肋钢筋	kg				
	403-3-3	焊接钢筋网	kg				
	411	预应力混凝土工程					
	411-1	先张法预应力钢丝	kg				
	411-2	先张法预应力钢绞线	kg				
	411-3	先张法预应力钢筋	kg				
	411-4	后张法预应力钢丝	kg				
	411-5	后张法预应力钢绞线	kg				
	411-6	后张法预应力钢筋	kg				
	411-8	预制预应力混凝土上部结构					
	411-8-8	节段预制箱梁					
	411-8-8-1	C45 混凝土	m³				

附表3 分项清单编码格式文件衔接示例

续上表

要素费用项目编码	清单子目编码	工程或费用名称（或清单子目名称）	单位	设计工程量	清单工程量	单价	合价
	411-8-8-2	C50 混凝土	m³				
	411-8-8-3	C55 混凝土	m³				
QL031402		钢梁	t/m²				
QL03140201		钢箱梁	t/m²				
	412-8	钢箱梁					
	412-8-1	Q235A	kg				
	412-8-2	Q235B	kg				
	412-8-3	Q235C	kg				
	412-8-4	Q345C	kg				
	412-8-5	Q345D	kg				
	412-8-6	Q390D	kg				
	412-8-7	Q420D	kg				
QL03140202		钢混组合梁	t/m²				
	412-8	钢箱梁					
	412-8-1	Q235A	kg				
	412-8-2	Q235B	kg				
	412-8-3	Q235C	kg				
	412-8-4	Q345C	kg				
	412-8-5	Q345D	kg				
	412-8-6	Q390D	kg				
	412-8-7	Q420D	kg				
QL03140203		钢桁架	t/m²				
	412	桥梁钢结构工程					
	412-10	钢桁架	kg				
QL03140204		钢梁混凝土	m³/m²				
	403-3	上部结构钢筋					
	403-3-1	光圆钢筋	kg				
	403-3-2	带肋钢筋	kg				
	403-3-3	焊接钢筋网	kg				
	410-3	现浇混凝土上部结构					
	410-3-1	实心板					
	410-3-1-1	C30 混凝土	m³				
	410-3-1-2	C35 混凝土	m³				
	410-3-1-3	C40 混凝土	m³				
	410-3-1-4	C45 混凝土	m³				

续上表

要素费用项目编码	清单子目编码	工程或费用名称（或清单子目名称）	单位	设计工程量	清单工程量	单价	合价
	410-3-1-5	C50 混凝土	m³				
	410-3-3	叠合梁					
	410-3-3-1	C40 混凝土	m³				
	410-3-3-2	C45 混凝土	m³				
	410-3-3-3	C50 混凝土	m³				
	410-3-3-4	C55 混凝土	m³				
	410-4	预制混凝土上部结构					
	410-4-1	实心板					
	410-4-1-1	C30 混凝土	m³				
	410-4-1-2	C35 混凝土	m³				
	410-4-1-3	C40 混凝土	m³				
	410-4-1-4	C45 混凝土	m³				
	410-4-1-5	C50 混凝土	m³				
	410-4-1-6	C55 混凝土	m³				
	410-5	桥梁上部结构现浇整体化混凝土					
	410-5-1	C30 混凝土	m³				
	410-5-2	C35 混凝土	m³				
	410-5-3	C40 混凝土	m³				
	410-5-4	C45 混凝土	m³				
	410-5-5	C50 混凝土	m³				
	411-2	先张法预应力钢绞线	kg				
	411-5	后张法预应力钢绞线	kg				
	411-8	预制预应力混凝土上部结构					
	411-8-1	实心板					
	411-8-1-1	C40 混凝土	m³				
	411-8-1-2	C45 混凝土	m³				
	411-8-1-3	C50 混凝土	m³				
	411-8-1-4	C55 混凝土	m³				
	411-8-9	叠合梁					
	411-8-9-1	C40 混凝土	m³				
	411-8-9-2	C45 混凝土	m³				
	411-8-9-3	C50 混凝土	m³				
	411-8-9-4	C55 混凝土	m³				
QL031403		钢管拱肋	t/m²				
	412-11	钢管拱					

续上表

要素费用项目编码	清单子目编码	工程或费用名称（或清单子目名称）	单位	设计工程量	清单工程量	单价	合价
	412-11-1	Q235A	kg				
	412-11-2	Q235B	kg				
	412-11-3	Q235C	kg				
	412-11-4	Q345C	kg				
	412-11-5	Q345D	kg				
QL031404		混凝土拱肋	m³/m²				
	403-2	下部结构钢筋					
	403-2-1	光圆钢筋	kg				
	403-2-2	带肋钢筋	kg				
	403-2-3	冷轧带肋钢筋焊接网	kg				
	410-3	现浇混凝土上部结构					
	410-3-4	混凝土拱					
	410-3-4-1	C40 混凝土	m³				
	410-3-4-2	C45 混凝土	m³				
	410-3-4-3	C50 混凝土	m³				
	411-8	预制预应力混凝土上部结构					
	411-8-10	混凝土拱					
	411-8-10-1	C40 混凝土	m³				
	411-8-10-2	C45 混凝土	m³				
	411-8-10-3	C50 混凝土	m³				
	411-8-10-4	C55 混凝土	m³				
QL031405		钢管混凝土拱肋	m³(t)/m²				
	403-2	下部结构钢筋					
	403-2-1	光圆钢筋	kg				
	403-2-2	带肋钢筋	kg				
	403-2-3	冷轧带肋钢筋焊接网	kg				
	410-3	现浇混凝土上部结构					
	410-3-4	混凝土拱					
	410-3-4-1	C40 混凝土	m³				
	410-3-4-2	C45 混凝土	m³				
	410-3-4-3	C50 混凝土	m³				
	411-8	预制预应力混凝土上部结构					
	411-8-10	混凝土拱					
	411-8-10-1	C40 混凝土	m³				
	411-8-10-2	C45 混凝土	m³				

续上表

要素费用项目编码	清单子目编码	工程或费用名称（或清单子目名称）	单位	设计工程量	清单工程量	单价	合价
	411-8-10-3	C50 混凝土	m^3				
	411-8-10-4	C55 混凝土	m^3				
	412-11	钢管拱					
	412-11-1	Q235A	kg				
	412-11-2	Q235B	kg				
	412-11-3	Q235C	kg				
	412-11-4	Q345C	kg				
	412-11-5	Q345D	kg				
QL031406		拱桥中、横、纵梁	m^3/m^2				
	403-3	上部结构钢筋					
	403-3-1	光圆钢筋	kg				
	403-3-2	带肋钢筋	kg				
	403-3-3	焊接钢筋网	kg				
	411-8	预制预应力混凝土上部结构					
	411-8-12	拱桥中、横、纵梁					
	411-8-12-1	C40 混凝土	m^3				
	411-8-12-2	C45 混凝土	m^3				
	411-8-12-3	C50 混凝土	m^3				
	411-8-12-4	C55 混凝土	m^3				
QL031407		吊杆	t				
	412-4	吊杆					
	412-4-1	平行钢丝吊杆	kg				
	412-4-2	钢丝绳吊杆	kg				
QL031408		系杆	t				
	412	桥梁钢结构工程					
	412-6	系杆	kg				
QL031409		其他	m^2				
QL04		桥面铺装	m^3/m^2				
QL0402		水泥混凝土桥面铺装	m^3/m^2				
	403	钢筋					
	403-3	上部结构钢筋					
	403-3-1	光圆钢筋	kg				
	403-3-2	带肋钢筋	kg				
	403-3-3	焊接钢筋网	kg				
	415	桥面铺装					

附表3 分项清单编码格式文件衔接示例

续上表

要素费用项目编码	清单子目编码	工程或费用名称（或清单子目名称）	单位	设计工程量	清单工程量	单价	合价
	415-1	水泥混凝土桥面铺装	m³				
	415-2	水泥混凝土桥面调平层	m³				
QL05		附属工程	m²/m				
QL0501		桥梁支座	个				
QL050101		板式橡胶支座	dm³				
	416	桥梁支座					
	416-1	板式橡胶支座	dm³				
QL050102		盆式支座	个				
	416	桥梁支座					
	416-2	盆式支座	个				
QL050103		隔震橡胶支座	个				
	416	桥梁支座					
	416-3	隔震橡胶支座	个				
QL050104		球形支座	个				
	416	桥梁支座					
	416-4	球形支座	个				
QL050105		抗风支座	个				
	416-5	特大桥梁特型支座					
	416-5-1	抗风支座	个				
QL050106		支座垫石	m³				
	403-2	下部结构钢筋					
	403-2-1	光圆钢筋	kg				
	403-2-2	带肋钢筋	kg				
	403-2-3	冷轧带肋钢筋焊接网	kg				
	410-2	混凝土下部结构					
	410-2-7	支座垫石					
	410-2-7-1	C40 混凝土	m³				
	410-2-7-2	C45 混凝土	m³				
	410-2-7-3	C50 混凝土	m³				
	410-2-7-4	C55 混凝土	m³				
QL0502		伸缩装置	m				
QL050201		模数式伸缩装置	m				
QL05020101		80 型	m				
	417-2	模数式伸缩装置					
	417-2-1	80 型	m				

续上表

要素费用项目编码	清单子目编码	工程或费用名称（或清单子目名称）	单位	设计工程量	清单工程量	单价	合价
QL05020102		120 型	m				
	417-2	模数式伸缩装置					
	417-2-2	120 型	m				
QL05020103		160 型	m				
	417-2	模数式伸缩装置					
	417-2-3	160 型	m				
QL05020104		240 型	m				
	417-2	模数式伸缩装置					
	417-2-4	240 型	m				
QL05020105		320 型	m				
	417-2	模数式伸缩装置					
	417-2-5	320 型	m				
QL05020106		400 型	m				
	417-2	模数式伸缩装置					
	417-2-6	400 型	m				
QL050202		梳齿板式伸缩装置	m				
QL05020201		80 型	m				
	417-3	梳齿板式伸缩装置					
	417-3-1	80 型	m				
QL05020202		120 型	m				
	417-3	梳齿板式伸缩装置					
	417-3-2	120 型	m				
QL05020203		160 型	m				
	417-3	梳齿板式伸缩装置					
	417-3-3	160 型	m				
QL05020204		240 型	m				
	417-3	梳齿板式伸缩装置					
	417-3-4	240 型	m				
QL050203		异型钢伸缩装置	m				
QL05020301		40 型	m				
	417-5	异型钢伸缩装置					
	417-5-1	40 型	m				
QL05020302		60 型	m				
	417-5	异型钢伸缩装置					
	417-5-2	60 型	m				

附表3 分项清单编码格式文件衔接示例

续上表

要素费用项目编码	清单子目编码	工程或费用名称（或清单子目名称）	单位	设计工程量	清单工程量	单价	合价
QL05020303		80型	m				
	417-5	异型钢伸缩装置					
	417-5-3	80型	m				
QL050204		橡胶伸缩装置	m				
	417-1	橡胶伸缩装置					
	417-1-1	40型	m				
	417-1-2	60型	m				
	417-1-3	80型	m				
	417-1-4	100型	m				
QL050205		填充式材料伸缩装置	m				
	417	桥梁接缝和伸缩装置					
	417-4	填充式材料伸缩装置	m				
QL050206		其他类型伸缩装置	m				
	417	桥梁接缝和伸缩装置					
	417-6	其他类型伸缩装置	m				
QL050207		伸缩缝钢筋混凝土	m^3/m				
	403-4	附属结构钢筋					
	403-4-1	光圆钢筋	kg				
	403-4-2	带肋钢筋	kg				
QL0503		混凝土护栏	m^3/m				
QL050301		现浇混凝土护栏	m^3/m				
	403-4	附属结构钢筋					
	403-4-1	光圆钢筋	kg				
	403-4-2	带肋钢筋	kg				
	410-6	现浇混凝土附属结构					
	410-6-3	C25混凝土	m^3				
	410-6-4	C30混凝土	m^3				
	410-6-5	C35混凝土	m^3				
	410-6-6	C40混凝土	m^3				
	410-6-7	C45混凝土	m^3				
	410-6-8	C50混凝土	m^3				
QL050302		装配式混凝土护栏	m^3/m				
	403-4	附属结构钢筋					
	403-4-1	光圆钢筋	kg				
	403-4-2	带肋钢筋	kg				

续上表

要素费用项目编码	清单子目编码	工程或费用名称（或清单子目名称）	单位	设计工程量	清单工程量	单价	合价
	410-7	预制混凝土附属结构					
	410-7-3	C25 混凝土	m³				
	410-7-4	C30 混凝土	m³				
	410-7-5	C35 混凝土	m³				
	410-7-6	C40 混凝土	m³				
	410-7-7	C45 混凝土	m³				
	410-7-8	C50 混凝土	m³				
QL050303		钢护栏	t/m				
	412-13	其他钢结构					
	412-13-3	钢护栏	kg				
QL0504		桥头搭板	m³				
	403-4	附属结构钢筋					
	403-4-1	光圆钢筋	kg				
	403-4-2	带肋钢筋	kg				
	410-6	现浇混凝土附属结构					
	410-6-1	C15 混凝土	m³				
	410-6-2	C20 混凝土	m³				
	410-6-3	C25 混凝土	m³				
	410-6-4	C30 混凝土	m³				
	410-6-5	C35 混凝土	m³				
	410-6-6	C40 混凝土	m³				
	410-6-7	C45 混凝土	m³				
	410-6-8	C50 混凝土	m³				
QL06		其他工程	m²/m				
QL0601		桥梁排水系统	m²/m				
	418	防水处理					
	418-1	竖、横向集中排水管	kg 或 m				
	418-2	桥面边部碎石盲沟	m³				
QL0602		锥坡	m³				
	204	填方路基					
	204-1	路基填筑					
	204-1-10	锥坡及台前溜坡填土	m³				
	215	河道防护					
	215-2	导流设施（护岸墙、顺坝、丁坝、调水坝、锥坡）					

附表3 分项清单编码格式文件衔接示例

续上表

要素费用项目编码	清单子目编码	工程或费用名称（或清单子目名称）	单位	设计工程量	清单工程量	单价	合价
	215-2-1	浆砌片石					
	215-2-1-1	M7.5浆砌片石	m³				
	215-2-1-2	M10浆砌片石	m³				
	215-2-2	现浇混凝土					
	215-2-2-1	C15混凝土	m³				
	215-2-2-2	C20混凝土	m³				
	215-2-2-3	C25混凝土	m³				
	215-2-2-4	C30混凝土	m³				
	215-2-2-5	C15片石混凝土	m³				
	215-2-2-6	C20片石混凝土	m³				
	215-2-3	预制安装混凝土					
	215-2-3-1	C15混凝土	m³				
	215-2-3-2	C20混凝土	m³				
	215-2-3-3	C25混凝土	m³				
	215-2-3-4	C30混凝土	m³				
	413	砌石工程					
	413-1	浆砌片石					
	413-1-1	M7.5浆砌片石	m³				
	413-1-2	M10浆砌片石	m³				
	413-2	浆砌块石					
	413-2-1	M7.5浆砌块石	m³				
	413-2-2	M10浆砌块石	m³				
	413-3	浆砌料石					
	413-3-1	M7.5浆砌料石	m³				
	413-3-2	M10浆砌料石	m³				
	413-4	浆砌预制混凝土块					
	413-4-1	六角空心块	m³				
	413-5	砖砌体	m³				
QL0603		桥梁处挖土石方	m³				
	404	基础挖方及回填					
	404-1	基础挖方及回填	m³				
	203	挖方路基					
	203-1	路基挖方					
	203-1-1	挖土方	m³				
	203-1-2	挖石方					

续上表

要素费用项目编码	清单子目编码	工程或费用名称（或清单子目名称）	单位	设计工程量	清单工程量	单价	合价
	203-1-2-1	爆破石方	m³				
	203-1-2-2	机械开挖石方	m³				
	203-1-2-3	静态开挖石方	m³				
	203-1-3	挖除非适用材料（不含淤泥、岩盐、冻土）	m³				
	203-1-4	挖淤泥	m³				
	203-1-7	挖土石方	m³				
QL0604		桥梁处挡墙、裙墙	m³				
	209-1	垫层					
	209-1-1	砂砾垫层	m³				
	209-1-2	碎石垫层	m³				
	209-2	基础					
	209-2-2	混凝土基础					
	209-2-2-1	C15 混凝土	m³				
	209-2-2-2	C20 混凝土	m³				
	209-2-2-3	C25 混凝土	m³				
	209-2-2-4	C30 混凝土	m³				
	209-2-2-5	C15 片石混凝土	m³				
	209-2-2-6	C20 片石混凝土	m³				
	209-2-6	钢筋					
	209-2-6-1	光圆钢筋	kg				
	209-2-6-2	带肋钢筋	kg				
	209-4	混凝土挡土墙					
	209-4-1	混凝土					
	209-4-1-1	C15 混凝土	m³				
	209-4-1-2	C20 混凝土	m³				
	209-4-1-3	C25 混凝土	m³				
	209-4-1-4	C30 混凝土	m³				
	209-4-1-5	C15 片石混凝土	m³				
	209-4-1-6	C20 片石混凝土	m³				
	209-4-2	钢筋					
	209-4-2-1	光圆钢筋	kg				
	209-4-2-2	带肋钢筋	kg				
QL0605		桥梁铭牌	处				
	423	桥梁特殊结构					

附表 3 分项清单编码格式文件衔接示例

续上表

要素费用项目编码	清单子目编码	工程或费用名称（或清单子目名称）	单位	设计工程量	清单工程量	单价	合价
	423-1	桥梁铭牌	处				
QL0606		航空障碍灯	盏				
	423	桥梁特殊结构					
	423-2	航空障碍灯	盏				
QL0607		桥墩防撞装置	每一桥墩				
	423	桥梁特殊结构					
	423-3	桥墩防撞装置	每一桥墩				
QL0608		桥梁除湿系统	套				
	423	桥梁特殊结构					
	423-4	桥梁除湿系统	套				
QL0609		检查车	套				
	423	桥梁特殊结构					
	423-5	检查车	套				
QL0610		阻尼装置	套				
	423	桥梁特殊结构					
	423-6	阻尼装置	套				
QL07		旧桥利用与处治	m^2/m				
QL0701		桥梁加固	m^2/m				
	403	钢筋					
	403-6	植筋	根				
QL0702		桥梁拼宽	m^2/m				
QL0703		桥梁顶升	m^2/m				
QL0704		桥梁拆除	m^2/m				
	202-3	拆除结构物					
	202-3-1	钢筋混凝土结构	m^3				
	202-3-2	混凝土结构	m^3				
QL0705		其他	m^2/m				
10406		桥面铺装	m^2/m				
QL04		桥面铺装	m^3/m^2				
QL0401		沥青混凝土	m^3				
	305	透层、封层、黏层					
	305-4	透封层	m^2				
QL040101		普通沥青混凝土面层	m^3/m^2				
QL04010101		细粒式沥青混凝土	m^3/m^2				
	306-1-1	细粒式沥青混凝土					

247

续上表

要素费用项目编码	清单子目编码	工程或费用名称（或清单子目名称）	单位	设计工程量	清单工程量	单价	合价
	306-1-1-1	厚30mm	m²				
	306-1-1-2	厚40mm	m²				
	306-1-1-3	厚50mm	m²				
	306-1-1-4	厚60mm	m²				
QL04010102		中粒式沥青混凝土	m³/m²				
	306-1-2	中粒式沥青混凝土					
	306-1-2-1	厚40mm	m²				
	306-1-2-2	厚50mm	m²				
	306-1-2-3	厚60mm	m²				
	306-1-2-4	厚70mm	m²				
QL040102		改性沥青混凝土面层	m³/m²				
QL04010201		细粒式改性沥青混凝土	m³/m²				
	306-2-1	细粒式改性沥青混凝土					
	306-2-1-1	厚30mm	m²				
	306-2-1-2	厚40mm	m²				
	306-2-1-3	厚50mm	m²				
	306-2-1-4	厚60mm	m²				
QL04010202		中粒式改性沥青混凝土	m³/m²				
	306-2-2	中粒式改性沥青混凝土					
	306-2-2-1	厚40mm	m²				
	306-2-2-2	厚50mm	m²				
	306-2-2-3	厚60mm	m²				
	306-2-2-4	厚70mm	m²				
QL040103		沥青玛蹄脂碎石混合料面层（SMA）	m³/m²				
QL04010301		细粒式沥青玛蹄脂碎石混合料面层（SMA）	m³/m²				
	306-3-1	细粒式沥青玛蹄脂碎石混合料面层（SMA）					
	306-3-1-1	厚30mm	m²				
	306-3-1-2	厚40mm	m²				
	306-3-1-3	厚50mm	m²				
	306-3-1-4	厚60mm	m²				
QL04010302		中粒式沥青玛蹄脂碎石混合料面层（SMA）	m³/m²				

附表3 分项清单编码格式文件衔接示例

续上表

要素费用项目编码	清单子目编码	工程或费用名称（或清单子目名称）	单位	设计工程量	清单工程量	单价	合价
	306-3-2	中粒式沥青玛蹄脂碎石混合料面层（SMA）					
	306-3-2-1	厚40mm	m²				
	306-3-2-2	厚50mm	m²				
	306-3-2-3	厚60mm	m²				
	306-3-2-4	厚70mm	m²				
QL040104		黏层、防水黏结层、抛丸	m²				
QL04010401		黏层	m²				
	305	透层、封层、黏层					
	305-2	黏层	m²				
QL04010402		防水黏结层	m²				
	305	透层、封层、黏层					
	305-5	防水黏结层	m²				
QL04010403		抛丸	m²				
	305-6	混凝土表面处理					
	305-6-2	抛丸	m²				
QL0403		钢桥面铺装	m³/m²				
QL040301		浇筑式沥青混凝土桥面铺装	m³/m²				
	415	桥面铺装					
	415-4	浇筑式沥青混凝土桥面铺装	m³				
QL040302		环氧沥青混凝土桥面铺装	m³/m²				
	415	桥面铺装					
	415-3	环氧沥青混凝土桥面铺装	m³				
QL040303		高黏高弹沥青混凝土桥面铺装	m³/m²				
	415	桥面铺装					
	415-5	高黏高弹沥青混凝土桥面铺装	m³				
QL040304		超高性能混凝土桥面铺装	m³/m²				
	415	桥面铺装					
	415-6	超高性能混凝土桥面铺装	m³				
QL040305		细粒式沥青玛蹄脂碎石混合料面层（SMA）	m³/m²				
	306-3-1	细粒式沥青玛蹄脂碎石混合料面层（SMA）					
	306-3-1-1	厚30mm	m²				
	306-3-1-2	厚40mm	m²				

续上表

要素费用项目编码	清单子目编码	工程或费用名称（或清单子目名称）	单位	设计工程量	清单工程量	单价	合价
	306-3-1-3	厚50mm	m²				
	306-3-1-4	厚60mm	m²				
QL040306		钢桥面黏结层					
	305	透层、封层、黏层					
	305-7	钢桥面黏结层	m³				
105		隧道工程	km/座				
10501		连拱隧道	km/座				
1050101		K×+××× 某某隧道	m/m²				
SD01		洞门及明洞开挖	m³				
	502-1	洞口、明洞开挖					
	502-1-1	挖土方	m³				
	502-1-2	挖石方	m³				
	502-1-3	挖土石方	m³				
SD02		洞口坡面排水、防护	m³/m²				
SD0201		洞口防水与排水	m³/m²				
SD020101		石砌截水沟、排水沟	m³				
	502-2-1	石砌截水沟、排水沟					
	502-2-1-1	M7.5浆砌片石	m³				
	502-2-1-2	M10浆砌片石	m³				
SD020102		混凝土沟槽	m³				
	502-2-2	现浇混凝土沟槽					
	502-2-2-1	C15混凝土	m³				
	502-2-2-2	C20混凝土	m³				
	502-2-2-3	C25混凝土	m³				
	502-2-2-4	C30混凝土	m³				
	502-2-3	预制安装混凝土沟槽					
	502-2-3-1	C20混凝土	m³				
	502-2-3-2	C25混凝土	m³				
	502-2-3-3	C30混凝土	m³				
	502-2-3-4	C35混凝土	m³				
	502-2-4	预制安装混凝土沟槽盖板					
	502-2-4-1	C20混凝土	m³				
	502-2-4-2	C25混凝土	m³				
	502-2-4-3	C30混凝土	m³				
	502-2-4-4	C35混凝土	m³				

续上表

要素费用项目编码	清单子目编码	工程或费用名称（或清单子目名称）	单位	设计工程量	清单工程量	单价	合价
	502-2-4-5	C40混凝土	m^3				
	502-2-8	钢筋					
	502-2-8-1	光圆钢筋	kg				
	502-2-8-2	带肋钢筋	kg				
	502-2-12	防水混凝土	m^3				
SD020103		土工合成材料	m^3				
	502-2-5	土工合成材料					
	502-2-5-1	复合防水板	m^2				
	502-2-5-2	复合土工膜	m^2				
	502-2-5-3	土工布	m^2				
SD020104		渗沟	m^3				
	502-2-6	填石渗沟	m^3				
	502-2-7	管式渗沟					
	502-2-7-1	φ50mm	m				
	502-2-7-2	φ80mm	m				
	502-2-7-3	φ100mm	m				
	502-2-7-4	φ200mm	m				
SD020105		引水管、排水管	m				
	502-2-9	引水管					
	502-2-9-1	φ50mm	m				
	502-2-9-2	φ80mm	m				
	502-2-9-3	φ100mm	m				
	502-2-9-4	φ200mm	m				
	502-2-10	排水管					
	502-2-10-1	φ50mm	m				
	502-2-10-2	φ80mm	m				
	502-2-10-3	φ100mm	m				
	502-2-10-4	φ200mm	m				
SD020106		明洞止水带	m				
	502-2	防水与排水					
	502-2-11	明洞止水带	m				
SD020107		黏土隔水层	m				
	502-2	防水与排水					
	502-2-13	黏土隔水层	m^3				
SD020108		保温出水口	处				

续上表

要素费用项目编码	清单子目编码	工程或费用名称（或清单子目名称）	单位	设计工程量	清单工程量	单价	合价
	505-2-2	洞口排水保温					
	505-2-2-1	洞口排水沟保温层	m²				
	505-2-2-2	保温出水口暗管	m				
	505-2-2-3	保温出水口	处				
SD0202		洞口坡面防护	m²				
SD020201		播植（喷播）草灌	m²				
	208-5	植物护坡					
	208-5-2	播植（喷播）草灌	m²				
	208-5-3	客土喷播草灌					
	208-5-3-1	厚5cm~8cm	m²				
	208-5-3-2	厚10cm~12cm	m²				
	208-5-4	挂网客土喷播草灌					
	208-5-4-1	厚5cm~8cm	m²				
	208-5-4-2	厚10cm~12cm	m²				
SD020202		TBS生态植被	m²				
	208-5-5	TBS生态植被（挂网客土喷混植草）					
	208-5-5-1	厚5cm~8cm	m²				
	208-5-5-2	厚10cm~12cm	m²				
SD020203		TBS生态植被+系统锚杆	m²				
	208-5	植物护坡					
	208-5-5	TBS生态植被（挂网客土喷混植草）					
	208-5-5-1	厚5cm~8cm	m²				
	208-5-5-2	厚10cm~12cm	m²				
	213-2	锚杆					
	213-2-1	钢筋锚杆	kg				
	213-2-2	预应力钢筋锚杆	kg				
	213-2-3	环氧钢筋锚杆	kg				
SD020204		TBS生态植被+预应力锚索	m²				
	208-5	植物护坡					
	208-5-5	TBS生态植被（挂网客土喷混植草）					
	208-5-5-1	厚5cm~8cm	m²				
	208-5-5-2	厚10cm~12cm	m²				
	213-1	预应力锚索					
	213-1-1	预应力钢绞线	kg				
	213-1-2	无黏结预应力钢绞线	kg				

附表3 分项清单编码格式文件衔接示例

续上表

要素费用项目编码	清单子目编码	工程或费用名称（或清单子目名称）	单位	设计工程量	清单工程量	单价	合价
	213-5	混凝土锚固板（墩）					
	213-5-1	C20 混凝土	m³				
	213-5-2	C25 混凝土	m³				
	213-5-3	C30 混凝土	m³				
	213-5-4	C35 混凝土	m³				
	213-5-5	C40 混凝土	m³				
	213-6	钢筋					
	213-6-1	光圆钢筋	kg				
	213-6-2	带肋钢筋	kg				
SD020205		高次团粒生态植被	m²				
	208-5	植物护坡					
	208-5-6	高次团粒生态植被	m²				
SD020206		土工格室植草灌	m²				
	208-5	植物护坡					
	208-5-7	土工格室植草灌	m²				
SD020207		植生袋植草灌	m²				
	208-5	植物护坡					
	208-5-8	植生袋植草灌	m²				
SD020208		框格植草	m³				
	213-4	混凝土框格梁					
	213-4-1	C20 混凝土	m³				
	213-4-2	C25 混凝土	m³				
	213-4-3	C30 混凝土	m³				
	213-4-4	C35 混凝土	m³				
	213-4-5	C40 混凝土	m³				
	213-6	钢筋					
	213-6-1	光圆钢筋	kg				
	213-6-2	带肋钢筋	kg				
	208-5	植物护坡					
	208-5-2	播植（喷播）草灌	m²				
SD020209		框格+系统锚杆+植草（TBS生态植被等）	m³				
	213-2	锚杆					
	213-2-1	钢筋锚杆	kg				
	213-2-2	预应力钢筋锚杆	kg				

续上表

要素费用项目编码	清单子目编码	工程或费用名称（或清单子目名称）	单位	设计工程量	清单工程量	单价	合价
	213-2-3	环氧钢筋锚杆	kg				
	213-4	混凝土框格梁					
	213-4-1	C20 混凝土	m³				
	213-4-2	C25 混凝土	m³				
	213-4-3	C30 混凝土	m³				
	213-4-4	C35 混凝土	m³				
	213-4-5	C40 混凝土	m³				
	213-6	钢筋					
	213-6-1	光圆钢筋	kg				
	213-6-2	带肋钢筋	kg				
	208-5	植物护坡					
	208-5-2	播植（喷播）草灌	m²				
	208-5-5	TBS 生态植被（挂网客土喷混植草）					
	208-5-5-1	厚 5cm~8cm	m²				
	208-5-5-2	厚 10cm~12cm	m²				
SD020210		框格+预应力锚索+植草（TBS 生态植被等）	m³				
	213-1	预应力锚索					
	213-1-1	预应力钢绞线	kg				
	213-1-2	无黏结预应力钢绞线	kg				
	213-4	混凝土框格梁					
	213-4-1	C20 混凝土	m³				
	213-4-2	C25 混凝土	m³				
	213-4-3	C30 混凝土	m³				
	213-4-4	C35 混凝土	m³				
	213-4-5	C40 混凝土	m³				
	213-5	混凝土锚固板（墩）					
	213-5-1	C20 混凝土	m³				
	213-5-2	C25 混凝土	m³				
	213-5-3	C30 混凝土	m³				
	213-5-4	C35 混凝土	m³				
	213-5-5	C40 混凝土	m³				
	213-6	钢筋					
	213-6-1	光圆钢筋	kg				
	213-6-2	带肋钢筋	kg				

附表3 分项清单编码格式文件衔接示例

续上表

要素费用项目编码	清单子目编码	工程或费用名称（或清单子目名称）	单位	设计工程量	清单工程量	单价	合价
	208-5	植物护坡					
	208-5-2	播植(喷播)草灌	m²				
	208-5-5	TBS生态植被(挂网客土喷混植草)					
	208-5-5-1	厚5cm~8cm	m²				
	208-5-5-2	厚10cm~12cm	m²				
SD020211		边坡柔性防护	m²				
SD02021101		主动防护系统	m²				
	502-3	洞口坡面防护					
	502-3-13	主动防护系统	m²				
SD02021102		主动防护系统+系统锚杆	m²				
	502-3	洞口坡面防护					
	502-3-13	主动防护系统	m²				
	502-3-11	砂浆锚杆					
	502-3-11-1	φ22mm砂浆锚杆	m				
	502-3-11-2	φ25mm砂浆锚杆	m				
	502-3-11-3	φ28mm砂浆锚杆	m				
	502-3-11-4	φ32mm砂浆锚杆	m				
SD02021103		主动防护系统+预应力锚索	m²				
	502-3	洞口坡面防护					
	502-3-13	主动防护系统	m²				
	213-1	预应力锚索					
	213-1-1	预应力钢绞线	kg				
	213-1-2	无黏结预应力钢绞线	kg				
	213-5	混凝土锚固板(墩)					
	213-5-1	C20混凝土	m³				
	213-5-2	C25混凝土	m³				
	213-5-3	C30混凝土	m³				
	213-5-4	C35混凝土	m³				
	213-5-5	C40混凝土	m³				
	213-6	钢筋					
	213-6-1	光圆钢筋	kg				
	213-6-2	带肋钢筋	kg				
SD02021104		主动防护系统+系统锚杆+植草(TBS生态植被等)	m²				
	502-3	洞口坡面防护					

255

续上表

要素费用项目编码	清单子目编码	工程或费用名称(或清单子目名称)	单位	设计工程量	清单工程量	单价	合价
	502-3-13	主动防护系统	m²				
	502-3-11	砂浆锚杆					
	502-3-11-1	φ22mm 砂浆锚杆	m				
	502-3-11-2	φ25mm 砂浆锚杆	m				
	502-3-11-3	φ28mm 砂浆锚杆	m				
	502-3-11-4	φ32mm 砂浆锚杆	m				
	208-5	植物护坡					
	208-5-2	播植(喷播)草灌	m²				
	208-5-5	TBS生态植被(挂网客土喷混植草)					
	208-5-5-1	厚 5cm~8cm	m²				
	208-5-5-2	厚 10cm~12cm	m²				
SD02021105		主动防护系统+预应力锚索+植草(TBS生态植被等)	m²				
	502-3	洞口坡面防护					
	502-3-13	主动防护系统	m²				
	213-1	预应力锚索					
	213-1-1	预应力钢绞线	kg				
	213-1-2	无黏结预应力钢绞线	kg				
	213-5	混凝土锚固板(墩)					
	213-5-1	C20 混凝土	m³				
	213-5-2	C25 混凝土	m³				
	213-5-3	C30 混凝土	m³				
	213-5-4	C35 混凝土	m³				
	213-5-5	C40 混凝土	m³				
	213-6	钢筋					
	213-6-1	光圆钢筋	kg				
	213-6-2	带肋钢筋	kg				
	208-5	植物护坡					
	208-5-2	播植(喷播)草灌	m²				
	208-5-5	TBS生态植被(挂网客土喷混植草)					
	208-5-5-1	厚 5cm~8cm	m²				
	208-5-5-2	厚 10cm~12cm	m²				
SD02021106		被动防护系统	m²				
	502-3	洞口坡面防护					
	502-3-14	被动防护系统	m²				

附表 3　分项清单编码格式文件衔接示例

续上表

要素费用项目编码	清单子目编码	工程或费用名称（或清单子目名称）	单位	设计工程量	清单工程量	单价	合价
SD02021107		覆盖式引导防护系统	m²				
	208-9	坡面柔性防护					
	208-9-3	覆盖式引导防护系统	m²				
SD020212		预制安装混凝土护坡	m³				
	502-3-3	预制安装混凝土护坡					
	502-3-3-1	C20 混凝土	m³				
	502-3-3-2	C25 混凝土	m³				
	502-3-3-3	C30 混凝土	m³				
	502-3-3-4	C35 混凝土	m³				
	502-3-3-5	C40 混凝土	m³				
	502-3-9	钢筋					
	502-3-9-1	光圆钢筋	kg				
	502-3-9-2	带肋钢筋	kg				
SD020213		浆砌片石护坡	m³				
	502-3-1	浆砌片石护坡					
	502-3-1-1	M7.5 浆砌片石	m³				
	502-3-1-2	M10 浆砌片石	m³				
SD020214		现浇混凝土护坡	m³				
	502-3-2	现浇混凝土护坡					
	502-3-2-1	C15 混凝土	m³				
	502-3-2-2	C20 混凝土	m³				
	502-3-2-3	C25 混凝土	m³				
	502-3-2-4	C30 混凝土	m³				
	502-3-9	钢筋					
	502-3-9-1	光圆钢筋	kg				
	502-3-9-2	带肋钢筋	kg				
SD020215		挂网锚喷混凝土防护边坡	m²				
	502-3-4	喷射混凝土护坡					
	502-3-4-1	C20 喷射混凝土	m³				
	502-3-4-2	C25 喷射混凝土	m³				
	212-2-3	铁丝网	kg				
	212-2-4	土工格栅	m²				
	212-2-5	锚杆	kg				
	502-3-10	钢筋网	kg				
	502-3-11	砂浆锚杆					

续上表

要素费用项目编码	清单子目编码	工程或费用名称（或清单子目名称）	单位	设计工程量	清单工程量	单价	合价
	502-3-11-1	φ22mm 砂浆锚杆	m				
	502-3-11-2	φ25mm 砂浆锚杆	m				
	502-3-11-3	φ28mm 砂浆锚杆	m				
	502-3-11-4	φ32mm 砂浆锚杆	m				
SD020216		检查踏步	m³				
	502-3-2	现浇混凝土护坡					
	502-3-2-1	C15 混凝土	m³				
	502-3-2-2	C20 混凝土	m³				
	502-3-2-3	C25 混凝土	m³				
	502-3-2-4	C30 混凝土	m³				
SD020217		中空注浆锚杆	m				
	502-3-12	中空注浆锚杆					
	502-3-12-1	φ22mm 中空注浆锚杆	m				
	502-3-12-2	φ25mm 中空注浆锚杆	m				
	502-3-12-3	φ28mm 中空注浆锚杆	m				
	502-3-12-4	φ32mm 中空注浆锚杆	m				
SD020218		地表注浆加固	m³				
	208	护坡、护面墙					
	208-10	地表注浆	m³				
	213	预应力锚索边坡加固					
	213-3	钢(花)管	m				
SD020219		仰斜式排水孔	m				
	207-10	仰斜式排水孔					
	207-10-1	钻孔	m				
	207-10-2	排水管	m				
	207-10-3	软式透水管	m				
SD020220		挡土墙	m³/m				
	502-3-7	混凝土挡土墙					
	502-3-7-1	C15 混凝土	m³				
	502-3-7-2	C20 混凝土	m³				
	502-3-7-3	C25 混凝土	m³				
	502-3-7-4	C30 混凝土	m³				
	502-3-9	钢筋					
	502-3-9-1	光圆钢筋	kg				
	502-3-9-2	带肋钢筋	kg				

附表3 分项清单编码格式文件衔接示例

续上表

要素费用项目编码	清单子目编码	工程或费用名称（或清单子目名称）	单位	设计工程量	清单工程量	单价	合价
SD020221		抗滑桩	m³/m				
	214-1	现浇混凝土桩					
	214-1-1	混凝土					
	214-1-1-1	C20 混凝土	m³				
	214-1-1-2	C25 混凝土	m³				
	214-1-1-3	C30 混凝土	m³				
	214-1-1-4	C35 混凝土	m³				
	214-1-1-5	C40 混凝土	m³				
	214-1-1-6	声测管	kg				
	214-2	挡土板（墙）					
	214-2-1	混凝土					
	214-2-1-1	C20 混凝土	m³				
	214-2-1-2	C25 混凝土	m³				
	214-2-1-3	C30 混凝土	m³				
	214-2-1-4	C35 混凝土	m³				
	214-2-1-5	C40 混凝土	m³				
	214-3	钢筋					
	214-3-1	光圆钢筋	kg				
	214-3-2	带肋钢筋	kg				
	214-4	锚杆					
	214-4-1	钢筋锚杆	kg				
	214-4-2	预应力钢筋锚杆	kg				
SD020222		护面墙	m³				
SD02022201		浆砌片（块）石护面墙	m³				
	502-3-5	浆砌护面墙					
	502-3-5-1	M7.5 浆砌片石	m³				
	502-3-5-2	M10 浆砌片石	m³				
	502-3-5-3	M7.5 浆砌块石	m³				
	502-3-5-4	M10 浆砌块石	m³				
	502-3-5-5	压顶混凝土	m³				
SD02022202		现浇混凝土护面墙	m³				
	502-3-6	现浇混凝土护面墙					
	502-3-6-1	C15 混凝土	m³				
	502-3-6-2	C20 混凝土	m³				
	502-3-6-3	C25 混凝土	m³				

续上表

要素费用项目编码	清单子目编码	工程或费用名称（或清单子目名称）	单位	设计工程量	清单工程量	单价	合价
	502-3-6-4	C30 混凝土	m³				
SD020223		封面、捶面	m²				
SD02022301		封面	m²				
	208-7	封面					
	208-7-1	封面	m²				
SD02022302		捶面	m²				
	208-8	捶面					
	208-8-1	捶面	m²				
SD03		洞门建筑、装饰	m³/座				
SD0301		浆砌洞门墙	m³/座				
	502-4-3	浆砌片粗料石（块石）					
	502-4-3-1	M7.5 浆砌块石	m³				
	502-4-3-2	M10 浆砌块石	m³				
	502-4-3-3	M7.5 浆砌料石	m³				
	502-4-3-4	M10 浆砌料石	m³				
SD0302		混凝土洞门墙	m³/座				
	502-4-1	现浇混凝土					
	502-4-1-1	C15 混凝土	m³				
	502-4-1-2	C20 混凝土	m³				
	502-4-1-3	C25 混凝土	m³				
	502-4-1-4	C30 混凝土	m³				
	502-4-2	预制安装混凝土块					
	502-4-2-1	C20 混凝土	m³				
	502-4-2-2	C25 混凝土	m³				
	502-4-2-3	C30 混凝土	m³				
	502-4-2-4	C35 混凝土	m³				
	502-4-5	钢筋					
	502-4-5-1	光圆钢筋	kg				
	502-4-5-2	带肋钢筋	kg				
SD0303		洞门墙装饰	m³/座				
	502-4-4	洞门墙装修					
	502-4-4-1	花岗岩贴面（厚…mm）	m²				
	502-4-4-2	料石贴面（厚…mm）	m²				
	502-4-4-3	瓷砖贴面（厚…mm）	m²				
	502-4-6	隧道铭牌	处				

附表3 分项清单编码格式文件衔接示例

续上表

要素费用项目编码	清单子目编码	工程或费用名称（或清单子目名称）	单位	设计工程量	清单工程量	单价	合价
SD04		明洞修筑	m				
SD0401		混凝土衬砌	m³				
	502-5	明洞衬砌					
	502-5-1	现浇混凝土					
	502-5-1-1	C10 混凝土	m³				
	502-5-1-2	C15 混凝土	m³				
	502-5-1-3	C20 混凝土	m³				
	502-5-1-4	C25 混凝土	m³				
	502-5-1-5	C30 混凝土	m³				
	502-5-1-6	C35 混凝土	m³				
	502-5-1-7	C40 混凝土	m³				
	502-5-1-8	C15 片石混凝土	m³				
	502-5-1-9	C20 片石混凝土	m³				
SD0402		钢筋	t				
	502-5-4	钢筋					
	502-5-4-1	光圆钢筋	kg				
	502-5-4-2	带肋钢筋	kg				
SD0403		洞顶回填	m³				
SD040301		防水层	m²				
SD040302		土石方回填	m³				
	502-7	洞顶回填					
	502-7-2	回填					
	502-7-2-1	土石方回填	m³				
SD040303		浆砌片石回填	m³				
	502-7	洞顶回填					
	502-7-2	回填					
	502-7-2-2	浆砌片石回填	m³				
SD0404		遮光棚（板）	m				
	502-6	遮光棚（板）					
	502-6-1	混凝土					
	502-6-1-1	C15 混凝土	m³				
	502-6-1-2	C20 混凝土	m³				
	502-6-1-3	C25 混凝土	m³				
	502-6-1-4	C30 混凝土	m³				
	502-6-2	钢筋					

续上表

要素费用项目编码	清单子目编码	工程或费用名称（或清单子目名称）	单位	设计工程量	清单工程量	单价	合价
	502-6-2-1	光圆钢筋	kg				
	502-6-2-2	带肋钢筋	kg				
	502-6-3	钢拱架	kg				
	502-6-4	遮光板	m²				
SD05		洞身工程（开挖及支护）	m/m²				
SD0501		Ⅰ级围岩	m/m²				
SD050101		洞身开挖	m³/m				
	503-1	洞身开挖					
	503-1-1	洞身开挖（不含竖井、斜井）	m³				
SD050102		洞身衬砌	m³/m				
SD05010201		现浇混凝土	m³/m				
	504-1	洞身衬砌					
	504-1-2	现浇混凝土					
	504-1-2-1	C20 混凝土	m³				
	504-1-2-2	C25 混凝土	m³				
	504-1-2-3	C30 混凝土	m³				
	504-1-2-4	C35 混凝土	m³				
	504-1-2-5	C40 混凝土	m³				
	504-1-3	防水混凝土					
	504-1-3-1	C20 防水混凝土	m³				
	504-1-3-2	C25 防水混凝土	m³				
	504-1-3-3	C30 防水混凝土	m³				
	504-1-3-4	C35 防水混凝土	m³				
	504-1-3-5	C40 防水混凝土	m³				
SD05010202		钢筋	t/m				
	504-1	洞身衬砌					
	504-1-1	钢筋					
	504-1-1-1	光圆钢筋	kg				
	504-1-1-2	带肋钢筋	kg				
SD05010203		浆砌片块石	m³				
	504-1	洞身衬砌					
	504-1-4	浆砌料石					
	504-1-4-1	M7.5 浆砌料石	m³				
	504-1-4-2	M10 浆砌料石	m³				
	504-1-5	浆砌块石					

附表3 分项清单编码格式文件衔接示例

续上表

要素费用项目编码	清单子目编码	工程或费用名称（或清单子目名称）	单位	设计工程量	清单工程量	单价	合价
	504-1-5-1	M7.5浆砌块石	m³				
	504-1-5-2	M10浆砌块石	m³				
SD050103		仰拱	m³/m				
SD05010301		仰拱混凝土	m³/m				
	504-2	仰拱、铺底混凝土					
	504-2-1	现浇混凝土仰拱					
	504-2-1-1	C15混凝土	m³				
	504-2-1-2	C20混凝土	m³				
	504-2-1-3	C25混凝土	m³				
	504-2-1-4	C30混凝土	m³				
SD05010302		仰拱回填混凝土	m³/m				
	504-2-2	现浇混凝土仰拱回填					
	504-2-2-1	C15混凝土	m³				
	504-2-2-2	C20混凝土	m³				
	504-2-2-3	C25混凝土	m³				
	504-2-2-4	C30混凝土	m³				
	504-2-3	铺底混凝土					
	504-2-3-1	C10混凝土	m³				
	504-2-3-2	C15混凝土	m³				
	504-2-3-3	C20混凝土	m³				
	504-2-3-4	C15片石混凝土	m³				
	504-2-3-5	C20片石混凝土	m³				
SD05010303		钢筋	t/m				
	504-1-1	钢筋					
	504-1-1-1	光圆钢筋	kg				
	504-1-1-2	带肋钢筋	kg				
SD050104		注浆小导管	m				
	503	洞身开挖					
	503-7	注浆小导管	m				
SD050105		管棚	m				
	503-2	洞身支护					
	503-2-1	基础钢管桩(管棚支护)	m				
	503-6	管棚	m				
SD050106		锚杆	m				
SD05010601		砂浆锚杆	m				

263

续上表

要素费用项目编码	清单子目编码	工程或费用名称（或清单子目名称）	单位	设计工程量	清单工程量	单价	合价
	503-8	砂浆锚杆					
	503-8-1	φ22mm 砂浆锚杆	m				
	503-8-2	φ25mm 砂浆锚杆	m				
	503-8-3	φ28mm 砂浆锚杆	m				
	503-8-4	φ32mm 砂浆锚杆	m				
SD05010602		药锚杆	m				
	503-9	药锚杆					
	503-9-1	φ22mm 药包锚杆	m				
	503-9-2	φ25mm 药包锚杆	m				
	503-9-3	φ28mm 药包锚杆	m				
	503-9-4	φ32mm 药包锚杆	m				
SD05010603		中空注浆锚杆	m				
	503-10	中空注浆锚杆					
	503-10-1	φ22mm 中空注浆锚杆	m				
	503-10-2	φ25mm 中空注浆锚杆	m				
	503-10-3	φ28mm 中空注浆锚杆	m				
	503-10-4	φ32mm 中空注浆锚杆	m				
SD05010604		自进式锚杆	m				
	503-11	自进式锚杆					
	503-11-1	φ22mm 自进式锚杆	m				
	503-11-2	φ25mm 自进式锚杆	m				
	503-11-3	φ28mm 自进式锚杆	m				
	503-11-4	φ32mm 自进式锚杆	m				
SD05010605		预应力锚杆	m				
	503-12	预应力锚杆					
	503-12-1	φ22mm 预应力锚杆	m				
	503-12-2	φ25mm 预应力锚杆	m				
	503-12-3	φ28mm 预应力锚杆	m				
	503-12-4	φ32mm 预应力锚杆	m				
SD050107		钢拱架(支撑)	t/m				
SD05010701		型钢支架	t/m				
	503	洞身开挖					
	503-15	型钢支架	kg				
	503-5	钢筋					
	503-5-1	光圆钢筋	kg				

附表3 分项清单编码格式文件衔接示例

续上表

要素费用项目编码	清单子目编码	工程或费用名称（或清单子目名称）	单位	设计工程量	清单工程量	单价	合价
	503-5-2	带肋钢筋	kg				
SD05010702		格栅支架	t/m				
	503	洞身开挖					
	503-16	钢筋格栅	kg				
	503-5	钢筋					
	503-5-1	光圆钢筋	kg				
	503-5-2	带肋钢筋	kg				
SD050108		注浆工程	m³/m				
	503	洞身开挖					
	503-18	围岩注浆	m³				
SD050109		套拱混凝土	m³				
	503-2-2	套拱混凝土					
	503-2-2-1	C15 混凝土	m³				
	503-2-2-2	C20 混凝土	m³				
	503-2-2-3	C25 混凝土	m³				
	503-2-2-4	C30 混凝土	m³				
SD050110		孔口管	t				
	503	洞身开挖					
	503-3	孔口管	m				
SD050111		喷射混凝土	m³/m				
	503-14	喷射混凝土					
	503-14-1	C20 喷射混凝土	m³				
	503-14-2	C25 喷射混凝土	m³				
SD050112		钢筋网	t/m				
	503	洞身开挖					
	503-13	钢筋网	kg				
SD050113		侧壁导坑	m³/m				
SD050114		预埋注浆管	m				
SD0502		Ⅱ级围岩	m/m²				
SD050201		洞身开挖	m³/m				
	503-1	洞身开挖					
	503-1-1	洞身开挖（不含竖井、斜井）	m³				
SD050202		洞身衬砌	m³/m				
SD05020201		现浇混凝土	m³/m				
	504-1	洞身衬砌					

续上表

要素费用项目编码	清单子目编码	工程或费用名称（或清单子目名称）	单位	设计工程量	清单工程量	单价	合价
	504-1-2	现浇混凝土					
	504-1-2-1	C20 混凝土	m³				
	504-1-2-2	C25 混凝土	m³				
	504-1-2-3	C30 混凝土	m³				
	504-1-2-4	C35 混凝土	m³				
	504-1-2-5	C40 混凝土	m³				
	504-1-3	防水混凝土					
	504-1-3-1	C20 防水混凝土	m³				
	504-1-3-2	C25 防水混凝土	m³				
	504-1-3-3	C30 防水混凝土	m³				
	504-1-3-4	C35 防水混凝土	m³				
	504-1-3-5	C40 防水混凝土	m³				
SD05020202		钢筋	t/m				
	504-1	洞身衬砌					
	504-1-1	钢筋					
	504-1-1-1	光圆钢筋	kg				
	504-1-1-2	带肋钢筋	kg				
SD05020203		浆砌片块石	m³				
	504-1	洞身衬砌					
	504-1-4	浆砌料石					
	504-1-4-1	M7.5 浆砌料石	m³				
	504-1-4-2	M10 浆砌料石	m³				
	504-1-5	浆砌块石					
	504-1-5-1	M7.5 浆砌块石	m³				
	504-1-5-2	M10 浆砌块石	m³				
SD050203		仰拱	m³/m				
SD05020301		仰拱混凝土	m³/m				
	504-2	仰拱、铺底混凝土					
	504-2-1	现浇混凝土仰拱					
	504-2-1-1	C15 混凝土	m³				
	504-2-1-2	C20 混凝土	m³				
	504-2-1-3	C25 混凝土	m³				
	504-2-1-4	C30 混凝土	m³				
SD05020302		仰拱回填混凝土	m³/m				
	504-2-2	现浇混凝土仰拱回填					

附表3 分项清单编码格式文件衔接示例

续上表

要素费用项目编码	清单子目编码	工程或费用名称（或清单子目名称）	单位	设计工程量	清单工程量	单价	合价
	504-2-2-1	C15 混凝土	m³				
	504-2-2-2	C20 混凝土	m³				
	504-2-2-3	C25 混凝土	m³				
	504-2-2-4	C30 混凝土	m³				
	504-2-3	铺底混凝土					
	504-2-3-1	C10 混凝土	m³				
	504-2-3-2	C15 混凝土	m³				
	504-2-3-3	C20 混凝土	m³				
	504-2-3-4	C15 片石混凝土	m³				
	504-2-3-5	C20 片石混凝土	m³				
SD05020303		钢筋	t/m				
	504-1-1	钢筋					
	504-1-1-1	光圆钢筋	kg				
	504-1-1 2	带肋钢筋	kg				
SD050204		注浆小导管	m				
	503	洞身开挖					
	503-7	注浆小导管	m				
SD050205		管棚	m				
	503-2	洞身支护					
	503-2-1	基础钢管桩（管棚支护）	m				
	503-6	管棚	m				
SD050206		锚杆	m				
SD05020601		砂浆锚杆	m				
	503-8	砂浆锚杆					
	503-8-1	φ22mm 砂浆锚杆	m				
	503-8-2	φ25mm 砂浆锚杆	m				
	503-8-3	φ28mm 砂浆锚杆	m				
	503-8-4	φ32mm 砂浆锚杆	m				
SD05020602		药锚杆	m				
	503-9	药锚杆					
	503-9-1	φ22mm 药包锚杆	m				
	503-9-2	φ25mm 药包锚杆	m				
	503-9-3	φ28mm 药包锚杆	m				
	503-9-4	φ32mm 药包锚杆	m				
SD05020603		中空注浆锚杆	m				

续上表

要素费用项目编码	清单子目编码	工程或费用名称（或清单子目名称）	单位	设计工程量	清单工程量	单价	合价
	503-10	中空注浆锚杆					
	503-10-1	φ22mm 中空注浆锚杆	m				
	503-10-2	φ25mm 中空注浆锚杆	m				
	503-10-3	φ28mm 中空注浆锚杆	m				
	503-10-4	φ32mm 中空注浆锚杆	m				
SD05020604		自进式锚杆	m				
	503-11	自进式锚杆					
	503-11-1	φ22mm 自进式锚杆	m				
	503-11-2	φ25mm 自进式锚杆	m				
	503-11-3	φ28mm 自进式锚杆	m				
	503-11-4	φ32mm 自进式锚杆	m				
SD05020605		预应力锚杆	m				
	503-12	预应力锚杆					
	503-12-1	φ22mm 预应力锚杆	m				
	503-12-2	φ25mm 预应力锚杆	m				
	503-12-3	φ28mm 预应力锚杆	m				
	503-12-4	φ32mm 预应力锚杆	m				
SD050207		钢拱架(支撑)	t/m				
SD05020701		型钢支架	t/m				
	503	洞身开挖					
	503-15	型钢支架	kg				
	503-5	钢筋					
	503-5-1	光圆钢筋	kg				
	503-5-2	带肋钢筋	kg				
SD05020702		格栅支架	t/m				
	503	洞身开挖					
	503-16	钢筋格栅	kg				
	503-5	钢筋					
	503-5-1	光圆钢筋	kg				
	503-5-2	带肋钢筋	kg				
SD050208		注浆工程	m^3/m				
	503	洞身开挖					
	503-18	围岩注浆	m^3				
SD050209		套拱混凝土	m^3				
	503-2-2	套拱混凝土					

附表3 分项清单编码格式文件衔接示例

续上表

要素费用项目编码	清单子目编码	工程或费用名称（或清单子目名称）	单位	设计工程量	清单工程量	单价	合价
	503-2-2-1	C15 混凝土	m³				
	503-2-2-2	C20 混凝土	m³				
	503-2-2-3	C25 混凝土	m³				
	503-2-2-4	C30 混凝土	m³				
SD050210		孔口管	t				
	503	洞身开挖					
	503-3	孔口管	m				
SD050211		喷射混凝土	m³/m				
	503-14	喷射混凝土					
	503-14-1	C20 喷射混凝土	m³				
	503-14-2	C25 喷射混凝土	m³				
SD050212		钢筋网	t/m				
	503	洞身开挖					
	503-13	钢筋网	kg				
SD050213		侧壁导坑	m³/m				
SD050214		预埋注浆管	m				
SD0503		Ⅲ级围岩	m/m²				
SD050301		洞身开挖	m³/m				
	503-1	洞身开挖					
	503-1-1	洞身开挖（不含竖井、斜井）	m³				
SD050302		洞身衬砌	m³/m				
SD05030201		现浇混凝土	m³/m				
	504-1	洞身衬砌					
	504-1-2	现浇混凝土					
	504-1-2-1	C20 混凝土	m³				
	504-1-2-2	C25 混凝土	m³				
	504-1-2-3	C30 混凝土	m³				
	504-1-2-4	C35 混凝土	m³				
	504-1-2-5	C40 混凝土	m³				
	504-1-3	防水混凝土					
	504-1-3-1	C20 防水混凝土	m³				
	504-1-3-2	C25 防水混凝土	m³				
	504-1-3-3	C30 防水混凝土	m³				
	504-1-3-4	C35 防水混凝土	m³				
	504-1-3-5	C40 防水混凝土	m³				

续上表

要素费用项目编码	清单子目编码	工程或费用名称（或清单子目名称）	单位	设计工程量	清单工程量	单价	合价
SD05030202		钢筋	t/m				
	504-1	洞身衬砌					
	504-1-1	钢筋					
	504-1-1-1	光圆钢筋	kg				
	504-1-1-2	带肋钢筋	kg				
SD05030203		浆砌片块石	m³				
	504-1	洞身衬砌					
	504-1-4	浆砌料石					
	504-1-4-1	M7.5 浆砌料石	m³				
	504-1-4-2	M10 浆砌料石	m³				
	504-1-5	浆砌块石					
	504-1-5-1	M7.5 浆砌块石	m³				
	504-1-5-2	M10 浆砌块石	m³				
SD050303		仰拱	m³/m				
SD05030301		仰拱混凝土	m³/m				
	504-2	仰拱、铺底混凝土					
	504-2-1	现浇混凝土仰拱					
	504-2-1-1	C15 混凝土	m³				
	504-2-1-2	C20 混凝土	m³				
	504-2-1-3	C25 混凝土	m³				
	504-2-1-4	C30 混凝土	m³				
SD05030302		仰拱回填混凝土	m³/m				
	504-2-2	现浇混凝土仰拱回填					
	504-2-2-1	C15 混凝土	m³				
	504-2-2-2	C20 混凝土	m³				
	504-2-2-3	C25 混凝土	m³				
	504-2-2-4	C30 混凝土	m³				
	504-2-3	铺底混凝土					
	504-2-3-1	C10 混凝土	m³				
	504-2-3-2	C15 混凝土	m³				
	504-2-3-3	C20 混凝土	m³				
	504-2-3-4	C15 片石混凝土	m³				
	504-2-3-5	C20 片石混凝土	m³				
SD05030303		钢筋	t/m				
	504-1-1	钢筋					

续上表

要素费用项目编码	清单子目编码	工程或费用名称（或清单子目名称）	单位	设计工程量	清单工程量	单价	合价
	504-1-1-1	光圆钢筋	kg				
	504-1-1-2	带肋钢筋	kg				
SD050304		注浆小导管	m				
	503	洞身开挖					
	503-7	注浆小导管	m				
SD050305		管棚	m				
	503-2	洞身支护					
	503-2-1	基础钢管桩(管棚支护)	m				
	503-6	管棚	m				
SD050306		锚杆	m				
SD05030601		砂浆锚杆	m				
	503-8	砂浆锚杆					
	503-8-1	ϕ22mm 砂浆锚杆	m				
	503-8-2	ϕ25mm 砂浆锚杆	m				
	503-8-3	ϕ28mm 砂浆锚杆	m				
	503-8-4	ϕ32mm 砂浆锚杆	m				
SD05030602		药锚杆	m				
	503-9	药锚杆					
	503-9-1	ϕ22mm 药包锚杆	m				
	503-9-2	ϕ25mm 药包锚杆	m				
	503-9-3	ϕ28mm 药包锚杆	m				
	503-9-4	ϕ32mm 药包锚杆	m				
SD05030603		中空注浆锚杆	m				
	503-10	中空注浆锚杆					
	503-10-1	ϕ22mm 中空注浆锚杆	m				
	503-10-2	ϕ25mm 中空注浆锚杆	m				
	503-10-3	ϕ28mm 中空注浆锚杆	m				
	503-10-4	ϕ32mm 中空注浆锚杆	m				
SD05030604		自进式锚杆	m				
	503-11	自进式锚杆					
	503-11-1	ϕ22mm 自进式锚杆	m				
	503-11-2	ϕ25mm 自进式锚杆	m				
	503-11-3	ϕ28mm 自进式锚杆	m				
	503-11-4	ϕ32mm 自进式锚杆	m				
SD05030605		预应力锚杆	m				

续上表

要素费用项目编码	清单子目编码	工程或费用名称（或清单子目名称）	单位	设计工程量	清单工程量	单价	合价
	503-12	预应力锚杆					
	503-12-1	φ22mm 预应力锚杆	m				
	503-12-2	φ25mm 预应力锚杆	m				
	503-12-3	φ28mm 预应力锚杆	m				
	503-12-4	φ32mm 预应力锚杆	m				
SD050307		钢拱架（支撑）	t/m				
SD05030701		型钢支架	t/m				
	503	洞身开挖					
	503-15	型钢支架	kg				
	503-5	钢筋					
	503-5-1	光圆钢筋	kg				
	503-5-2	带肋钢筋	kg				
SD05030702		格栅支架	t/m				
	503	洞身开挖					
	503-16	钢筋格栅	kg				
	503-5	钢筋					
	503-5-1	光圆钢筋	kg				
	503-5-2	带肋钢筋	kg				
SD050308		注浆工程	m^3/m				
	503	洞身开挖					
	503-18	围岩注浆	m^3				
SD050309		套拱混凝土	m^3				
	503-2-2	套拱混凝土					
	503-2-2-1	C15 混凝土	m^3				
	503-2-2-2	C20 混凝土	m^3				
	503-2-2-3	C25 混凝土	m^3				
	503-2-2-4	C30 混凝土	m^3				
SD050310		孔口管	t				
	503	洞身开挖					
	503-3	孔口管	m				
SD050311		喷射混凝土	m^3/m				
	503-14	喷射混凝土					
	503-14-1	C20 喷射混凝土	m^3				
	503-14-2	C25 喷射混凝土	m^3				
SD050312		钢筋网	t/m				

续上表

要素费用项目编码	清单子目编码	工程或费用名称（或清单子目名称）	单位	设计工程量	清单工程量	单价	合价
	503	洞身开挖					
	503-13	钢筋网	kg				
SD050313		侧壁导坑	m³/m				
SD050314		预埋注浆管	m				
SD0504		Ⅳ级围岩	m/m²				
SD050401		洞身开挖	m³/m				
	503-1	洞身开挖					
	503-1-1	洞身开挖(不含竖井、斜井)	m³				
SD050402		洞身衬砌	m³/m				
SD05040201		现浇混凝土	m³/m				
	504-1	洞身衬砌					
	504-1-2	现浇混凝土					
	504-1-2-1	C20 混凝土	m³				
	504-1-2-2	C25 混凝土	m³				
	504-1-2-3	C30 混凝土	m³				
	504-1-2-4	C35 混凝土	m³				
	504-1-2-5	C40 混凝土	m³				
	504-1-3	防水混凝土					
	504-1-3-1	C20 防水混凝土	m³				
	504-1-3-2	C25 防水混凝土	m³				
	504-1-3-3	C30 防水混凝土	m³				
	504-1-3-4	C35 防水混凝土	m³				
	504-1-3-5	C40 防水混凝土	m³				
SD05040202		钢筋	t/m				
	504-1	洞身衬砌					
	504-1-1	钢筋					
	504-1-1-1	光圆钢筋	kg				
	504-1-1-2	带肋钢筋	kg				
SD05040203		浆砌片块石	m³				
	504-1	洞身衬砌					
	504-1-4	浆砌料石					
	504-1-4-1	M7.5 浆砌料石	m³				
	504-1-4-2	M10 浆砌料石	m³				
	504-1-5	浆砌块石					
	504-1-5-1	M7.5 浆砌块石	m³				

续上表

要素费用项目编码	清单子目编码	工程或费用名称（或清单子目名称）	单位	设计工程量	清单工程量	单价	合价
	504-1-5-2	M10 浆砌块石	m³				
SD050403		仰拱	m³/m				
SD05040301		仰拱混凝土	m³/m				
	504-2	仰拱、铺底混凝土					
	504-2-1	现浇混凝土仰拱					
	504-2-1-1	C15 混凝土	m³				
	504-2-1-2	C20 混凝土	m³				
	504-2-1-3	C25 混凝土	m³				
	504-2-1-4	C30 混凝土	m³				
SD05040302		仰拱回填混凝土	m³/m				
	504-2-2	现浇混凝土仰拱回填					
	504-2-2-1	C15 混凝土	m³				
	504-2-2-2	C20 混凝土	m³				
	504-2-2-3	C25 混凝土	m³				
	504-2-2-4	C30 混凝土	m³				
	504-2-3	铺底混凝土					
	504-2-3-1	C10 混凝土	m³				
	504-2-3-2	C15 混凝土	m³				
	504-2-3-3	C20 混凝土	m³				
	504-2-3-4	C15 片石混凝土	m³				
	504-2-3-5	C20 片石混凝土	m³				
SD05040303		钢筋	t/m				
	504-1-1	钢筋					
	504-1-1-1	光圆钢筋	kg				
	504-1-1-2	带肋钢筋	kg				
SD050404		注浆小导管	m				
	503	洞身开挖					
	503-7	注浆小导管	m				
SD050405		管棚	m				
	503-2	洞身支护					
	503-2-1	基础钢管桩(管棚支护)	m				
	503-6	管棚	m				
SD050406		锚杆	m				
SD05040601		砂浆锚杆	m				
	503-8	砂浆锚杆					

续上表

要素费用项目编码	清单子目编码	工程或费用名称（或清单子目名称）	单位	设计工程量	清单工程量	单价	合价
	503-8-1	φ22mm 砂浆锚杆	m				
	503-8-2	φ25mm 砂浆锚杆	m				
	503-8-3	φ28mm 砂浆锚杆	m				
	503-8-4	φ32mm 砂浆锚杆	m				
SD05040602		药锚杆	m				
	503-9	药锚杆					
	503-9-1	φ22mm 药包锚杆	m				
	503-9-2	φ25mm 药包锚杆	m				
	503-9-3	φ28mm 药包锚杆	m				
	503-9-4	φ32mm 药包锚杆	m				
SD05040603		中空注浆锚杆	m				
	503-10	中空注浆锚杆					
	503-10-1	φ22mm 中空注浆锚杆	m				
	503-10-2	φ25mm 中空注浆锚杆	m				
	503-10-3	φ28mm 中空注浆锚杆	m				
	503-10-4	φ32mm 中空注浆锚杆	m				
SD05040604		自进式锚杆	m				
	503-11	自进式锚杆					
	503-11-1	φ22mm 自进式锚杆	m				
	503-11-2	φ25mm 自进式锚杆	m				
	503-11-3	φ28mm 自进式锚杆	m				
	503-11-4	φ32mm 自进式锚杆	m				
SD05040605		预应力锚杆	m				
	503-12	预应力锚杆					
	503-12-1	φ22mm 预应力锚杆	m				
	503-12-2	φ25mm 预应力锚杆	m				
	503-12-3	φ28mm 预应力锚杆	m				
	503-12-4	φ32mm 预应力锚杆	m				
SD050407		钢拱架（支撑）	t/m				
SD05040701		型钢支架	t/m				
	503	洞身开挖					
	503-15	型钢支架	kg				
	503-5	钢筋					
	503-5-1	光圆钢筋	kg				
	503-5-2	带肋钢筋	kg				

续上表

要素费用项目编码	清单子目编码	工程或费用名称（或清单子目名称）	单位	设计工程量	清单工程量	单价	合价
SD05040702		格栅支架	t/m				
	503	洞身开挖					
	503-16	钢筋格栅	kg				
	503-5	钢筋					
	503-5-1	光圆钢筋	kg				
	503-5-2	带肋钢筋	kg				
SD050408		注浆工程	m³/m				
	503	洞身开挖					
	503-18	围岩注浆	m³				
SD050409		套拱混凝土	m³				
	503-2-2	套拱混凝土					
	503-2-2-1	C15 混凝土	m³				
	503-2-2-2	C20 混凝土	m³				
	503-2-2-3	C25 混凝土	m³				
	503-2-2-4	C30 混凝土	m³				
SD050410		孔口管	t				
	503	洞身开挖					
	503-3	孔口管	m				
SD050411		喷射混凝土	m³/m				
	503-14	喷射混凝土					
	503-14-1	C20 喷射混凝土	m³				
	503-14-2	C25 喷射混凝土	m³				
SD050412		钢筋网	t/m				
	503	洞身开挖					
	503-13	钢筋网	kg				
SD050413		侧壁导坑	m³/m				
SD050414		预埋注浆管	m				
SD0505		V级围岩	m/m²				
SD050501		洞身开挖	m³/m				
	503-1	洞身开挖					
	503-1-1	洞身开挖（不含竖井、斜井）	m³				
SD050502		洞身衬砌	m³/m				
SD05050201		现浇混凝土	m³/m				
	504-1	洞身衬砌					
	504-1-2	现浇混凝土					

附表3 分项清单编码格式文件衔接示例

续上表

要素费用项目编码	清单子目编码	工程或费用名称（或清单子目名称）	单位	设计工程量	清单工程量	单价	合价
	504-1-2-1	C20 混凝土	m³				
	504-1-2-2	C25 混凝土	m³				
	504-1-2-3	C30 混凝土	m³				
	504-1-2-4	C35 混凝土	m³				
	504-1-2-5	C40 混凝土	m³				
	504-1-3	防水混凝土					
	504-1-3-1	C20 防水混凝土	m³				
	504-1-3-2	C25 防水混凝土	m³				
	504-1-3-3	C30 防水混凝土	m³				
	504-1-3-4	C35 防水混凝土	m³				
	504-1-3-5	C40 防水混凝土	m³				
SD05050202		钢筋	t/m				
	504-1	洞身衬砌					
	504-1-1	钢筋					
	504-1-1-1	光圆钢筋	kg				
	504-1-1-2	带肋钢筋	kg				
SD05050203		浆砌片块石	m³				
	504-1	洞身衬砌					
	504-1-4	浆砌料石					
	504-1-4-1	M7.5 浆砌料石	m³				
	504-1-4-2	M10 浆砌料石	m³				
	504-1-5	浆砌块石					
	504-1-5-1	M7.5 浆砌块石	m³				
	504-1-5-2	M10 浆砌块石	m³				
SD050503		仰拱	m³/m				
SD05050301		仰拱混凝土	m³/m				
	504-2	仰拱、铺底混凝土					
	504-2-1	现浇混凝土仰拱					
	504-2-1-1	C15 混凝土	m³				
	504-2-1-2	C20 混凝土	m³				
	504-2-1-3	C25 混凝土	m³				
	504-2-1-4	C30 混凝土	m³				
SD05050302		仰拱回填混凝土	m³/m				
	504-2-2	现浇混凝土仰拱回填					
	504-2-2-1	C15 混凝土	m³				

续上表

要素费用项目编码	清单子目编码	工程或费用名称（或清单子目名称）	单位	设计工程量	清单工程量	单价	合价
	504-2-2-2	C20 混凝土	m³				
	504-2-2-3	C25 混凝土	m³				
	504-2-2-4	C30 混凝土	m³				
	504-2-3	铺底混凝土					
	504-2-3-1	C10 混凝土	m³				
	504-2-3-2	C15 混凝土	m³				
	504-2-3-3	C20 混凝土	m³				
	504-2-3-4	C15 片石混凝土	m³				
	504-2-3-5	C20 片石混凝土	m³				
SD05050303		钢筋	t/m				
	504-1-1	钢筋					
	504-1-1-1	光圆钢筋	kg				
	504-1-1-2	带肋钢筋	kg				
SD050504		注浆小导管	m				
	503	洞身开挖					
	503-7	注浆小导管	m				
SD050505		管棚	m				
	503-2	洞身支护					
	503-2-1	基础钢管桩（管棚支护）	m				
	503-6	管棚	m				
SD050506		锚杆	m				
SD05050601		砂浆锚杆	m				
	503-8	砂浆锚杆					
	503-8-1	φ22mm 砂浆锚杆	m				
	503-8-2	φ25mm 砂浆锚杆	m				
	503-8-3	φ28mm 砂浆锚杆	m				
	503-8-4	φ32mm 砂浆锚杆	m				
SD05050602		药锚杆	m				
	503-9	药锚杆					
	503-9-1	φ22mm 药包锚杆	m				
	503-9-2	φ25mm 药包锚杆	m				
	503-9-3	φ28mm 药包锚杆	m				
	503-9-4	φ32mm 药包锚杆	m				
SD05050603		中空注浆锚杆	m				
	503-10	中空注浆锚杆					

附表3 分项清单编码格式文件衔接示例

续上表

要素费用项目编码	清单子目编码	工程或费用名称（或清单子目名称）	单位	设计工程量	清单工程量	单价	合价
	503-10-1	φ22mm 中空注浆锚杆	m				
	503-10-2	φ25mm 中空注浆锚杆	m				
	503-10-3	φ28mm 中空注浆锚杆	m				
	503-10-4	φ32mm 中空注浆锚杆	m				
SD05050604		自进式锚杆	m				
	503-11	自进式锚杆					
	503-11-1	φ22mm 自进式锚杆	m				
	503-11-2	φ25mm 自进式锚杆	m				
	503-11-3	φ28mm 自进式锚杆	m				
	503-11-4	φ32mm 自进式锚杆	m				
SD05050605		预应力锚杆	m				
	503-12	预应力锚杆					
	503-12-1	φ22mm 预应力锚杆	m				
	503-12-2	φ25mm 预应力锚杆	m				
	503-12-3	φ28mm 预应力锚杆	m				
	503-12-4	φ32mm 预应力锚杆	m				
SD050507		钢拱架（支撑）	t/m				
SD05050701		型钢支架	t/m				
	503	洞身开挖					
	503-5	钢筋					
	503-5-1	光圆钢筋	kg				
	503-5-2	带肋钢筋	kg				
	503-15	型钢支架	kg				
SD05050702		格栅支架	t/m				
	503	洞身开挖					
	503-16	钢筋格栅	kg				
	503-5	钢筋					
	503-5-1	光圆钢筋	kg				
	503-5-2	带肋钢筋	kg				
SD050508		注浆工程	m^3/m				
	503	洞身开挖					
	503-18	围岩注浆	m^3				
SD050509		套拱混凝土	m^3				
	503-2-2	套拱混凝土					
	503-2-2-1	C15 混凝土	m^3				

续上表

要素费用项目编码	清单子目编码	工程或费用名称（或清单子目名称）	单位	设计工程量	清单工程量	单价	合价
	503-2-2-2	C20 混凝土	m³				
	503-2-2-3	C25 混凝土	m³				
	503-2-2-4	C30 混凝土	m³				
SD050510		孔口管	t				
	503	洞身开挖					
	503-3	孔口管	m				
SD050511		喷射混凝土	m³/m				
	503-14	喷射混凝土					
	503-14-1	C20 喷射混凝土	m³				
	503-14-2	C25 喷射混凝土	m³				
SD050512		钢筋网	t/m				
	503	洞身开挖					
	503-13	钢筋网	kg				
SD050513		侧壁导坑	m³/m				
SD050514		预埋注浆管	m				
SD0506		Ⅵ级围岩	m/m²				
SD050601		洞身开挖	m³/m				
	503-1	洞身开挖					
	503-1-1	洞身开挖(不含竖井、斜井)	m³				
SD050602		洞身衬砌	m³/m				
SD05060201		现浇混凝土	m³/m				
	504-1	洞身衬砌					
	504-1-2	现浇混凝土					
	504-1-2-1	C20 混凝土	m³				
	504-1-2-2	C25 混凝土	m³				
	504-1-2-3	C30 混凝土	m³				
	504-1-2-4	C35 混凝土	m³				
	504-1-2-5	C40 混凝土	m³				
	504-1-3	防水混凝土					
	504-1-3-1	C20 防水混凝土	m³				
	504-1-3-2	C25 防水混凝土	m³				
	504-1-3-3	C30 防水混凝土	m³				
	504-1-3-4	C35 防水混凝土	m³				
	504-1-3-5	C40 防水混凝土	m³				
SD05060202		钢筋	t/m				

附表3 分项清单编码格式文件衔接示例

续上表

要素费用项目编码	清单子目编码	工程或费用名称（或清单子目名称）	单位	设计工程量	清单工程量	单价	合价
	504-1	洞身衬砌					
	504-1-1	钢筋					
	504-1-1-1	光圆钢筋	kg				
	504-1-1-2	带肋钢筋	kg				
SD05060203		浆砌片块石	m³				
	504-1	洞身衬砌					
	504-1-4	浆砌料石					
	504-1-4-1	M7.5浆砌料石	m³				
	504-1-4-2	M10浆砌料石	m³				
	504-1-5	浆砌块石					
	504-1-5-1	M7.5浆砌块石	m³				
	504-1-5-2	M10浆砌块石	m³				
SD050603		仰拱	m³/m				
SD05060301		仰拱混凝土	m³/m				
	504-2	仰拱、铺底混凝土					
	504-2-1	现浇混凝土仰拱					
	504-2-1-1	C15混凝土	m³				
	504-2-1-2	C20混凝土	m³				
	504-2-1-3	C25混凝土	m³				
	504-2-1-4	C30混凝土	m³				
SD05060302		仰拱回填混凝土	m³/m				
	504-2-2	现浇混凝土仰拱回填					
	504-2-2-1	C15混凝土	m³				
	504-2-2-2	C20混凝土	m³				
	504-2-2-3	C25混凝土	m³				
	504-2-2-4	C30混凝土	m³				
	504-2-3	铺底混凝土					
	504-2-3-1	C10混凝土	m³				
	504-2-3-2	C15混凝土	m³				
	504-2-3-3	C20混凝土	m³				
	504-2-3-4	C15片石混凝土	m³				
	504-2-3-5	C20片石混凝土	m³				
SD05060303		钢筋	t/m				
	504-1-1	钢筋					
	504-1-1-1	光圆钢筋	kg				

续上表

要素费用项目编码	清单子目编码	工程或费用名称（或清单子目名称）	单位	设计工程量	清单工程量	单价	合价
	504-1-1-2	带肋钢筋	kg				
SD050604		注浆小导管	m				
	503	洞身开挖					
	503-7	注浆小导管	m				
SD050605		管棚	m				
	503-2	洞身支护					
	503-2-1	基础钢管桩（管棚支护）	m				
	503-6	管棚	m				
SD050606		锚杆	m				
SD05060601		砂浆锚杆	m				
	503-8	砂浆锚杆					
	503-8-1	ϕ22mm 砂浆锚杆	m				
	503-8-2	ϕ25mm 砂浆锚杆	m				
	503-8-3	ϕ28mm 砂浆锚杆	m				
	503-8-4	ϕ32mm 砂浆锚杆	m				
SD05060602		药锚杆	m				
	503-9	药锚杆					
	503-9-1	ϕ22mm 药包锚杆	m				
	503-9-2	ϕ25mm 药包锚杆	m				
	503-9-3	ϕ28mm 药包锚杆	m				
	503-9-4	ϕ32mm 药包锚杆	m				
SD05060603		中空注浆锚杆	m				
	503-10	中空注浆锚杆					
	503-10-1	ϕ22mm 中空注浆锚杆	m				
	503-10-2	ϕ25mm 中空注浆锚杆	m				
	503-10-3	ϕ28mm 中空注浆锚杆	m				
	503-10-4	ϕ32mm 中空注浆锚杆	m				
SD05060604		自进式锚杆	m				
	503-11	自进式锚杆					
	503-11-1	ϕ22mm 自进式锚杆	m				
	503-11-2	ϕ25mm 自进式锚杆	m				
	503-11-3	ϕ28mm 自进式锚杆	m				
	503-11-4	ϕ32mm 自进式锚杆	m				
SD05060605		预应力锚杆	m				
	503-12	预应力锚杆					

续上表

要素费用项目编码	清单子目编码	工程或费用名称（或清单子目名称）	单位	设计工程量	清单工程量	单价	合价
	503-12-1	φ22mm 预应力锚杆	m				
	503-12-2	φ25mm 预应力锚杆	m				
	503-12-3	φ28mm 预应力锚杆	m				
	503-12-4	φ32mm 预应力锚杆	m				
SD050607		钢拱架(支撑)	t/m				
SD05060701		型钢支架	t/m				
	503	洞身开挖					
	503-15	型钢支架	kg				
	503-5	钢筋					
	503-5-1	光圆钢筋	kg				
	503-5-2	带肋钢筋	kg				
SD05060702		格栅支架	t/m				
	503	洞身开挖					
	503-16	钢筋格栅	kg				
	503-5	钢筋					
	503-5-1	光圆钢筋	kg				
	503-5-2	带肋钢筋	kg				
SD050608		注浆工程	m³/m				
	503	洞身开挖					
	503-18	围岩注浆	m³				
SD050609		套拱混凝土	m³				
	503-2-2	套拱混凝土					
	503-2-2-1	C15 混凝土	m³				
	503-2-2-2	C20 混凝土	m³				
	503-2-2-3	C25 混凝土	m³				
	503-2-2-4	C30 混凝土	m³				
SD050610		孔口管	t				
	503	洞身开挖					
	503-3	孔口管	m				
SD050611		喷射混凝土	m³/m				
	503-14	喷射混凝土					
	503-14-1	C20 喷射混凝土	m³				
	503-14-2	C25 喷射混凝土	m³				
SD050612		钢筋网	t/m				
	503	洞身开挖					

续上表

要素费用项目编码	清单子目编码	工程或费用名称(或清单子目名称)	单位	设计工程量	清单工程量	单价	合价
	503-13	钢筋网	kg				
SD050613		侧壁导坑	m^3/m				
SD050614		预埋注浆管	m				
SD06		洞内路面	m^2				
SD0601		水泥混凝土路面	m^2				
SD060101		水泥混凝土垫层	m^3				
	504-5	洞内路面					
	504-5-3	水泥混凝土垫层					
	504-5-3-1	C10 混凝土	m^3				
	504-5-3-2	C15 混凝土	m^3				
	504-5-3-3	C20 混凝土	m^3				
SD060102		水泥混凝土面层	m^3				
	504-5-2	水泥混凝土面层					
	504-5-2-1	C20 混凝土	m^3				
	504-5-2-2	C25 混凝土	m^3				
	504-5-2-3	C30 混凝土	m^3				
	504-5-2-4	C35 混凝土	m^3				
	504-5-2-5	C40 混凝土	m^3				
SD060103		钢筋	t				
	504-5	洞内路面					
	504-5-1	钢筋					
	504-5-1-1	光圆钢筋	kg				
	504-5-1-2	带肋钢筋	kg				
SD07		洞内管沟	m^3/m				
SD0701		现浇混凝土沟槽	m^3/m				
	504-3-1	现浇混凝土沟槽					
	504-3-1-1	C15 混凝土	m^3				
	504-3-1-2	C20 混凝土	m^3				
	504-3-1-3	C25 混凝土	m^3				
	504-3-1-4	C30 混凝土	m^3				
	504-3-1-5	C35 混凝土	m^3				
	504-3-1-6	C40 混凝土	m^3				
	504-3-5	铸铁盖板	kg				
	504-3-6	复合材料盖板	套				
SD0702		预制安装混凝土沟槽	m^3/m				

附表3 分项清单编码格式文件衔接示例

续上表

要素费用项目编码	清单子目编码	工程或费用名称（或清单子目名称）	单位	设计工程量	清单工程量	单价	合价
	504-3-2	预制安装混凝土沟槽					
	504-3-2-1	C20 混凝土	m³				
	504-3-2-2	C25 混凝土	m³				
	504-3-2-3	C30 混凝土	m³				
	504-3-2-4	C35 混凝土	m³				
	504-3-2-5	C40 混凝土	m³				
	504-3-3	预制安装混凝土沟槽盖板					
	504-3-3-1	C20 混凝土	m³				
	504-3-3-2	C25 混凝土	m³				
	504-3-3-3	C30 混凝土	m³				
	504-3-3-4	C35 混凝土	m³				
	504-3-3-5	C40 混凝土	m³				
	504-3-5	铸铁盖板	kg				
	504-3-6	复合材料盖板	套				
SD0703		钢筋	t/m				
	504-3-4	钢筋					
	504-3-4-1	光圆钢筋	kg				
	504-3-4-2	带肋钢筋	kg				
SD0704		电缆保护管	m				
	504-3	边沟、电缆沟混凝土					
	504-3-7	电缆保护管	m				
SD08		防水与排水	m				
SD0801		排水管	m				
SD080101		混凝土排水管	m				
	505-1-2	混凝土排水管					
	505-1-2-1	φ150mm 钢筋混凝土排水管	m				
	505-1-2-2	φ300mm 钢筋混凝土排水管	m				
	505-1-2-3	φ400mm 钢筋混凝土排水管	m				
SD080102		塑料排水管	m				
SD08010201		PVC 排水管	m				
	505-1	防水与排水					
	505-1-3	PVC 排水管	m				
SD08010202		HDPE 排水管	m				
	505-1	防水与排水					
	505-1-4	HDPE 排水管	m				

续上表

要素费用项目编码	清单子目编码	工程或费用名称（或清单子目名称）	单位	设计工程量	清单工程量	单价	合价
SD08010203		U形排水管	m				
	505-1	防水与排水					
	505-1-5	U形排水管	m				
SD08010204		Ω形排水管	m				
	505-1	防水与排水					
	505-1-6	Ω形排水管	m				
SD080103		金属排水管	m				
	505-1	防水与排水					
	505-1-1	金属材料	kg				
SD0802		防水板	m^2/m				
	505-1	防水与排水					
	505-1-8	防水板	m^2				
SD0803		止水带、条	m				
	505-1-9	止水带					
	505-1-9-1	沉降缝止水带	m				
	505-1-9-2	背贴式止水带	m				
	505-1-10	止水条	m				
SD0804		注浆	m^3/m				
	505-1-13	注浆					
	505-1-13-1	水泥	t				
	505-1-13-2	水玻璃原液	m^3				
SD0805		涂料防水层	m^2/m				
	505-1	防水与排水					
	505-1-11	涂料防水层	m^2				
SD0806		防水卷材	m^2/m				
	505-1	防水与排水					
	505-1-12	防水卷材	m^2				
SD09		洞室门	个				
SD0901		车行横洞洞门	个				
	504-4	洞室门					
	504-4-1	车行横洞洞门	个				
SD0902		人行横洞洞门	个				
	504-4	洞室门					
	504-4-2	人行横洞洞门	个				
SD0903		边墙设施洞门	个				

附表3 分项清单编码格式文件衔接示例

续上表

要素费用项目编码	清单子目编码	工程或费用名称（或清单子目名称）	单位	设计工程量	清单工程量	单价	合价
	504-4	洞室门					
	504-4-3	边墙设施洞门	个				
SD10		洞内装饰及防火涂料	m²/m				
SD1001		洞内防火涂料	m²/m				
SD100101		喷涂防火涂料	m²				
	506-1	洞内防火涂料					
	506-1-1	喷涂防火涂料	m²				
SD100102		防火板	m²				
	506-1	洞内防火涂料					
	506-1-2	防火板	m²				
SD100103		顶隔板	m²				
	506-1	洞内防火涂料					
	506-1-3	顶隔板	m²				
SD1002		洞内装饰工程					
SD100201		墙面装饰	m²/m				
	506-2	洞内装饰工程					
	506-2-1	墙面装饰	m²				
SD100202		喷涂混凝土专用漆	m²/m				
	506-2	洞内装饰工程					
	506-2-2	喷涂混凝土专用漆	m²				
SD100203		吊顶	m²/m				
	506-2	洞内装饰工程					
	506-2-3	吊顶	m²				
SD11		洞内机电、消防等设施及预埋件	m				
SD1101		预埋件	t				
	510	洞内机电、消防等设施预埋件					
	510-1	预埋件	kg				
SD1102		供水钢管($\phi\cdots$mm)	m				
	510-2	消防设施					
	510-2-1	供水钢管($\phi\cdots$mm)	m				
SD1103		消防洞室防火门	套				
	510-2	消防设施					
	510-2-2	消防洞室防火门	套				
SD12		辅助坑道	m/m²				
SD1201		斜井	m				

续上表

要素费用项目编码	清单子目编码	工程或费用名称（或清单子目名称）	单位	设计工程量	清单工程量	单价	合价
	503	洞身开挖					
	503-1	洞身开挖					
	503-1-3	斜井洞身开挖	m³				
	503-2	洞身支护					
	503-2-1	基础钢管桩（管棚支护）	m				
	503-2-2	套拱混凝土					
	503-2-2-1	C15 混凝土	m³				
	503-2-2-2	C20 混凝土	m³				
	503-2-2-3	C25 混凝土	m³				
	503-2-2-4	C30 混凝土	m³				
	503-3	孔口管	m				
	503-4	套拱钢架	kg				
	503-5	钢筋					
	503-5-1	光圆钢筋	kg				
	503-5-2	带肋钢筋	kg				
	503-6	管棚	m				
	503-7	注浆小导管	m				
	503-8	砂浆锚杆					
	503-8-1	φ22mm 砂浆锚杆	m				
	503-8-2	φ25mm 砂浆锚杆	m				
	503-8-3	φ28mm 砂浆锚杆	m				
	503-8-4	φ32mm 砂浆锚杆	m				
	503-9	药锚杆					
	503-9-1	φ22mm 药包锚杆	m				
	503-9-2	φ25mm 药包锚杆	m				
	503-9-3	φ28mm 药包锚杆	m				
	503-9-4	φ32mm 药包锚杆	m				
	503-10	中空注浆锚杆					
	503-10-1	φ22mm 中空注浆锚杆	m				
	503-10-2	φ25mm 中空注浆锚杆	m				
	503-10-3	φ28mm 中空注浆锚杆	m				
	503-10-4	φ32mm 中空注浆锚杆	m				
	503-11	自进式锚杆					
	503-11-1	φ22mm 自进式锚杆	m				
	503-11-2	φ25mm 自进式锚杆	m				

续上表

要素费用项目编码	清单子目编码	工程或费用名称（或清单子目名称）	单位	设计工程量	清单工程量	单价	合价
	503-11-3	ϕ28mm 自进式锚杆	m				
	503-11-4	ϕ32mm 自进式锚杆	m				
	503-12	预应力锚杆					
	503-12-1	ϕ22mm 预应力锚杆	m				
	503-12-2	ϕ25mm 预应力锚杆	m				
	503-12-3	ϕ28mm 预应力锚杆	m				
	503-12-4	ϕ32mm 预应力锚杆	m				
	503-13	钢筋网	kg				
	503-14	喷射混凝土					
	503-14-1	C20 喷射混凝土	m^3				
	503-14-2	C25 喷射混凝土	m^3				
	503-15	型钢支架	kg				
	503-16	钢筋格栅	kg				
	503-17	木材支护	m^3				
	503-18	围岩注浆	m^3				
	504	洞身衬砌					
	504-1	洞身衬砌					
	504-1-1	钢筋					
	504-1-1-1	光圆钢筋	kg				
	504-1-1-2	带肋钢筋	kg				
	504-1-2	现浇混凝土					
	504-1-2-1	C20 混凝土	m^3				
	504-1-2-2	C25 混凝土	m^3				
	504-1-2-3	C30 混凝土	m^3				
	504-1-2-4	C35 混凝土	m^3				
	504-1-2-5	C40 混凝土	m^3				
	504-1-3	防水混凝土					
	504-1-3-1	C20 防水混凝土	m^3				
	504-1-3-2	C25 防水混凝土	m^3				
	504-1-3-3	C30 防水混凝土	m^3				
	504-1-3-4	C35 防水混凝土	m^3				
	504-1-3-5	C40 防水混凝土	m^3				
	504-1-4	浆砌料石					
	504-1-4-1	M7.5 浆砌料石	m^3				
	504-1-4-2	M10 浆砌料石	m^3				

续上表

要素费用项目编码	清单子目编码	工程或费用名称（或清单子目名称）	单位	设计工程量	清单工程量	单价	合价
	504-1-5	浆砌块石					
	504-1-5-1	M7.5 浆砌块石	m^3				
	504-1-5-2	M10 浆砌块石	m^3				
	504-2	仰拱、铺底混凝土					
	504-2-1	现浇混凝土仰拱					
	504-2-1-1	C15 混凝土	m^3				
	504-2-1-2	C20 混凝土	m^3				
	504-2-1-3	C25 混凝土	m^3				
	504-2-1-4	C30 混凝土	m^3				
	504-2-2	现浇混凝土仰拱回填					
	504-2-2-1	C15 混凝土	m^3				
	504-2-2-2	C20 混凝土	m^3				
	504-2-2-3	C25 混凝土	m^3				
	504-2-2-4	C30 混凝土	m^3				
	504-2-3	铺底混凝土					
	504-2-3-1	C10 混凝土	m^3				
	504-2-3-2	C15 混凝土	m^3				
	504-2-3-3	C20 混凝土	m^3				
	504-2-3-4	C15 片石混凝土	m^3				
	504-2-3-5	C20 片石混凝土	m^3				
	504-3	边沟、电缆沟混凝土					
	504-3-1	现浇混凝土沟槽					
	504-3-1-1	C15 混凝土	m^3				
	504-3-1-2	C20 混凝土	m^3				
	504-3-1-3	C25 混凝土	m^3				
	504-3-1-4	C30 混凝土	m^3				
	504-3-1-5	C35 混凝土	m^3				
	504-3-1-6	C40 混凝土	m^3				
	504-3-2	预制安装混凝土沟槽					
	504-3-2-1	C20 混凝土	m^3				
	504-3-2-2	C25 混凝土	m^3				
	504-3-2-3	C30 混凝土	m^3				
	504-3-2-4	C35 混凝土	m^3				
	504-3-2-5	C40 混凝土	m^3				
	504-3-3	预制安装混凝土沟槽盖板					

续上表

要素费用项目编码	清单子目编码	工程或费用名称（或清单子目名称）	单位	设计工程量	清单工程量	单价	合价
	504-3-3-1	C20 混凝土	m³				
	504-3-3-2	C25 混凝土	m³				
	504-3-3-3	C30 混凝土	m³				
	504-3-3-4	C35 混凝土	m³				
	504-3-3-5	C40 混凝土	m³				
	504-3-4	钢筋					
	504-3-4-1	光圆钢筋	kg				
	504-3-4-2	带肋钢筋	kg				
	504-3-5	铸铁盖板	kg				
	504-3-6	复合材料盖板	套				
	504-3-7	电缆保护管	m				
	504-4	洞室门					
	504-4-1	车行横洞洞门	个				
	504-4-2	人行横洞洞门	个				
	504-4-3	边墙设施洞门	个				
	504-5	洞内路面					
	504-5-1	钢筋					
	504-5-1-1	光圆钢筋	kg				
	504-5-1-2	带肋钢筋	kg				
	504-5-2	水泥混凝土面层					
	504-5-2-1	C20 混凝土	m³				
	504-5-2-2	C25 混凝土	m³				
	504-5-2-3	C30 混凝土	m³				
	504-5-2-4	C35 混凝土	m³				
	504-5-2-5	C40 混凝土	m³				
	504-5-3	水泥混凝土垫层					
	504-5-3-1	C10 混凝土	m³				
	504-5-3-2	C15 混凝土	m³				
	504-5-3-3	C20 混凝土	m³				
	505	防水与排水					
	505-1	防水与排水					
	505-1-1	金属材料	kg				
	505-1-2	混凝土排水管					
	505-1-2-1	φ150mm 钢筋混凝土排水管	m				
	505-1-2-2	φ300mm 钢筋混凝土排水管	m				

续上表

要素费用项目编码	清单子目编码	工程或费用名称（或清单子目名称）	单位	设计工程量	清单工程量	单价	合价
	505-1-2-3	φ400mm 钢筋混凝土排水管	m				
	505-1-3	PVC 排水管	m				
	505-1-4	HDPE 排水管	m				
	505-1-5	U 形排水管	m				
	505-1-6	Ω 形排水管	m				
	505-1-7	沉沙井	个				
	505-1-8	防水板	m^2				
	505-1-9	止水带					
	505-1-9-1	沉降缝止水带	m				
	505-1-9-2	背贴式止水带	m				
	505-1-10	止水条	m				
	505-1-11	涂料防水层	m^2				
	505-1-12	防水卷材					
	505-1-13	注浆					
	505-1-13-1	水泥	t				
	505-1-13-2	水玻璃原液	m^3				
SD1202		竖井	m				
	503	洞身开挖					
	503-1	洞身开挖					
	503-1-2	竖井洞身开挖	m^3				
	503-2	洞身支护					
	503-2-1	基础钢管桩（管棚支护）	m				
	503-2-2	套拱混凝土					
	503-2-2-1	C15 混凝土	m^3				
	503-2-2-2	C20 混凝土	m^3				
	503-2-2-3	C25 混凝土	m^3				
	503-2-2-4	C30 混凝土	m^3				
	503-3	孔口管	m				
	503-4	套拱钢架	kg				
	503-5	钢筋					
	503-5-1	光圆钢筋	kg				
	503-5-2	带肋钢筋	kg				
	503-6	管棚	m				
	503-7	注浆小导管	m				
	503-8	砂浆锚杆					

附表3 分项清单编码格式文件衔接示例

续上表

要素费用项目编码	清单子目编码	工程或费用名称（或清单子目名称）	单位	设计工程量	清单工程量	单价	合价
	503-8-1	φ22mm 砂浆锚杆	m				
	503-8-2	φ25mm 砂浆锚杆	m				
	503-8-3	φ28mm 砂浆锚杆	m				
	503-8-4	φ32mm 砂浆锚杆	m				
	503-9	药锚杆					
	503-9-1	φ22mm 药包锚杆	m				
	503-9-2	φ25mm 药包锚杆	m				
	503-9-3	φ28mm 药包锚杆	m				
	503-9-4	φ32mm 药包锚杆	m				
	503-10	中空注浆锚杆					
	503-10-1	φ22mm 中空注浆锚杆	m				
	503-10-2	φ25mm 中空注浆锚杆	m				
	503-10-3	φ28mm 中空注浆锚杆	m				
	503-10-4	φ32mm 中空注浆锚杆	m				
	503-11	自进式锚杆					
	503-11-1	φ22mm 自进式锚杆	m				
	503-11-2	φ25mm 自进式锚杆	m				
	503-11-3	φ28mm 自进式锚杆	m				
	503-11-4	φ32mm 自进式锚杆	m				
	503-12	预应力锚杆					
	503-12-1	φ22mm 预应力锚杆	m				
	503-12-2	φ25mm 预应力锚杆	m				
	503-12-3	φ28mm 预应力锚杆	m				
	503-12-4	φ32mm 预应力锚杆	m				
	503-13	钢筋网	kg				
	503-14	喷射混凝土					
	503-14-1	C20 喷射混凝土	m³				
	503-14-2	C25 喷射混凝土	m³				
	503-15	型钢支架	kg				
	503-16	钢筋格栅	kg				
	503-17	木材支护	m³				
	503-18	围岩注浆	m³				
	504	洞身衬砌					
	504-1	洞身衬砌					
	504-1-1	钢筋					

293

续上表

要素费用项目编码	清单子目编码	工程或费用名称（或清单子目名称）	单位	设计工程量	清单工程量	单价	合价
	504-1-1-1	光圆钢筋	kg				
	504-1-1-2	带肋钢筋	kg				
	504-1-2	现浇混凝土					
	504-1-2-1	C20 混凝土	m³				
	504-1-2-2	C25 混凝土	m³				
	504-1-2-3	C30 混凝土	m³				
	504-1-2-4	C35 混凝土	m³				
	504-1-2-5	C40 混凝土	m³				
	504-1-3	防水混凝土					
	504-1-3-1	C20 防水混凝土	m³				
	504-1-3-2	C25 防水混凝土	m³				
	504-1-3-3	C30 防水混凝土	m³				
	504-1-3-4	C35 防水混凝土	m³				
	504-1-3-5	C40 防水混凝土	m³				
	504-1-4	浆砌料石					
	504-1-4-1	M7.5 浆砌料石	m³				
	504-1-4-2	M10 浆砌料石	m³				
	504-1-5	浆砌块石					
	504-1-5-1	M7.5 浆砌块石	m³				
	504-1-5-2	M10 浆砌块石	m³				
	504-2	仰拱、铺底混凝土					
	504-2-1	现浇混凝土仰拱					
	504-2-1-1	C15 混凝土	m³				
	504-2-1-2	C20 混凝土	m³				
	504-2-1-3	C25 混凝土	m³				
	504-2-1-4	C30 混凝土	m³				
	504-2-2	现浇混凝土仰拱回填					
	504-2-2-1	C15 混凝土	m³				
	504-2-2-2	C20 混凝土	m³				
	504-2-2-3	C25 混凝土	m³				
	504-2-2-4	C30 混凝土	m³				
	504-2-3	铺底混凝土					
	504-2-3-1	C10 混凝土	m³				
	504-2-3-2	C15 混凝土	m³				
	504-2-3-3	C20 混凝土	m³				

附表3　分项清单编码格式文件衔接示例

续上表

要素费用项目编码	清单子目编码	工程或费用名称（或清单子目名称）	单位	设计工程量	清单工程量	单价	合价
	504-2-3-4	C15 片石混凝土	m³				
	504-2-3-5	C20 片石混凝土	m³				
	504-3	边沟、电缆沟混凝土					
	504-3-1	现浇混凝土沟槽					
	504-3-1-1	C15 混凝土	m³				
	504-3-1-2	C20 混凝土	m³				
	504-3-1-3	C25 混凝土	m³				
	504-3-1-4	C30 混凝土	m³				
	504-3-1-5	C35 混凝土	m³				
	504-3-1-6	C40 混凝土	m³				
	504-3-2	预制安装混凝土沟槽					
	504-3-2-1	C20 混凝土	m³				
	504-3-2-2	C25 混凝土	m³				
	504-3-2-3	C30 混凝土	m³				
	504-3-2-4	C35 混凝土	m³				
	504-3-2-5	C40 混凝土	m³				
	504-3-3	预制安装混凝土沟槽盖板					
	504-3-3-1	C20 混凝土	m³				
	504-3-3-2	C25 混凝土	m³				
	504-3-3-3	C30 混凝土	m³				
	504-3-3-4	C35 混凝土	m³				
	504-3-3-5	C40 混凝土	m³				
	504-3-4	钢筋					
	504-3-4-1	光圆钢筋	kg				
	504-3-4-2	带肋钢筋	kg				
	504-3-5	铸铁盖板	kg				
	504-3-6	复合材料盖板	套				
	504-3-7	电缆保护管	m				
	504-4	洞室门					
	504-4-1	车行横洞洞门	个				
	504-4-2	人行横洞洞门	个				
	504-4-3	边墙设施洞门	个				
	504-5	洞内路面					
	504-5-1	钢筋					
	504-5-1-1	光圆钢筋	kg				

续上表

要素费用项目编码	清单子目编码	工程或费用名称（或清单子目名称）	单位	设计工程量	清单工程量	单价	合价
	504-5-1-2	带肋钢筋	kg				
	504-5-2	水泥混凝土面层					
	504-5-2-1	C20 混凝土	m³				
	504-5-2-2	C25 混凝土	m³				
	504-5-2-3	C30 混凝土	m³				
	504-5-2-4	C35 混凝土	m³				
	504-5-2-5	C40 混凝土	m³				
	504-5-3	水泥混凝土垫层					
	504-5-3-1	C10 混凝土	m³				
	504-5-3-2	C15 混凝土	m³				
	504-5-3-3	C20 混凝土	m³				
	505	防水与排水					
	505-1	防水与排水					
	505-1-1	金属材料	kg				
	505-1-2	混凝土排水管					
	505-1-2-1	φ150mm 钢筋混凝土排水管	m				
	505-1-2-2	φ300mm 钢筋混凝土排水管	m				
	505-1-2-3	φ400mm 钢筋混凝土排水管	m				
	505-1-3	PVC 排水管	m				
	505-1-4	HDPE 排水管	m				
	505-1-5	U 形排水管	m				
	505-1-6	Ω 形排水管	m				
	505-1-7	沉沙井	个				
	505-1-8	防水板	m²				
	505-1-9	止水带					
	505-1-9-1	沉降缝止水带	m				
	505-1-9-2	背贴式止水带	m				
	505-1-10	止水条	m				
	505-1-11	涂料防水层	m²				
	505-1-12	防水卷材					
	505-1-13	注浆					
	505-1-13-1	水泥	t				
	505-1-13-2	水玻璃原液	m³				
SD1203		人行横洞	m/处				
	503	洞身开挖					

续上表

要素费用项目编码	清单子目编码	工程或费用名称（或清单子目名称）	单位	设计工程量	清单工程量	单价	合价
	503-1	洞身开挖					
	503-1-2	竖井洞身开挖	m³				
	503-2	洞身支护					
	503-2-1	基础钢管桩（管棚支护）	m				
	503-2-2	套拱混凝土					
	503-2-2-1	C15 混凝土	m³				
	503-2-2-2	C20 混凝土	m³				
	503-2-2-3	C25 混凝土	m³				
	503-2-2-4	C30 混凝土	m³				
	503-3	孔口管	m				
	503-4	套拱钢架	kg				
	503-5	钢筋					
	503-5-1	光圆钢筋	kg				
	503-5-2	带肋钢筋	kg				
	503-6	管棚	m				
	503-7	注浆小导管	m				
	503-8	砂浆锚杆					
	503-8-1	φ22mm 砂浆锚杆	m				
	503-8-2	φ25mm 砂浆锚杆	m				
	503-8-3	φ28mm 砂浆锚杆	m				
	503-8-4	φ32mm 砂浆锚杆	m				
	503-9	药锚杆					
	503-9-1	φ22mm 药包锚杆	m				
	503-9-2	φ25mm 药包锚杆	m				
	503-9-3	φ28mm 药包锚杆	m				
	503-9-4	φ32mm 药包锚杆	m				
	503-10	中空注浆锚杆					
	503-10-1	φ22mm 中空注浆锚杆	m				
	503-10-2	φ25mm 中空注浆锚杆	m				
	503-10-3	φ28mm 中空注浆锚杆	m				
	503-10-4	φ32mm 中空注浆锚杆	m				
	503-11	自进式锚杆					
	503-11-1	φ22mm 自进式锚杆	m				
	503-11-2	φ25mm 自进式锚杆	m				
	503-11-3	φ28mm 自进式锚杆	m				

续上表

要素费用项目编码	清单子目编码	工程或费用名称（或清单子目名称）	单位	设计工程量	清单工程量	单价	合价
	503-11-4	φ32mm 自进式锚杆	m				
	503-12	预应力锚杆					
	503-12-1	φ22mm 预应力锚杆	m				
	503-12-2	φ25mm 预应力锚杆	m				
	503-12-3	φ28mm 预应力锚杆	m				
	503-12-4	φ32mm 预应力锚杆	m				
	503-13	钢筋网	kg				
	503-14	喷射混凝土					
	503-14-1	C20 喷射混凝土	m³				
	503-14-2	C25 喷射混凝土	m³				
	503-15	型钢支架	kg				
	503-16	钢筋格栅	kg				
	503-17	木材支护	m³				
	503-18	围岩注浆	m³				
	504	洞身衬砌					
	504-1	洞身衬砌					
	504-1-1	钢筋					
	504-1-1-1	光圆钢筋	kg				
	504-1-1-2	带肋钢筋	kg				
	504-1-2	现浇混凝土					
	504-1-2-1	C20 混凝土	m³				
	504-1-2-2	C25 混凝土	m³				
	504-1-2-3	C30 混凝土	m³				
	504-1-2-4	C35 混凝土	m³				
	504-1-2-5	C40 混凝土	m³				
	504-1-3	防水混凝土					
	504-1-3-1	C20 防水混凝土	m³				
	504-1-3-2	C25 防水混凝土	m³				
	504-1-3-3	C30 防水混凝土	m³				
	504-1-3-4	C35 防水混凝土	m³				
	504-1-3-5	C40 防水混凝土	m³				
	504-1-4	浆砌料石					
	504-1-4-1	M7.5 浆砌料石	m³				
	504-1-4-2	M10 浆砌料石	m³				
	504-1-5	浆砌块石					

附表3　分项清单编码格式文件衔接示例

续上表

要素费用项目编码	清单子目编码	工程或费用名称（或清单子目名称）	单位	设计工程量	清单工程量	单价	合价
	504-1-5-1	M7.5浆砌块石	m³				
	504-1-5-2	M10浆砌块石	m³				
	504-2	仰拱、铺底混凝土					
	504-2-1	现浇混凝土仰拱					
	504-2-1-1	C15混凝土	m³				
	504-2-1-2	C20混凝土	m³				
	504-2-1-3	C25混凝土	m³				
	504-2-1-4	C30混凝土	m³				
	504-2-2	现浇混凝土仰拱回填					
	504-2-2-1	C15混凝土	m³				
	504-2-2-2	C20混凝土	m³				
	504-2-2-3	C25混凝土	m³				
	504-2-2-4	C30混凝土	m³				
	504-2-3	铺底混凝土					
	504-2-3-1	C10混凝土	m³				
	504-2-3-2	C15混凝土	m³				
	504-2-3-3	C20混凝土	m³				
	504-2-3-4	C15片石混凝土	m³				
	504-2-3-5	C20片石混凝土	m³				
	504-3	边沟、电缆沟混凝土					
	504-3-1	现浇混凝土沟槽					
	504-3-1-1	C15混凝土	m³				
	504-3-1-2	C20混凝土	m³				
	504-3-1-3	C25混凝土	m³				
	504-3-1-4	C30混凝土	m³				
	504-3-1-5	C35混凝土	m³				
	504-3-1-6	C40混凝土	m³				
	504-3-2	预制安装混凝土沟槽					
	504-3-2-1	C20混凝土	m³				
	504-3-2-2	C25混凝土	m³				
	504-3-2-3	C30混凝土	m³				
	504-3-2-4	C35混凝土	m³				
	504-3-2-5	C40混凝土	m³				
	504-3-3	预制安装混凝土沟槽盖板					
	504-3-3-1	C20混凝土	m³				

续上表

要素费用项目编码	清单子目编码	工程或费用名称（或清单子目名称）	单位	设计工程量	清单工程量	单价	合价
	504-3-3-2	C25 混凝土	m³				
	504-3-3-3	C30 混凝土	m³				
	504-3-3-4	C35 混凝土	m³				
	504-3-3-5	C40 混凝土	m³				
	504-3-4	钢筋					
	504-3-4-1	光圆钢筋	kg				
	504-3-4-2	带肋钢筋	kg				
	504-3-5	铸铁盖板	kg				
	504-3-6	复合材料盖板	套				
	504-3-7	电缆保护管	m				
	504-4	洞室门					
	504-4-1	车行横洞洞门	个				
	504-4-2	人行横洞洞门	个				
	504-4-3	边墙设施洞门	个				
	504-5	洞内路面					
	504-5-1	钢筋					
	504-5-1-1	光圆钢筋	kg				
	504-5-1-2	带肋钢筋	kg				
	504-5-2	水泥混凝土面层					
	504-5-2-1	C20 混凝土	m³				
	504-5-2-2	C25 混凝土	m³				
	504-5-2-3	C30 混凝土	m³				
	504-5-2-4	C35 混凝土	m³				
	504-5-2-5	C40 混凝土	m³				
	504-5-3	水泥混凝土垫层					
	504-5-3-1	C10 混凝土	m³				
	504-5-3-2	C15 混凝土	m³				
	504-5-3-3	C20 混凝土	m³				
	505	防水与排水					
	505-1	防水与排水					
	505-1-1	金属材料	kg				
	505-1-2	混凝土排水管					
	505-1-2-1	φ150mm 钢筋混凝土排水管	m				
	505-1-2-2	φ300mm 钢筋混凝土排水管	m				
	505-1-2-3	φ400mm 钢筋混凝土排水管	m				

附表3 分项清单编码格式文件衔接示例

续上表

要素费用项目编码	清单子目编码	工程或费用名称（或清单子目名称）	单位	设计工程量	清单工程量	单价	合价
	505-1-3	PVC 排水管	m				
	505-1-4	HDPE 排水管	m				
	505-1-5	U 形排水管	m				
	505-1-6	Ω 形排水管	m				
	505-1-7	沉沙井	个				
	505-1-8	防水板	m²				
	505-1-9	止水带					
	505-1-9-1	沉降缝止水带	m				
	505-1-9-2	背贴式止水带	m				
	505-1-10	止水条	m				
	505-1-11	涂料防水层	m²				
	505-1-12	防水卷材					
	505-1-13	注浆					
	505-1-13-1	水泥	t				
	505-1-13-2	水玻璃原液	m³				
SD1204		车行横洞	m/处				
	503	洞身开挖					
	503-1	洞身开挖					
	503-1-2	竖井洞身开挖	m³				
	503-2	洞身支护					
	503-2-1	基础钢管桩(管棚支护)	m				
	503-2-2	套拱混凝土					
	503-2-2-1	C15 混凝土	m³				
	503-2-2-2	C20 混凝土	m³				
	503-2-2-3	C25 混凝土	m³				
	503-2-2-4	C30 混凝土	m³				
	503-3	孔口管	m				
	503-4	套拱钢架	kg				
	503-5	钢筋					
	503-5-1	光圆钢筋	kg				
	503-5-2	带肋钢筋	kg				
	503-6	管棚	m				
	503-7	注浆小导管	m				
	503-8	砂浆锚杆					
	503-8-1	φ22mm 砂浆锚杆	m				

301

续上表

要素费用项目编码	清单子目编码	工程或费用名称（或清单子目名称）	单位	设计工程量	清单工程量	单价	合价
	503-8-2	φ25mm 砂浆锚杆	m				
	503-8-3	φ28mm 砂浆锚杆	m				
	503-8-4	φ32mm 砂浆锚杆	m				
	503-9	药锚杆					
	503-9-1	φ22mm 药包锚杆	m				
	503-9-2	φ25mm 药包锚杆	m				
	503-9-3	φ28mm 药包锚杆	m				
	503-9-4	φ32mm 药包锚杆	m				
	503-10	中空注浆锚杆					
	503-10-1	φ22mm 中空注浆锚杆	m				
	503-10-2	φ25mm 中空注浆锚杆	m				
	503-10-3	φ28mm 中空注浆锚杆	m				
	503-10-4	φ32mm 中空注浆锚杆	m				
	503-11	自进式锚杆					
	503-11-1	φ22mm 自进式锚杆	m				
	503-11-2	φ25mm 自进式锚杆	m				
	503-11-3	φ28mm 自进式锚杆	m				
	503-11-4	φ32mm 自进式锚杆	m				
	503-12	预应力锚杆					
	503-12-1	φ22mm 预应力锚杆	m				
	503-12-2	φ25mm 预应力锚杆	m				
	503-12-3	φ28mm 预应力锚杆	m				
	503-12-4	φ32mm 预应力锚杆	m				
	503-13	钢筋网	kg				
	503-14	喷射混凝土					
	503-14-1	C20 喷射混凝土	m³				
	503-14-2	C25 喷射混凝土	m³				
	503-15	型钢支架	kg				
	503-16	钢筋格栅	kg				
	503-17	木材支护	m³				
	503-18	围岩注浆	m³				
	504	洞身衬砌					
	504-1	洞身衬砌					
	504-1-1	钢筋					
	504-1-1-1	光圆钢筋	kg				

续上表

要素费用项目编码	清单子目编码	工程或费用名称（或清单子目名称）	单位	设计工程量	清单工程量	单价	合价
	504-1-1-2	带肋钢筋	kg				
	504-1-2	现浇混凝土					
	504-1-2-1	C20 混凝土	m³				
	504-1-2-2	C25 混凝土	m³				
	504-1-2-3	C30 混凝土	m³				
	504-1-2-4	C35 混凝土	m³				
	504-1-2-5	C40 混凝土	m³				
	504-1-3	防水混凝土					
	504-1-3-1	C20 防水混凝土	m³				
	504-1-3-2	C25 防水混凝土	m³				
	504-1-3-3	C30 防水混凝土	m³				
	504-1-3-4	C35 防水混凝土	m³				
	504-1-3-5	C40 防水混凝土	m³				
	504-1-4	浆砌料石					
	504-1-4-1	M7.5 浆砌料石	m³				
	504-1-4-2	M10 浆砌料石	m³				
	504-1-5	浆砌块石					
	504-1-5-1	M7.5 浆砌块石	m³				
	504-1-5-2	M10 浆砌块石	m³				
	504-2	仰拱、铺底混凝土					
	504-2-1	现浇混凝土仰拱					
	504-2-1-1	C15 混凝土	m³				
	504-2-1-2	C20 混凝土	m³				
	504-2-1-3	C25 混凝土	m³				
	504-2-1-4	C30 混凝土	m³				
	504-2-2	现浇混凝土仰拱回填					
	504-2-2-1	C15 混凝土	m³				
	504-2-2-2	C20 混凝土	m³				
	504-2-2-3	C25 混凝土	m³				
	504-2-2-4	C30 混凝土	m³				
	504-2-3	铺底混凝土					
	504-2-3-1	C10 混凝土	m³				
	504-2-3-2	C15 混凝土	m³				
	504-2-3-3	C20 混凝土	m³				
	504-2-3-4	C15 片石混凝土	m³				

续上表

要素费用项目编码	清单子目编码	工程或费用名称（或清单子目名称）	单位	设计工程量	清单工程量	单价	合价
	504-2-3-5	C20 片石混凝土	m^3				
	504-3	边沟、电缆沟混凝土					
	504-3-1	现浇混凝土沟槽					
	504-3-1-1	C15 混凝土	m^3				
	504-3-1-2	C20 混凝土	m^3				
	504-3-1-3	C25 混凝土	m^3				
	504-3-1-4	C30 混凝土	m^3				
	504-3-1-5	C35 混凝土	m^3				
	504-3-1-6	C40 混凝土	m^3				
	504-3-2	预制安装混凝土沟槽					
	504-3-2-1	C20 混凝土	m^3				
	504-3-2-2	C25 混凝土	m^3				
	504-3-2-3	C30 混凝土	m^3				
	504-3-2-4	C35 混凝土	m^3				
	504-3-2-5	C40 混凝土	m^3				
	504-3-3	预制安装混凝土沟槽盖板					
	504-3-3-1	C20 混凝土	m^3				
	504-3-3-2	C25 混凝土	m^3				
	504-3-3-3	C30 混凝土	m^3				
	504-3-3-4	C35 混凝土	m^3				
	504-3-3-5	C40 混凝土	m^3				
	504-3-4	钢筋					
	504-3-4-1	光圆钢筋	kg				
	504-3-4-2	带肋钢筋	kg				
	504-3-5	铸铁盖板	kg				
	504-3-6	复合材料盖板	套				
	504-3-7	电缆保护管	m				
	504-4	洞室门					
	504-4-1	车行横洞洞门	个				
	504-4-2	人行横洞洞门	个				
	504-4-3	边墙设施洞门	个				
	504-5	洞内路面					
	504-5-1	钢筋					
	504-5-1-1	光圆钢筋	kg				
	504-5-1-2	带肋钢筋	kg				

附表3 分项清单编码格式文件衔接示例

续上表

要素费用项目编码	清单子目编码	工程或费用名称（或清单子目名称）	单位	设计工程量	清单工程量	单价	合价
	504-5-2	水泥混凝土面层					
	504-5-2-1	C20 混凝土	m³				
	504-5-2-2	C25 混凝土	m³				
	504-5-2-3	C30 混凝土	m³				
	504-5-2-4	C35 混凝土	m³				
	504-5-2-5	C40 混凝土	m³				
	504-5-3	水泥混凝土垫层					
	504-5-3-1	C10 混凝土	m³				
	504-5-3-2	C15 混凝土	m³				
	504-5-3-3	C20 混凝土	m³				
	505	防水与排水					
	505-1	防水与排水					
	505-1-1	金属材料	kg				
	505-1-2	混凝土排水管					
	505-1-2-1	φ150mm 钢筋混凝土排水管	m				
	505-1-2-2	φ300mm 钢筋混凝土排水管	m				
	505-1-2-3	φ400mm 钢筋混凝土排水管	m				
	505-1-3	PVC 排水管	m				
	505-1-4	HDPE 排水管	m				
	505-1-5	U 形排水管	m				
	505-1-6	Ω 形排水管	m				
	505-1-7	沉沙井	个				
	505-1-8	防水板	m²				
	505-1-9	止水带					
	505-1-9-1	沉降缝止水带	m				
	505-1-9-2	背贴式止水带	m				
	505-1-10	止水条	m				
	505-1-11	涂料防水层	m²				
	505-1-12	防水卷材					
	505-1-13	注浆					
	505-1-13-1	水泥	t				
	505-1-13-2	水玻璃原液	m³				
SD13		预留洞室	m/处				
SD14		隧道维修加固	m				
SD15		其他	m				

续上表

要素费用项目编码	清单子目编码	工程或费用名称（或清单子目名称）	单位	设计工程量	清单工程量	单价	合价
		……					
10508		隧道沥青路面	m²/m				
SD06		洞内路面	m²				
SD0602		沥青混凝土路面	m³/m²				
SD060201		普通沥青混凝土面层	m³/m²				
SD06020101		细粒式沥青混凝土	m³/m²				
	306-1-1	细粒式沥青混凝土					
	306-1-1-1	厚30mm	m²				
	306-1-1-2	厚40mm	m²				
	306-1-1-3	厚50mm	m²				
	306-1-1-4	厚60mm	m²				
SD06020102		中粒式沥青混凝土	m³/m²				
	306-1-2	中粒式沥青混凝土					
	306-1-2-1	厚40mm	m²				
	306-1-2-2	厚50mm	m²				
	306-1-2-3	厚60mm	m²				
	306-1-2-4	厚70mm	m²				
SD060202		改性沥青混凝土面层	m³/m²				
SD06020201		细粒式改性沥青混凝土	m³/m²				
	306-2-1	细粒式改性沥青混凝土					
	306-2-1-1	厚30mm	m²				
	306-2-1-2	厚40mm	m²				
	306-2-1-3	厚50mm	m²				
	306-2-1-4	厚60mm	m²				
SD06020202		中粒式改性沥青混凝土	m³/m²				
	306-2-2	中粒式改性沥青混凝土					
	306-2-2-1	厚40mm	m²				
	306-2-2-2	厚50mm	m²				
	306-2-2-3	厚60mm	m²				
	306-2-2-4	厚70mm	m²				
SD060203		沥青玛琋脂碎石混合料面层（SMA）	m³/m²				
SD06020301		细粒式沥青玛琋脂碎石混合料面层（SMA）	m³/m²				
	306-3-1	细粒式沥青玛琋脂碎石混合料面层（SMA）					

续上表

要素费用项目编码	清单子目编码	工程或费用名称（或清单子目名称）	单位	设计工程量	清单工程量	单价	合价
	306-3-1-1	厚30mm	m²				
	306-3-1-2	厚40mm	m²				
	306-3-1-3	厚50mm	m²				
	306-3-1-4	厚60mm	m²				
SD06020302		中粒式沥青玛蹄脂碎石混合料面层（SMA）	m³/m²				
	306-3-2	中粒式沥青玛蹄脂碎石混合料面层（SMA）					
	306-3-2-1	厚40mm	m²				
	306-3-2-2	厚50mm	m²				
	306-3-2-3	厚60mm	m²				
	306-3-2-4	厚70mm	m²				
SD060204		黏层、防水黏结层、抛丸	m²				
SD06020401		黏层	m²				
	305	透层、封层、黏层					
	305-2	黏层	m²				
SD06020402		防水黏结层	m²				
	305	透层、封层、黏层					
	305-5	防水黏结层	m²				
SD06020403		抛丸	m²				
	305-6	混凝土表面处理					
	305-6-2	抛丸	m²				
SD06020404		封层	m²				
	305-3	封层					
	305-3-1	石油沥青封层	m²				
	305-3-2	乳化沥青封层	m²				
	305-3-3	改性乳化沥青封层	m²				
	305-3-4	稀浆封层	m²				
	305-3-5	预拌碎石封层	m²				
SD06020405		透封层	m²				
	305	透层、封层、黏层					
	305-4	透封层	m²				
107		交通工程及沿线设施	公路公里				
10701		交通安全设施	公路公里				
JA01		护栏	m				

续上表

要素费用项目编码	清单子目编码	工程或费用名称（或清单子目名称）	单位	设计工程量	清单工程量	单价	合价
JA0101		混凝土、圬工砌体护栏	m³/m				
JA010101		现浇混凝土护栏	m³/m				
	602-1	现浇混凝土护栏					
	602-1-1	C15 混凝土	m³				
	602-1-2	C20 混凝土	m³				
	602-1-3	C25 混凝土	m³				
	602-1-4	C30 混凝土	m³				
	602-4	钢筋					
	602-4-1	光圆钢筋	kg				
	602-4-2	带肋钢筋	kg				
JA010102		预制安装混凝土路栏	m³/m				
	602-2	预制安装混凝土护栏					
	602-2-1	C20 混凝土	m³				
	602-2-2	C25 混凝土	m³				
	602-2-3	C30 混凝土	m³				
	602-2-4	C35 混凝土	m³				
	602-2-5	C40 混凝土	m³				
	602-3	现浇混凝土基础					
	602-3-1	C15 混凝土	m³				
	602-3-2	C20 混凝土	m³				
	602-3-3	C25 混凝土	m³				
	602-3-4	C15 片石混凝土	m³				
	602-3-5	C20 片石混凝土	m³				
	602-4	钢筋					
	602-4-1	光圆钢筋	kg				
	602-4-2	带肋钢筋	kg				
JA010103		石砌护墙	m³/m				
	602-5	石砌护墙					
	602-5-1	M7.5 浆砌片石	m³				
	602-5-2	M10 浆砌片石	m³				
	602-5-3	M7.5 浆砌块石	m³				
	602-5-4	M10 浆砌块石	m³				
JA0102		钢护栏	m				
JA010201		Gr-C-4E	m				
	602-6	路侧波形梁钢护栏					

续上表

要素费用项目编码	清单子目编码	工程或费用名称（或清单子目名称）	单位	设计工程量	清单工程量	单价	合价
	602-6-1	Gr-C-4E	m				
JA010202		Gr-C-2E	m				
	602-6	路侧波形梁钢护栏					
	602-6-2	Gr-C-2E	m				
JA010203		Gr-C-2B1	m				
	602-6	路侧波形梁钢护栏					
	602-6-3	Gr-C-2B1	m				
JA010204		Gr-C-2B2	m				
	602-6	路侧波形梁钢护栏					
	602-6-4	Gr-C-2B2	m				
JA010205		Gr-C-4C	m				
	602-6	路侧波形梁钢护栏					
	602-6-5	Gr-C-4C	m				
JA010206		Gr-C-2C	m				
	602-6	路侧波形梁钢护栏					
	602-6-6	Gr-C-2C	m				
JA010207		Gr-B-2E	m				
	602-6	路侧波形梁钢护栏					
	602-6-7	Gr-B-2E	m				
JA010208		Gr-B-1E	m				
	602-6	路侧波形梁钢护栏					
	602-6-8	Gr-B-1E	m				
JA010209		Gr-B-1B1	m				
	602-6	路侧波形梁钢护栏					
	602-6-9	Gr-B-1B1	m				
JA010210		Gr-B-1B2	m				
	602-6	路侧波形梁钢护栏					
	602-6-10	Gr-B-1B2	m				
JA010211		Gr-B-2C	m				
	602-6	路侧波形梁钢护栏					
	602-6-11	Gr-B-2C	m				
JA010212		Gr-B-1C	m				
	602-6	路侧波形梁钢护栏					
	602-6-12	Gr-B-1C	m				
JA010213		Gr-A-4E	m				

续上表

要素费用项目编码	清单子目编码	工程或费用名称（或清单子目名称）	单位	设计工程量	清单工程量	单价	合价
	602-6	路侧波形梁钢护栏					
	602-6-13	Gr-A-4E	m				
JA010214		Gr-A-2E	m				
	602-6	路侧波形梁钢护栏					
	602-6-14	Gr-A-2E	m				
JA010215		Gr-A-2B1	m				
	602-6	路侧波形梁钢护栏					
	602-6-15	Gr-A-2B1	m				
JA010216		Gr-A-2B2	m				
	602-6	路侧波形梁钢护栏					
	602-6-16	Gr-A-2B2	m				
JA010217		Gr-A-4C	m				
	602-6	路侧波形梁钢护栏					
	602-6-17	Gr-A-4C	m				
JA010218		Gr-A-2C	m				
	602-6	路侧波形梁钢护栏					
	602-6-18	Gr-A-2C	m				
JA010219		Gr-Am-4E	m				
	602-7	中央分隔带波形梁钢护栏					
	602-7-1	Gr-Am-4E	m				
JA010220		Gr-Am-2E	m				
	602-7	中央分隔带波形梁钢护栏					
	602-7-2	Gr-Am-2E	m				
JA010221		Gr-Am-2B1	m				
	602-7	中央分隔带波形梁钢护栏					
	602-7-3	Gr-Am-2B1	m				
JA010222		Gr-Am-2B2	m				
	602-7	中央分隔带波形梁钢护栏					
	602-7-4	Gr-Am-2B2	m				
JA010223		Gr-Am-4C	m				
	602-7	中央分隔带波形梁钢护栏					
	602-7-5	Gr-Am-4C	m				
JA010224		Gr-Am-2C	m				
	602-7	中央分隔带波形梁钢护栏					
	602-7-6	Gr-Am-2C	m				

续上表

附表3　分项清单编码格式文件衔接示例

续上表

要素费用项目编码	清单子目编码	工程或费用名称（或清单子目名称）	单位	设计工程量	清单工程量	单价	合价
JA010225		Grd-Am-2E	m				
	602-7	中央分隔带波形梁钢护栏					
	602-7-7	Grd-Am-2E	m				
JA010226		Grd-A-1E	m				
	602-7	中央分隔带波形梁钢护栏					
	602-7-8	Grd-A-1E	m				
JA010227		Grd-Am-1B1	m				
	602-7	中央分隔带波形梁钢护栏					
	602-7-9	Grd-Am-1B1	m				
JA010228		Grd-Am-1B2	m				
	602-7	中央分隔带波形梁钢护栏					
	602-7-10	Grd-Am-1B2	m				
JA010229		Grd-Am-2C	m				
	602-7	中央分隔带波形梁钢护栏					
	602-7-11	Grd-Am-2C	m				
JA010230		Gr-A-1C	m				
	602-7	中央分隔带波形梁钢护栏					
	602-7-12	Gr-A-1C	m				
JA010231		AT1-1 外展埋入式端头	个				
	602-8	波形梁钢护栏端头					
	602-8-1	AT1-1 外展埋入式	个				
JA010232		AT1-2 外展圆头式端头	个				
	602-8	波形梁钢护栏端头					
	602-8-2	AT1-2 外展圆头式	个				
JA010233		AT1-3 吸能式端头	个				
	602-8	波形梁钢护栏端头					
	602-8-3	AT1-3 吸能式	个				
JA010234		AT2 圆形式端头	个				
	602-8	波形梁钢护栏端头					
	602-8-4	AT2 圆形式	个				
JA0103		缆索护栏	m				
	602-9	缆索护栏					
	602-9-1	路侧缆索护栏	m				
	602-9-2	中央分隔带缆索护栏	m				
JA0104		中央分隔带活动护栏	m				

311

续上表

要素费用项目编码	清单子目编码	工程或费用名称（或清单子目名称）	单位	设计工程量	清单工程量	单价	合价
	602-10	中央分隔带活动护栏					
	602-10-1	钢质插拔式	m				
	602-10-2	钢质伸缩式	m				
	602-10-3	钢管预应力索防撞活动护栏	m				
JA0105		旋转式护栏	m				
	602	护栏					
	602-11	旋转式护栏	m				
JA0106		中墩防护导流块	处				
	602	护栏					
	602-12	中墩防护导流块	处				
JA02		隔离栅和防落网	m				
JA0201		钢板网隔离栅	m				
	603	隔离栅和防落网					
	603-1	钢板网隔离栅	m				
JA0202		编织网隔离栅	m				
	603	隔离栅和防落网					
	603-2	编织网隔离栅	m				
JA0203		焊接网隔离栅	m				
	603	隔离栅和防落网					
	603-3	焊接网隔离栅	m				
JA0204		刺铁丝网隔离栅	m				
	603	隔离栅和防落网					
	603-4	刺铁丝网隔离栅	m				
JA0205		防落网(防抛网)	m				
	603	隔离栅和防落网					
	603-5	防落网(防抛网)	m				
JA03		标志牌	块				
JA0301		单柱式交通标志	块				
	604	道路交通标志					
	604-1	单柱式交通标志	个				
JA0302		双柱式交通标志	块				
	604	道路交通标志					
	604-2	双柱式交通标志	个				
JA0303		三柱式交通标志	块				
	604	道路交通标志					

附表3　分项清单编码格式文件衔接示例

续上表

要素费用项目编码	清单子目编码	工程或费用名称（或清单子目名称）	单位	设计工程量	清单工程量	单价	合价
	604-3	三柱式交通标志	个				
JA0304		门架式交通标志	块				
	604	道路交通标志					
	604-4	门架式交通标志	个				
JA0305		单悬臂式交通标志	块				
	604	道路交通标志					
	604-5	单悬臂式交通标志	个				
JA0306		双悬臂式交通标志	块				
	604	道路交通标志					
	604-6	双悬臂式交通标志	个				
JA0307		附着式交通标志	块				
	604	道路交通标志					
	604-7	附着式交通标志	个				
JA04		标线	m				
JA0401		路面标线	m^2/m				
JA040101		普通路面标线	m^2/m				
	605-1	热熔型涂料路面标线					
	605-1-1	普通型	m^2				
JA040102		普通反光路面标线	m^2/m				
	605-1	热熔型涂料路面标线					
	605-1-2	反光型	m^2				
JA040103		普通振动路面标线	m^2/m				
	605-1	热熔型涂料路面标线					
	605-1-3	震颤标线	m^2				
JA040104		双组分普通路面标线	m^2/m				
	605-3	双组分型涂料路面标线					
	605-3-1	普通型	m^2				
JA040105		双组分反光路面标线	m^2/m				
	605-3	双组分型涂料路面标线					
	605-3-2	反光型	m^2				
JA040106		双组分振动路面标线	m^2/m				
	605-3	双组分型涂料路面标线					
	605-3-3	震颤标线	m^2				
JA040107		溶剂型普通路面标线	m^2/m				
	605-2	溶剂型涂料路面标线					

续上表

要素费用项目编码	清单子目编码	工程或费用名称（或清单子目名称）	单位	设计工程量	清单工程量	单价	合价
	605-2-1	普通型	m²				
JA040108		溶剂型反光路面标线	m²/m				
	605-2	溶剂型涂料路面标线					
	605-2-2	反光型	m²				
JA040109		水性型普通路面标线	m²/m				
	605-4	水性型涂料路面标线					
	605-4-1	普通型	m²				
JA040110		水性型反光路面标线	m²/m				
	605-4	水性型涂料路面标线					
	605-4-2	反光型	m²				
JA040111		预成型标线带	m²/m				
	605	道路交通标线					
	605-5	预成型标线带	m²				
JA040112		彩色铺装标线	m²/m				
	605	道路交通标线					
	605-13	彩色铺装标线	m²				
JA0402		路钮	个				
	605	道路交通标线					
	605-6	突起路标					
	605-6-1	单面突起路标	个				
	605-6-2	双面突起路标	个				
JA0403		减速带	m				
	605	道路交通标线					
	605-10	减速带	m				
JA0404		隆声带	m²				
	605	道路交通标线					
	605-11	隆声带	m²				
JA05		里程碑、百米桩、界碑	个				
JA0501		混凝土里程碑、百米桩、界碑	个				
JA050101		里程碑	个				
	604	道路交通标志					
	604-8	里程碑	个				
JA050102		百米桩	个				
	604	道路交通标志					
	604-10	百米桩	个				

续上表

要素费用项目编码	清单子目编码	工程或费用名称（或清单子目名称）	单位	设计工程量	清单工程量	单价	合价
JA050103		界碑	个				
	604	道路交通标志					
	604-9	公路界碑	个				
JA0502		铝合金里程碑、百米桩、界碑	个				
JA050201		里程碑	个				
	604	道路交通标志					
	604-8	里程碑	个				
JA050202		百米桩	个				
	604	道路交通标志					
	604-10	百米桩	个				
JA050203		界碑	个				
	604	道路交通标志					
	604-9	公路界碑	个				
JA06		视线诱导设施	个				
JA0601		柱式轮廓标	个				
	605-7	视线诱导设施					
	605-7-1	柱式轮廓标	个				
JA0602		附着式轮廓标	个				
	605-7	视线诱导设施					
	605-7-2	附着式轮廓标	个				
JA0603		LDC线形(条型)轮廓标	个				
	605-7	视线诱导设施					
	605-7-3	LDC线形(条型)轮廓标	个				
JA0604		合流诱导标	个				
	605-7	视线诱导设施					
	605-7-4	合流诱导标	个				
JA0605		线形诱导标	个				
	605-7	视线诱导设施					
	605-7-5	线形诱导标	个				
JA0606		隧道轮廓带	个				
	605-7	视线诱导设施					
	605-7-6	隧道轮廓带	个				
JA0607		示警桩	个				
	605-7	视线诱导设施					
	605-7-7	示警桩	个				

续上表

要素费用项目编码	清单子目编码	工程或费用名称（或清单子目名称）	单位	设计工程量	清单工程量	单价	合价
JA0608		示警墩	个				
	605-7	视线诱导设施					
	605-7-8	示警墩	个				
JA0609		道口标柱	个				
	605-7	视线诱导设施					
	605-7-9	道口标柱	个				
JA0610		立面标记	m²/处				
	605	道路交通标线					
	605-8	立面标记	处				
JA0611		锥形路标	个				
	605	道路交通标线					
	605-9	锥形路标	个				
JA0612		道路反光镜	个				
	604	道路交通标志					
	604-13	道路反光镜	个				
JA07		防眩、防撞设施	m				
JA0701		防眩板	块				
	606	防眩设施					
	606-1	防眩板	块				
JA0702		防眩网	m				
	606	防眩设施					
	606-2	防眩网	m				
JA0703		防撞桶	个				
	604	道路交通标志					
	604-11	防撞桶	个				
JA0704		防撞垫	个				
	604	道路交通标志					
	604-15	防撞垫	个				
JA0705		锥形桶	个				
	604	道路交通标志					
	604-12	锥形桶	个				
JA0706		水马	个				
	604	道路交通标志					
	604-14	水马	个				
JA0707		铁马	个				

附表3 分项清单编码格式文件衔接示例

续上表

要素费用项目编码	清单子目编码	工程或费用名称（或清单子目名称）	单位	设计工程量	清单工程量	单价	合价
	604	道路交通标志					
	604-16	铁马	个				
JA0708		车止石	个				
JA08		其他交安设施	m				
JA0801		太阳能设施	个				
JA080101		太阳能多向警示标	个				
	607-1	太阳能设施					
	607-1-1	太阳能多向警示标	个				
JA080102		自发光多向警示标	个				
	607-1	太阳能设施					
	607-1-2	自发光多向警示标	个				
JA080103		黄闪灯	个				
	607-1	太阳能设施					
	607-1-3	黄闪灯	个				
JA080104		太阳能突起路标	个				
	607-1	太阳能设施					
	607-1-4	太阳能突起路标	个				
JA080105		太阳能线性诱导标	个				
	607-1	太阳能设施					
	607-1-5	太阳能线性诱导标	个				
JA080106		太阳能智能视线诱导标	个				
	607-1	太阳能设施					
	607-1-6	太阳能智能视线诱导标	个				
JA080107		太阳能智能边缘视线诱导标	个				
	607-1	太阳能设施					
	607-1-7	太阳能智能边缘视线诱导标	个				
JA080108		太阳能智能道钉	个				
	607-1	太阳能设施					
	607-1-8	太阳能智能道钉	个				
JA0802		蓄能自发光标识	个				
JA080201		自发光路面标识	个				
	607-2	蓄能自发光					
	607-2-1	自发光路面标识	个				
JA080202		自发光柱式轮廓标识	个				
	607-2-2	自发光诱导标识					

续上表

要素费用项目编码	清单子目编码	工程或费用名称（或清单子目名称）	单位	设计工程量	清单工程量	单价	合价
	607-2-2-1	自发光柱式轮廓标识	个				
JA080203		附着式轮廓标识（自发光波纹形标识附着于混凝土挡块上）	个				
	607-2-2	自发光诱导标识					
	607-2-2-2	附着式轮廓标识（自发光波纹形标识附着于混凝土挡块上）	个				
JA080204		附着式轮廓标识（自发光栏式轮廓标识附着于波形护栏上）	个				
	607-2-2	自发光诱导标识					
	607-2-2-3	附着式轮廓标识（自发光栏式轮廓标识附着于波形护栏上）	个				
JA080205		自发光示警柱标识	个				
	607-2	蓄能自发光					
	607-2-3	自发光示警柱标识	根				
JA080206		自发光地名指引标识	t				
	607-2	蓄能自发光					
	607-2-4	自发光地名指引标识	t				
JA080207		自发光应急逃生指引标识	个				
	607-2	蓄能自发光					
	607-2-5	自发光应急逃生指引标识	个				
JA080208		自发光条形标识	个				
	607-2	蓄能自发光					
	607-2-6	自发光条形标识	个				
JA080209		自发光消防报警按钮标识	个				
	607-2	蓄能自发光					
	607-2-7	自发光消防报警按钮标识	个				
JA080210		自发光消防灭火设施指示标识	个				
	607-2	蓄能自发光					
	607-2-8	自发光消防灭火设施指示标识	个				
JA080211		LED蓄能自发光标识	个				
	607-2	蓄能自发光					
	607-2-9	LED蓄能自发光标识	个				
JA0803		限高架	个				
	607	其他设施					
	607-3	限高架	处				

附表3 分项清单编码格式文件衔接示例

续上表

要素费用项目编码	清单子目编码	工程或费用名称（或清单子目名称）	单位	设计工程量	清单工程量	单价	合价
JA0804		凸面镜	个				
	607	其他设施					
	607-4	凸面镜	个				
JA0805		避险车道	处/m³				
	607-5	避险车道					
	607-5-1	制动床集料	m³				
JA09		安全设施拆除工程	km				
JA0901		拆除铝合金标志	个				
JA0902		拆除混凝土护栏	m³/m				
JA0903		拆除波形梁护栏	m				
JA0904		拆除隔离栅	m				
JA0905		拆除里程牌	个				
JA0906		拆除百米牌	个				
JA0907		拆除界碑	个				
JA0908		拆除防眩板	m				
JA0909		拆除突起路标	块				
JA0910		铲除标线	m²/m				
JA10		公交岗亭	个				
10702		收费系统	车道/处				
1070201		收费中心	处				
	802-12	收费中(分)心计算机系统					
	802-12-1	服务器	台				
	802-12-2	工作站(计算机)	台				
	802-12-3	磁盘阵列	台				
	802-12-4	打印机	台				
	802-12-5	刻录机	台				
	802-12-6	以太网交换机	台				
	802-12-7	光纤收发器	台				
	802-12-8	路由器	台				
	802-12-9	交换机	台				
	802-12-10	集线器	台				
	803-12-11	IPSAN存储服务器	台				
	805-6	管理及办公软件					
	805-6-1	办公软件	套				
	805-6-2	工具软件	套				

续上表

要素费用项目编码	清单子目编码	工程或费用名称（或清单子目名称）	单位	设计工程量	清单工程量	单价	合价
	805-6-3	其他软件	套				
1070202		收费站	车道/处				
107020201		收费岛工程	收费车道				
	608-3	收费岛	个				
	608-3-1	单向收费岛	个				
	608-3-2	双向收费岛	个				
	608-4	预埋管线	m				
	608-5	架设管线	m				
107020202		收费车道	收费车道				
10702020201		ETC车道	车道				
	802	收费系统					
	802-1	非接触IC卡、IC卡	张				
	802-2	非接触IC卡读写器	个				
	802-3	收费车道（人工、ETC车道、计重收费车道）					
	802-3-1	车道计算机	台				
	802-3-2	显示器	台				
	802-3-3	专用键盘	个				
	802-3-4	车道控制器	套				
	802-3-5	车道栏杆	套				
	802-3-6	票据打印机	台				
	802-3-7	费额显示器	套				
	802-3-8	语音报价器	台				
	802-3-9	信号灯	套				
	802-3-10	雾灯	套				
	802-3-11	声光报警器	套				
	802-3-12	微波读写天线（RSU）	套				
	802-3-14	收费车道集线器	台				
	802-4	报警装置					
	802-4-1	报警控制器	台				
	802-4-2	脚踏报警开关	个				
	802-4-3	手动报警按钮	个				
	802-5	对讲机					
	802-5-1	对讲主机	台				
	802-5-2	对讲分机	台				

续上表

要素费用项目编码	清单子目编码	工程或费用名称（或清单子目名称）	单位	设计工程量	清单工程量	单价	合价
	802-6	自动投包存款机	台				
	802-7	自动发卡机	套				
	802-8	自动刷卡机	台				
	802-9	防静电地板	m²				
	802-11	收费操作台	套				
10702020202		计重车道	车道				
	802	收费系统					
	802-1	非接触IC卡、IC卡	张				
	802-2	非接触IC卡读写器	个				
	802-3	收费车道（人工、ETC车道、计重收费车道）					
	802-3-1	车道计算机	台				
	802-3-2	显示器	台				
	802-3-3	专用键盘	个				
	802-3-4	车道控制器	套				
	802-3-5	车道栏杆	套				
	802-3-6	票据打印机	台				
	802-3-7	费额显示器	套				
	802-3-8	语音报价器	台				
	802-3-9	信号灯	套				
	802-3-10	雾灯	套				
	802-3-11	声光报警器	套				
	802-3-12	微波读写天线（RSU）	套				
	802-3-13	计重收费车道	条				
	802-3-14	收费车道集线器	台				
	802-4	报警装置					
	802-4-1	报警控制器	台				
	802-4-2	脚踏报警开关	个				
	802-4-3	手动报警按钮	个				
	802-5	对讲机					
	802-5-1	对讲主机	台				
	802-5-2	对讲分机	台				
	802-6	自动投包存款机	台				
	802-7	自动发卡机	套				
	802-8	自动刷卡机	台				

续上表

要素费用项目编码	清单子目编码	工程或费用名称（或清单子目名称）	单位	设计工程量	清单工程量	单价	合价
	802-9	防静电地板	m²				
	802-11	收费操作台	套				
10702020203		混合车道	车道				
	802	收费系统					
	802-1	非接触IC卡、IC卡	张				
	802-2	非接触IC卡读写器	个				
	802-3	收费车道（人工、ETC车道、计重收费车道）					
	802-3-1	车道计算机	台				
	802-3-2	显示器	台				
	802-3-3	专用键盘	个				
	802-3-4	车道控制器	套				
	802-3-5	车道栏杆	套				
	802-3-6	票据打印机	台				
	802-3-7	费额显示器	套				
	802-3-8	语音报价器	台				
	802-3-9	信号灯	套				
	802-3-10	雾灯	套				
	802-3-11	声光报警器	套				
	802-3-12	微波读写天线（RSU）	套				
	802-3-14	收费车道集线器	台				
	802-4	报警装置					
	802-4-1	报警控制器	台				
	802-4-2	脚踏报警开关	个				
	802-4-3	手动报警按钮	个				
	802-5	对讲机					
	802-5-1	对讲主机	台				
	802-5-2	对讲分机	台				
	802-6	自动投包存款机	台				
	802-7	自动发卡机	套				
	802-8	自动刷卡机	台				
	802-9	防静电地板	m²				
	802-11	收费操作台	套				
10702020204		收费亭	个				
	802-10	收费亭					

续上表

要素费用项目编码	清单子目编码	工程或费用名称（或清单子目名称）	单位	设计工程量	清单工程量	单价	合价
	802-10-1	单人收费亭	套				
	802-10-2	双人收费亭	套				
107020203		收费站机房	处				
	802	收费系统					
	802-12	收费中(分)心计算机系统					
	802-12-1	服务器	台				
	802-12-2	工作站(计算机)	台				
	802-12-3	磁盘阵列	台				
	802-12-4	打印机	台				
	802-12-5	刻录机	台				
	802-12-6	以太网交换机	台				
	802-12-7	光纤收发器	台				
	802-12-8	路由器	台				
	802-12-9	交换机	台				
	802-12-10	集线器	台				
	803-12-11	IPSAN存储服务器	台				
	805	专用软件					
	805-2	收费软件	套				
	805-6	管理及办公软件					
	805-6-1	办公软件	套				
	805-6-2	工具软件	套				
	805-6-3	其他软件	套				
107020204		匝道预收费系统	处				
1070203		收费系统配电工程	收费车道				
	807	供配电照明系统					
	807-2	低压配电装置					
	807-2-1	低压配电柜	台				
	807-2-2	电容补偿柜	台				
	807-2-3	低压开关柜	台				
	807-2-4	低压母线槽	m				
	807-2-5	信号屏	台				
	807-2-6	负荷开关	台				
	807-2-7	控制屏	台				
	807-3	模拟屏	套				
	807-4	(配电)控制箱、柜					

续上表

要素费用项目编码	清单子目编码	工程或费用名称（或清单子目名称）	单位	设计工程量	清单工程量	单价	合价
	807-4-1	配电箱	台				
	807-4-2	控制箱	台				
	807-4-3	机柜	台				
	807-5	变压器					
	807-5-1	干式变压器	台				
	807-5-2	油浸电力变压器	台				
	807-5-3	组合式成套箱变	台				
	807-5-4	电杆	根				
	807-6	柴油发电机组	套				
	807-7	电源					
	807-7-1	高频开关电源(含蓄电池)	台				
	807-7-2	稳压电源	台				
	807-7-3	不间断电源(UPS)	台				
	807-7-4	应急电源(EPS)	台				
	807-7-5	配电屏	套				
	807-10	可再生能源供电设备					
	807-10-1	风光互补供电设备	套				
	807-10-2	太阳能供电设备	套				
	807-11	电力监控设备(系统)	套				
	808	防雷接地系统					
	808-1	接闪器					
	808-1-1	避雷针	套				
	808-1-2	避雷带	m				
	808-1-3	避雷网	m				
	808-1-4	避雷线	m				
	808-2	防雷器					
	808-2-1	电源防雷器	套				
	808-2-2	信号防雷器	套				
	808-2-3	视频防雷器	套				
	808-3	避雷引下线	m				
	808-4	接地装置					
	808-4-1	接地铜排	块				
	808-4-2	镀锌扁钢	m				
	808-4-3	镀锌角钢	根				
	808-5	接地电阻	套				

附表3 分项清单编码格式文件衔接示例

续上表

要素费用项目编码	清单子目编码	工程或费用名称（或清单子目名称）	单位	设计工程量	清单工程量	单价	合价
	809	管道工程					
	809-1	铺设管道					
	809-1-1	铺设塑料管	m				
	809-1-2	铺设镀锌钢管	m				
	809-1-3	铺设钢塑管	m				
	809-1-4	铺设硅芯管	m				
	809-1-5	铺设栅格管	m				
	809-2	过桥管箱					
	809-2-1	钢制过桥管箱	m				
	809-2-2	玻璃钢过桥管箱	m				
	809-3	预埋管线					
	809-3-1	预埋镀锌钢管类	m				
	809-3-2	预埋塑料管类	m				
	809-3-3	预埋钢塑管类	m				
	809-4	架设管线					
	809-4-1	架设镀锌钢管类	m				
	809-4-2	架设塑料管类	m				
	809-4-3	架设钢塑管类	m				
	809-5	人(手)孔					
	809-5-1	人孔	座				
	809-5-2	手孔	座				
	809-6	电缆					
	809-6-1	电力电缆	m				
	809-6-2	控制电缆	m				
	809-6-3	通信电缆	m				
	809-6-4	穿刺线夹	个				
	809-7	通信光缆(光纤)					
	809-7-1	单模光缆	m				
	809-7-2	多模光缆	m				
	809-8	线槽					
	809-8-1	金属线槽	m				
	809-8-2	塑料线槽	m				
	809-9	桥架、支架					
	809-9-1	桥架	m				
	809-9-2	支架	付				

续上表

要素费用项目编码	清单子目编码	工程或费用名称（或清单子目名称）	单位	设计工程量	清单工程量	单价	合价
	809-10	管道包封	m³				
10703		监控系统	公路公里				
1070301		监控中心、分中心	处				
107030101		监控中心	处				
	804-14	监控中(分)心计算机系统					
	804-14-1	服务器	台				
	804-14-2	工作站(计算机)	台				
	804-14-3	磁盘阵列	台				
	804-14-4	刻录机	台				
	804-14-5	以太网交换机	台				
	804-14-6	光纤收发器	台				
	804-14-7	路由器	台				
	804-14-8	集线器	台				
	805-1	监控软件					
	805-1-1	通信控制软件	套				
	805-1-2	监控管理软件	套				
	805-1-3	图形监控软件	套				
	805-6	管理及办公软件					
	805-6-1	办公软件	套				
	805-6-2	工具软件	套				
	805-6-3	其他软件	套				
	809-3	预埋管线					
	809-3-1	预埋镀锌钢管类	m				
	809-3-2	预埋塑料管类	m				
	809-3-3	预埋钢塑管类	m				
	809-4	架设管线					
	809-4-1	架设镀锌钢管类	m				
	809-4-2	架设塑料管类	m				
	809-4-3	架设钢塑管类	m				
	809-6	电缆					
	809-6-1	电力电缆	m				
	809-6-2	控制电缆	m				
	809-6-3	通信电缆	m				
	809-6-4	穿刺线夹	个				
	809-7	通信光缆(光纤)					

续上表

要素费用项目编码	清单子目编码	工程或费用名称(或清单子目名称)	单位	设计工程量	清单工程量	单价	合价
	809-7-1	单模光缆	m				
	809-7-2	多模光缆	m				
107030102		监控分中心	处				
	804-14	监控中(分)心计算机系统					
	804-14-1	服务器	台				
	804-14-2	工作站(计算机)	台				
	804-14-3	磁盘阵列	台				
	804-14-4	刻录机	台				
	804-14-5	以太网交换机	台				
	804-14-6	光纤收发器	台				
	804-14-7	路由器	台				
	804-14-8	集线器	台				
	805-1	监控软件					
	805-1-1	通信控制软件	套				
	805-1-2	监控管理软件	套				
	805-1-3	图形监控软件	套				
	805-6	管理及办公软件					
	805-6-1	办公软件	套				
	805-6-2	工具软件	套				
	805-6-3	其他软件	套				
	809-3	预埋管线					
	809-3-1	预埋镀锌钢管类	m				
	809-3-2	预埋塑料管类	m				
	809-3-3	预埋钢塑管类	m				
	809-4	架设管线					
	809-4-1	架设镀锌钢管类	m				
	809-4-2	架设塑料管类	m				
	809-4-3	架设钢塑管类	m				
	809-6	电缆					
	809-6-1	电力电缆	m				
	809-6-2	控制电缆	m				
	809-6-3	通信电缆	m				
	809-6-4	穿刺线夹	个				
	809-7	通信光缆(光纤)					
	809-7-1	单模光缆	m				

续上表

要素费用项目编码	清单子目编码	工程或费用名称（或清单子目名称）	单位	设计工程量	清单工程量	单价	合价
	809-7-2	多模光缆	m				
107030103		其他管理站	处				
	804-14	监控中(分)心计算机系统					
	804-14-1	服务器	台				
	804-14-2	工作站(计算机)	台				
	804-14-3	磁盘阵列	台				
	804-14-4	刻录机	台				
	804-14-5	以太网交换机	台				
	804-14-6	光纤收发器	台				
	804-14-7	路由器	台				
	804-14-8	集线器	台				
	805-1	监控软件					
	805-1-1	通信控制软件	套				
	805-1-2	监控管理软件	套				
	805-1-3	图形监控软件	套				
	805-6	管理及办公软件					
	805-6-1	办公软件	套				
	805-6-2	工具软件	套				
	805-6-3	其他软件	套				
	809-3	预埋管线					
	809-3-1	预埋镀锌钢管类	m				
	809-3-2	预埋塑料管类	m				
	809-3-3	预埋钢塑管类	m				
	809-4	架设管线					
	809-4-1	架设镀锌钢管类	m				
	809-4-2	架设塑料管类	m				
	809-4-3	架设钢塑管类	m				
	809-6	电缆					
	809-6-1	电力电缆	m				
	809-6-2	控制电缆	m				
	809-6-3	通信电缆	m				
	809-6-4	穿刺线夹	个				
	809-7	通信光缆(光纤)					
	809-7-1	单模光缆	m				
	809-7-2	多模光缆	m				

续上表

要素费用项目编码	清单子目编码	工程或费用名称（或清单子目名称）	单位	设计工程量	清单工程量	单价	合价
1070302		外场监控	公路公里				
	804	监控系统					
	804-1	可变信息标志或可变情报板					
	804-1-1	可变信息板	m²				
	804-1-2	标杆	套				
	804-3	气象检测器					
	804-3-1	能见度检测器	套				
	804-3-2	温度、湿度检测器	套				
	804-3-3	路面状态检测器	套				
	804-3-4	雨量检测器	套				
	804-3-5	风向风速检测器	套				
	804-3-6	隧道一氧化碳检测器	套				
	804-4	监控摄像机					
	804-4-1	高速球型摄像机	套				
	804-4-2	半球型摄像机	套				
	804-4-3	枪式摄像机	套				
	804-4-4	抓拍摄像机	套				
	804-4-5	闪光灯	套				
	804-4-6	补光灯	套				
	804-5	对讲机					
	804-5-1	对讲主机	部				
	804-5-2	对讲分机	部				
	804-6	车辆检测器					
	804-6-1	环形线圈车辆检测器	套				
	804-6-2	视频车辆检测器	套				
	804-6-3	微波车辆检测器	套				
	804-6-4	超声波车辆检测器	套				
	804-7	超速检测报警系统					
	804-7-1	车速检测单元、报警单元	套				
	804-8	大型信息显示设施					
	804-8-1	地图板	套				
	804-8-2	大屏幕投影	套				
	804-8-3	LED显示屏	套				
	804-9	监视设施					
	804-9-1	监视器	台				

续上表

要素费用项目编码	清单子目编码	工程或费用名称（或清单子目名称）	单位	设计工程量	清单工程量	单价	合价
	804-9-2	监视器墙	套				
	804-9-3	控制台、操作台	台				
	804-10	硬盘录像机	台				
	804-11	视频控制设施					
	804-11-1	矩阵切换控制器	台				
	804-11-2	多画面分割器	台				
	804-11-3	图像字符叠加器	套				
	804-11-4	视频分配器	套				
	804-11-5	视频编码器	套				
	804-11-6	视频解码器	套				
	804-12	区域控制器					
	804-12-1	主区域控制器	套				
	804-12-2	区域控制器	套				
	804-13	监控设备箱、柜	台				
1070303		监控系统配电工程	公路公里				
	805	专用软件					
	805-4	电力监控软件	套				
	807	供配电照明系统					
	807-2	低压配电装置					
	807-2-1	低压配电柜	台				
	807-2-2	电容补偿柜	台				
	807-2-3	低压开关柜	台				
	807-2-4	低压母线槽	m				
	807-2-5	信号屏	台				
	807-2-6	负荷开关	台				
	807-2-7	控制屏	台				
	807-3	模拟屏	套				
	807-4	(配电)控制箱、柜					
	807-4-1	配电箱	台				
	807-4-2	控制箱	台				
	807-4-3	机柜	台				
	807-5	变压器					
	807-5-1	干式变压器	台				
	807-5-2	油浸电力变压器	台				
	807-5-3	组合式成套箱变	台				

附表3　分项清单编码格式文件衔接示例

续上表

要素费用项目编码	清单子目编码	工程或费用名称（或清单子目名称）	单位	设计工程量	清单工程量	单价	合价
	807-5-4	电杆	根				
	807-6	柴油发电机组	套				
	807-7	电源					
	807-7-1	高频开关电源（含蓄电池）	台				
	807-7-2	稳压电源	台				
	807-7-3	不间断电源（UPS）	台				
	807-7-4	应急电源（EPS）	台				
	807-7-5	配电屏	套				
	807-10	可再生能源供电设备					
	807-10-1	风光互补供电设备	套				
	807-10-2	太阳能供电设备	套				
	807-11	电力监控设备（系统）	套				
	807-12	供电照明监控系统计算机					
	807-12-1	照明控制计算机（服务器）	台				
	807-12-2	照明控制器	套				
	808	防雷接地系统					
	808-1	接闪器					
	808-1-1	避雷针	套				
	808-1-2	避雷带	m				
	808-1-3	避雷网	m				
	808-1-4	避雷线	m				
	808-2	防雷器					
	808-2-1	电源防雷器	套				
	808-2-2	信号防雷器	套				
	808-2-3	视频防雷器	套				
	808-3	避雷引下线	m				
	808-4	接地装置					
	808-4-1	接地铜排	块				
	808-4-2	镀锌扁钢	m				
	808-4-3	镀锌角钢	根				
	808-5	接地电阻	套				
	809	管道工程					
	809-1	铺设管道					
	809-1-1	铺设塑料管	m				
	809-1-2	铺设镀锌钢管	m				

续上表

要素费用项目编码	清单子目编码	工程或费用名称（或清单子目名称）	单位	设计工程量	清单工程量	单价	合价
	809-1-3	铺设钢塑管	m				
	809-1-4	铺设硅芯管	m				
	809-1-5	铺设栅格管	m				
	809-2	过桥管箱					
	809-2-1	钢制过桥管箱	m				
	809-2-2	玻璃钢过桥管箱	m				
	809-3	预埋管线					
	809-3-1	预埋镀锌钢管类	m				
	809-3-2	预埋塑料管类	m				
	809-3-3	预埋钢塑管类	m				
	809-4	架设管线					
	809-4-1	架设镀锌钢管类	m				
	809-4-2	架设塑料管类	m				
	809-4-3	架设钢塑管类	m				
	809-5	人(手)孔					
	809-5-1	人孔	座				
	809-5-2	手孔	座				
	809-6	电缆					
	809-6-1	电力电缆	m				
	809-6-2	控制电缆	m				
	809-6-3	通信电缆	m				
	809-6-4	穿刺线夹	个				
	809-7	通信光缆(光纤)					
	809-7-1	单模光缆	m				
	809-7-2	多模光缆	m				
	809-8	线槽					
	809-8-1	金属线槽	m				
	809-8-2	塑料线槽	m				
	809-9	桥架、支架					
	809-9-1	桥架	m				
	809-9-2	支架	付				
	809-10	管道包封	m³				
10704		通信系统	公路公里				
1070401		通信设备及安装	公路公里				
	803	通信系统					

续上表

要素费用项目编码	清单子目编码	工程或费用名称（或清单子目名称）	单位	设计工程量	清单工程量	单价	合价
	803-1	光纤数字传输系统					
	803-1-1	分插复用器(ADM)	套				
	803-1-2	干线光中继设备(REG)	套				
	803-1-3	光纤线路终端(OLT)	套				
	803-1-4	光纤网络单元(ONU)	套				
	803-1-5	光纤网络数字传输平台	套				
	803-1-6	网管终端	套				
	803-1-7	便携式网管	套				
	803-1-8	光纤配线架(ODF)	套				
	803-1-9	数字配线架(DDF)	套				
	803-1-10	协议转换器	套				
	803-1-11	光、数综合配线柜	套				
	803-2	程控数字交换系统					
	803-2-1	程控数字交换机	套				
	803-2-2	总配线架(MDF)	套				
	803-2-3	话务台	台				
	803-2-4	电话机	台				
	803-2-5	传真机	台				
	803-2-6	维护终端	台				
	803-2-7	IP指令电话终端	套				
	803-3	视频会议系统					
	803-3-1	视频会议服务器	台				
	803-3-2	会议室终端	套				
	803-3-3	PC桌面型终端	套				
	803-3-4	电话接入网关	台				
	803-4	交换机					
	803-4-1	以太网交换机	台				
	803-4-2	快速以太网交换机	台				
	803-4-3	千兆以太网交换机	台				
	803-5	光端机	台				
	803-6	尾纤	根				
	803-7	跳线	条				
	803-8	光缆终端盒	个				
	803-9	光缆接续	对				
	803-10	光缆接头(续)盒	个				

续上表

要素费用项目编码	清单子目编码	工程或费用名称（或清单子目名称）	单位	设计工程量	清单工程量	单价	合价
	803-11	接线箱	套				
	803-12	插座	套				
	803-13	分支器	套				
	803-14	综合布线					
	803-14-1	同轴电缆	m				
	803-14-2	双绞线	m				
	803-15	通信中(分)心计算机系统					
	803-15-1	服务器	台				
	803-15-2	工作站(计算机)	台				
	803-15-3	磁盘阵列	台				
	803-15-4	刻录机	台				
	803-15-5	光纤收发器	台				
	803-15-6	路由器	台				
	803-15-7	集线器	台				
	803-16	高频开关组合电源					
	803-16-1	嵌入式高频开关电源	套				
	803-17	免维蓄电池组	组				
1070402		管道和线缆	km				
107040201		缆线	公路公里				
	809-6	电缆					
	809-6-1	电力电缆	m				
	809-6-2	控制电缆	m				
	809-6-3	通信电缆	m				
	809-6-4	穿刺线夹	个				
	809-7	通信光缆(光纤)					
	809-7-1	单模光缆	m				
	809-7-2	多模光缆	m				
	809-8	线槽					
	809-8-1	金属线槽	m				
	809-8-2	塑料线槽	m				
107040202		管道	km				
	809	管道工程					
	809-1	铺设管道					
	809-1-1	铺设塑料管	m				
	809-1-2	铺设镀锌钢管	m				

续上表

要素费用项目编码	清单子目编码	工程或费用名称（或清单子目名称）	单位	设计工程量	清单工程量	单价	合价
	809-1-3	铺设钢塑管	m				
	809-1-4	铺设硅芯管	m				
	809-1-5	铺设栅格管	m				
	809-2	过桥管箱					
	809-2-1	钢制过桥管箱	m				
	809-2-2	玻璃钢过桥管箱	m				
	809-3	预埋管线					
	809-3-1	预埋镀锌钢管类	m				
	809-3-2	预埋塑料管类	m				
	809-3-3	预埋钢塑管类	m				
	809-4	架设管线					
	809-4-1	架设镀锌钢管类	m				
	809-4-2	架设塑料管类	m				
	809-4-3	架设钢塑管类	m				
	809-5	人(手)孔					
	809-5-1	人孔	座				
	809-5-2	手孔	座				
	809-9	桥架、支架					
	809-9-1	桥架	m				
	809-9-2	支架	付				
	809-10	管道包封	m³				
107040203		人(手)孔	个				
	809-5	人(手)孔					
	809-5-1	人孔	座				
	809-5-2	手孔	座				
10705		隧道机电工程	km/座				
1070501		K×+××× 某某隧道	km				
SJ01		隧道监控	m				
	804	监控系统					
	804-1	可变信息标志或可变情报板					
	804-1-1	可变信息板	m²				
	804-1-2	标杆	套				
	804-2	交通控制信号					
	804-2-1	车道指示器	套				
	804-2-2	交通信号灯	组				

续上表

要素费用项目编码	清单子目编码	工程或费用名称（或清单子目名称）	单位	设计工程量	清单工程量	单价	合价
	804-2-3	交通信号杆	套				
	804-2-4	交通信号机箱	套				
	804-3	气象检测器					
	804-3-1	能见度检测器	套				
	804-3-2	温度、湿度检测器	套				
	804-3-3	路面状态检测器	套				
	804-3-4	雨量检测器	套				
	804-3-5	风向风速检测器	套				
	804-3-6	隧道一氧化碳检测器	套				
	804-4	监控摄像机					
	804-4-1	高速球型摄像机	套				
	804-4-2	半球型摄像机	套				
	804-4-3	枪式摄像机	套				
	804-4-4	抓拍摄像机	套				
	804-4-5	闪光灯	套				
	804-4-6	补光灯	套				
	804-5	对讲机					
	804-5-1	对讲主机	部				
	804-5-2	对讲分机	部				
	804-6	车辆检测器					
	804-6-1	环形线圈车辆检测器	套				
	804-6-2	视频车辆检测器	套				
	804-6-3	微波车辆检测器	套				
	804-6-4	超声波车辆检测器	套				
	804-7	超速检测报警系统					
	804-7-1	车速检测单元、报警单元	套				
	804-8	大型信息显示设施					
	804-8-1	地图板	套				
	804-8-2	大屏幕投影	套				
	804-8-3	LED显示屏	套				
	804-9	监视设施					
	804-9-1	监视器	台				
	804-9-2	监视器墙	套				
	804-9-3	控制台、操作台	台				
	804-10	硬盘录像机	台				

续上表

要素费用项目编码	清单子目编码	工程或费用名称（或清单子目名称）	单位	设计工程量	清单工程量	单价	合价
	804-11	视频控制设施					
	804-11-1	矩阵切换控制器	台				
	804-11-2	多画面分割器	台				
	804-11-3	图像字符叠加器	套				
	804-11-4	视频分配器	套				
	804-11-5	视频编码器	套				
	804-11-6	视频解码器	套				
	804-12	区域控制器					
	804-12-1	主区域控制器	套				
	804-12-2	区域控制器	套				
	804-13	监控设备箱、柜	台				
	804-15	交通流量调查站	台				
	805	专用软件					
	805-4	电力监控软件	套				
SJ02		隧道供电及照明系统	m				
	807	供配电照明系统					
	807-1	高压配电装置					
	807-1-1	高压配电柜	台				
	807-1-2	高压开关柜	台				
	807-1-3	高压母线槽	m				
	807-1-4	中压环网柜	台				
	807-2	低压配电装置					
	807-2-1	低压配电柜	台				
	807-2-2	电容补偿柜	台				
	807-2-3	低压开关柜	台				
	807-2-4	低压母线槽	m				
	807-2-5	信号屏	台				
	807-2-6	负荷开关	台				
	807-2-7	控制屏	台				
	807-3	模拟屏	套				
	807-4	（配电）控制箱、柜					
	807-4-1	配电箱	台				
	807-4-2	控制箱	台				
	807-4-3	机柜	台				
	807-5	变压器					

续上表

要素费用项目编码	清单子目编码	工程或费用名称（或清单子目名称）	单位	设计工程量	清单工程量	单价	合价
	807-5-1	干式变压器	台				
	807-5-2	油浸电力变压器	台				
	807-5-3	组合式成套箱变	台				
	807-5-4	电杆	根				
	807-6	柴油发电机组	套				
	807-7	电源					
	807-7-1	高频开关电源（含蓄电池）	台				
	807-7-2	稳压电源	台				
	807-7-3	不间断电源（UPS）	台				
	807-7-4	应急电源（EPS）	台				
	807-7-5	配电屏	套				
	807-9	隧道、地道照明灯具					
	807-9-1	LED 灯	套				
	807-9-2	高压钠灯	套				
	807-9-3	隧道应急灯	套				
	807-10	可再生能源供电设备					
	807-10-1	风光互补供电设备	套				
	807-10-2	太阳能供电设备	套				
	807-11	电力监控设备（系统）	套				
	807-12	供电照明监控系统计算机					
	807-12-1	照明控制计算机（服务器）	台				
	807-12-2	照明控制器	套				
	808	防雷接地系统					
	808-1	接闪器					
	808-1-1	避雷针	套				
	808-1-2	避雷带	m				
	808-1-3	避雷网	m				
	808-1-4	避雷线	m				
	808-2	防雷器					
	808-2-1	电源防雷器	套				
	808-2-2	信号防雷器	套				
	808-2-3	视频防雷器	套				
	808-3	避雷引下线	m				
	808-4	接地装置					
	808-4-1	接地铜排	块				

续上表

要素费用项目编码	清单子目编码	工程或费用名称（或清单子目名称）	单位	设计工程量	清单工程量	单价	合价
	808-4-2	镀锌扁钢	m				
	808-4-3	镀锌角钢	根				
	808-5	接地电阻	套				
	809	管道工程					
	809-1	铺设管道					
	809-1-1	铺设塑料管	m				
	809-1-2	铺设镀锌钢管	m				
	809-1-3	铺设钢塑管	m				
	809-1-4	铺设硅芯管	m				
	809-1-5	铺设栅格管	m				
	809-2	过桥管箱					
	809-2-1	钢制过桥管箱	m				
	809-2-2	玻璃钢过桥管箱	m				
	809-3	预埋管线					
	809-3-1	预埋镀锌钢管类	m				
	809-3-2	预埋塑料管类	m				
	809-3-3	预埋钢塑管类	m				
	809-4	架设管线					
	809-4-1	架设镀锌钢管类	m				
	809-4-2	架设塑料管类	m				
	809-4-3	架设钢塑管类	m				
	809-5	人(手)孔					
	809-5-1	人孔	座				
	809-5-2	手孔	座				
	809-6	电缆					
	809-6-1	电力电缆	m				
	809-6-2	控制电缆	m				
	809-6-3	通信电缆	m				
	809-6-4	穿刺线夹	个				
	809-7	通信光缆(光纤)					
	809-7-1	单模光缆	m				
	809-7-2	多模光缆	m				
	809-8	线槽					
	809-8-1	金属线槽	m				
	809-8-2	塑料线槽	m				

续上表

要素费用项目编码	清单子目编码	工程或费用名称（或清单子目名称）	单位	设计工程量	清单工程量	单价	合价
	809-9	桥架、支架					
	809-9-1	桥架	m				
	809-9-2	支架	付				
	809-10	管道包封	m³				
SJ03		隧道通风系统	m				
	806-1	隧道通风系统					
	806-1-1	射流风机	台				
	806-1-2	轴流风机	台				
	806-1-3	通风区域控制器	台				
	806-1-4	风机配电、控制箱	台				
SJ04		隧道消防系统	m				
	805	专用软件					
	805-5	火灾报警系统配套软件	套				
	806	通风、消防系统					
	806-2	火灾检测与报警系统					
	806-2-1	火灾自动报警控制器	套				
	806-2-2	手动火灾报警按钮	个				
	806-2-3	火灾报警综合盘	台				
	806-2-4	报警器	个				
	806-2-5	其他报警装置	套				
	806-2-6	双波长火焰探测器	个				
	806-2-7	光纤感温自动探测器	个				
	806-2-8	线性差定温电缆探测器	个				
	806-2-9	光电烟感报警器	个				
	806-2-10	图像火灾报警器	套				
	806-3	紧急呼叫与广播系统					
	806-3-1	切换控制器	台				
	806-3-2	功率放大器	台				
	806-3-3	音控器	台				
	806-3-4	扩音机（广播扬声器）	个				
	806-3-5	紧急电话主机	套				
	806-3-6	隧道紧急电话分机	部				
	806-4	消防器材					
	806-4-1	干粉灭火器	具				
	806-4-2	泡沫灭火器	具				

续上表

要素费用项目编码	清单子目编码	工程或费用名称（或清单子目名称）	单位	设计工程量	清单工程量	单价	合价
	806-4-3	水成膜泡沫灭火装置	套				
	806-4-4	防火面具	套				
	806-5	消火栓					
	806-5-1	隧道内消火栓	套				
	806-5-2	隧道外消火栓	套				
	806-6	消防管道					
	806-6-1	镀锌钢管	m				
	806-6-2	铸铁管	m				
	806-7	阀门					
	806-7-1	闸阀	个				
	806-7-2	碟阀	个				
	806-7-3	止回阀	个				
	806-7-4	不锈钢管道伸缩器	只				
	806-7-5	水位计	套				
	806-8	阀门井					
	806-8-1	混凝土阀门井	座				
	806-8-2	砌筑阀门井	座				
	806-9	泵房	座				
	806-10	水井	座				
	806-11	水泵					
	806-11-1	离心泵	台				
	806-11-2	潜水泵	台				
	806-11-3	水泵结合器	套				
	806-11-4	水泵控制箱(柜)	套				
	806-12	水池					
	806-12-1	蓄水池	座				
	806-12-2	集水池	座				
	806-13	消防防火门					
	806-13-1	人行防火门	m²				
	806-13-2	车行防火门	m²				
	806-14	消防设施其他混凝土或砌体工程					
	806-14-1	钢筋混凝土	m³				
	806-14-2	砖石砌体	m³				
	806-15	消防控制箱	台				
	806-16	紧急电话、广播系统计算机					

续上表

要素费用项目编码	清单子目编码	工程或费用名称（或清单子目名称）	单位	设计工程量	清单工程量	单价	合价
	806-16-1	紧急电话计算机	台				
	806-16-2	广播系统主机	台				
	806-16-3	网络音视频服务器	台				
	806-17	消防系统计算机					
	806-17-1	火灾报警计算机	台				
SJ05		洞室门	个				
	510-2	消防设施					
	510-2-2	消防洞室防火门	套				
SJ06		其他	m				
1070502		K×+××× 某某隧道	km				
10706		供电及照明系统	km				
1070601		供电系统设备及安装	km				
	807	供配电照明系统					
	807-1	高压配电装置					
	807-1-1	高压配电柜	台				
	807-1-2	高压开关柜	台				
	807-1-3	高压母线槽	m				
	807-1-4	中压环网柜	台				
	807-2	低压配电装置					
	807-2-1	低压配电柜	台				
	807-2-2	电容补偿柜	台				
	807-2-3	低压开关柜	台				
	807-2-4	低压母线槽	m				
	807-2-5	信号屏	台				
	807-2-6	负荷开关	台				
	807-2-7	控制屏	台				
	807-3	模拟屏	套				
	807-4	(配电)控制箱、柜					
	807-4-1	配电箱	台				
	807-4-2	控制箱	台				
	807-4-3	机柜	台				
	807-5	变压器					
	807-5-1	干式变压器	台				
	807-5-2	油浸电力变压器	台				
	807-5-3	组合式成套箱变	台				

续上表

要素费用项目编码	清单子目编码	工程或费用名称（或清单子目名称）	单位	设计工程量	清单工程量	单价	合价
	807-5-4	电杆	根				
	807-6	柴油发电机组	套				
	807-7	电源					
	807-7-1	高频开关电源(含蓄电池)	台				
	807-7-2	稳压电源	台				
	807-7-3	不间断电源(UPS)	台				
	807-7-4	应急电源(EPS)	台				
	807-7-5	配电屏	套				
	807-10	可再生能源供电设备					
	807-10-1	风光互补供电设备	套				
	807-10-2	太阳能供电设备	套				
	807-11	电力监控设备(系统)	套				
	807-12	供电照明监控系统计算机					
	807-12-1	照明控制计算机(服务器)	台				
	807-12-2	照明控制器	套				
	808	防雷接地系统					
	808-1	接闪器					
	808-1-1	避雷针	套				
	808-1-2	避雷带	m				
	808-1-3	避雷网	m				
	808-1-4	避雷线	m				
	808-2	防雷器					
	808-2-1	电源防雷器	套				
	808-2-2	信号防雷器	套				
	808-2-3	视频防雷器	套				
	808-3	避雷引下线	m				
	808-4	接地装置					
	808-4-1	接地铜排	块				
	808-4-2	镀锌扁钢	m				
	808-4-3	镀锌角钢	根				
	808-5	接地电阻	套				
	809	管道工程					
	809-1	铺设管道					
	809-1-1	铺设塑料管	m				
	809-1-2	铺设镀锌钢管	m				

续上表

要素费用项目编码	清单子目编码	工程或费用名称（或清单子目名称）	单位	设计工程量	清单工程量	单价	合价
	809-1-3	铺设钢塑管	m				
	809-1-4	铺设硅芯管	m				
	809-1-5	铺设栅格管	m				
	809-2	过桥管箱					
	809-2-1	钢制过桥管箱	m				
	809-2-2	玻璃钢过桥管箱	m				
	809-3	预埋管线					
	809-3-1	预埋镀锌钢管类	m				
	809-3-2	预埋塑料管类	m				
	809-3-3	预埋钢塑管类	m				
	809-4	架设管线					
	809-4-1	架设镀锌钢管类	m				
	809-4-2	架设塑料管类	m				
	809-4-3	架设钢塑管类	m				
	809-5	人(手)孔					
	809-5-1	人孔	座				
	809-5-2	手孔	座				
	809-6	电缆					
	809-6-1	电力电缆	m				
	809-6-2	控制电缆	m				
	809-6-3	通信电缆	m				
	809-6-4	穿刺线夹	个				
	809-7	通信光缆(光纤)					
	809-7-1	单模光缆	m				
	809-7-2	多模光缆	m				
	809-8	线槽					
	809-8-1	金属线槽	m				
	809-8-2	塑料线槽	m				
	809-9	桥架、支架					
	809-9-1	桥架	m				
	809-9-2	支架	付				
	809-10	管道包封	m³				
1070602		照明系统设备及安装	km				
	807-8	路灯					
	807-8-1	道路杆灯(灯杆<15m)	套				

附表3 分项清单编码格式文件衔接示例

续上表

要素费用项目编码	清单子目编码	工程或费用名称（或清单子目名称）	单位	设计工程量	清单工程量	单价	合价
	807-8-2	高杆灯(灯杆≥15m)	套				
	807-8-3	桥梁杆灯	套				
	807-8-4	庭院灯	套				
	807-9	隧道、地道照明灯具					
	807-9-1	LED灯	套				
	807-9-2	高压钠灯	套				
	807-9-3	隧道应急灯	套				
1070603		景观照明	km				
	807-8	路灯					
	807-8-1	道路杆灯(灯杆<15m)	套				
	807-8-2	高杆灯(灯杆≥15m)	套				
	807-8-3	桥梁杆灯	套				
	807-8-4	庭院灯	套				
	807-9	隧道、地道照明灯具					
	807-9-1	LED灯	套				
	807-9-2	高压钠灯	套				
	807-9-3	隧道应急灯	套				
10707		管理、养护、服务房建工程	m²/处				
1070705		收费站	m²/处				
107070501		××收费站	m²/m²				
10707050102		室外工程	m²				
1070705010204		收费站大棚	m²				
	608	收费设施及地下管道					
	608-2	收费天棚	m²				
108		绿化及环境保护工程	公路公里				
10801		主线绿化及环境保护工程	公路公里				
LH01		铺设表土	m³/m²				
LH0101		造型土	m³				
	702-1	开挖并铺设表土					
	702-1-1	造型土	m³				
	702-2	铺设利用的表土					
	702-2-1	造型土	m³				
LH0102		种植土	m³				
	702-1	开挖并铺设表土					
	702-1-2	种植土	m³				

续上表

要素费用项目编码	清单子目编码	工程或费用名称（或清单子目名称）	单位	设计工程量	清单工程量	单价	合价
	702-2	铺设利用的表土					
	702-2-2	种植土	m³				
LH02		撒播草种和铺植草皮	m²/km				
LH0201		撒播草种(含喷播)	m²				
	703	撒播草种和铺植草皮					
	703-1	撒播草种(含喷播)	m²				
LH0202		撒播草种及花卉、灌木籽(含喷播)	m²				
	703	撒播草种和铺植草皮					
	703-2	撒播草种及花卉、灌木籽(含喷播)	m²				
LH0203		先点播灌木后喷播草种	m²				
	703	撒播草种和铺植草皮					
	703-3	先点播灌木后喷播草种	m²				
LH0204		铺植草皮	m²				
	703	撒播草种和铺植草皮					
	703-4	铺植草皮	m²				
LH0205		三维土工网植草	m²				
	703	撒播草种和铺植草皮					
	703-5	三维土工网植草	m²				
LH0206		土工格室植草	m²				
	703	撒播草种和铺植草皮					
	703-6	土工格室植草	m²				
LH0207		客土喷播	m²				
	703	撒播草种和铺植草皮					
	703-7	客土喷播	m²				
LH0208		植生袋	m²				
	703	撒播草种和铺植草皮					
	703-8	植生袋	m²				
LH0209		绿地喷灌系统	m²				
	703-9	绿地喷灌系统					
	703-9-1	喷灌管道	m				
	703-9-2	喷灌喷头	个				
	703-9-3	阀门、水表	个				
	703-9-4	阀门井	座				
	703-9-5	洒水栓	个				
LH03		种植乔木、灌木和攀缘植物	棵/km				

附表3 分项清单编码格式文件衔接示例

续上表

要素费用项目编码	清单子目编码	工程或费用名称（或清单子目名称）	单位	设计工程量	清单工程量	单价	合价
LH0301		种植乔木	棵				
	704	种植乔木、灌木和攀缘植物					
	704-1	人工种植乔木	棵				
LH0302		种植灌木	棵				
	704	种植乔木、灌木和攀缘植物					
	704-2	人工种植灌木	棵				
LH0303		片植灌木	m²				
	704	种植乔木、灌木和攀缘植物					
	704-3	人工片植灌木	m²				
LH0304		种植攀缘植物	棵				
	704	种植乔木、灌木和攀缘植物					
	704-4	人工种植攀缘植物	棵				
LH0305		片植攀缘植物	m²				
	704	种植乔木、灌木和攀缘植物					
	704-5	人工片植攀缘植物	m²				
LH0306		人工种植竹类	棵(丛)				
	704	种植乔木、灌木和攀缘植物					
	704-6	人工种植竹类	棵(丛)				
LH0307		种植棕榈类	棵				
	704	种植乔木、灌木和攀缘植物					
	704-7	人工种植棕榈类	棵				
LH0308		栽植绿篱	m				
	704	种植乔木、灌木和攀缘植物					
	704-8	人工栽植绿篱	棵				
LH0309		移栽乔木	棵				
	704	种植乔木、灌木和攀缘植物					
	704-9	移栽乔木	棵				
LH0310		移栽灌木	棵(m²)				
	704	种植乔木、灌木和攀缘植物					
	704-10	移栽灌木	棵				
LH0311		移栽草皮	m²				
	704	种植乔木、灌木和攀缘植物					
	704-11	移栽草皮	棵				
LH04		绿化景观工程	处				
LH0401		景观石	处				

续上表

要素费用项目编码	清单子目编码	工程或费用名称（或清单子目名称）	单位	设计工程量	清单工程量	单价	合价
	708	绿化景观工程					
	708-1	景观石	处				
LH0402		假山	座				
	708	绿化景观工程					
	708-2	假山	座				
LH05		声屏障	m				
LH0501		路基段	m				
	706	声屏障					
	706-1	路基段	m				
LH0502		桥梁段	m				
	706	声屏障					
	706-2	桥梁段	m				
LH06		隔声窗	户/m²				
	706	声屏障					
	706-3	隔声窗	m²				
LH07		其他环境保护工程	km				
LH0701		沉淀池	座				
	707	其他环境保护工程					
	707-1	沉淀池	座				
LH0702		油水分离池	座				
	707	其他环境保护工程					
	707-2	油水分离池	座				
110		专项费用	元				
11001		施工场地建设费	元				
	102	工程管理					
	102-1	竣工文件	总额				
	102-2	施工环保费	总额				
	103	临时工程与设施					
	103-4	临时供水与排污设施	总额				
	104	承包人驻地建设					
	104-1	承包人驻地建设（含标准化工地建设）	总额				
11002		安全生产费	元				
	102	工程管理					
	102-3	安全生产费	总额				

附表3 分项清单编码格式文件衔接示例

续上表

要素费用 项目编码	清单子目 编码	工程或费用名称 （或清单子目名称）	单位	设计 工程量	清单 工程量	单价	合价
2		**第二部分　土地使用及拆迁补偿费**	公路公里				
201		土地使用费	亩				
20102		临时用地	亩				
	103-2	临时占地	总额				
3		**第三部分　工程建设其他费用**	公路公里				
301		建设项目管理费	公路公里				
30102		建设项目信息化费	公路公里				
	102-4	信息化系统(暂估价)	总额				
307		工程保通管理费	公路公里				
	102-5	交通管制					
	102-5-1	陆上交通管制	总额				
	102-5-2	水上交通管制	总额				
308		工程保险费	公路公里				
	101-1	保险费					
	101-1-1	按合同条款规定,提供建筑工程一切险	总额				
4		**第四部分　预备费**	公路公里				
401		基本预备费	公路公里				
	003	暂列金额(工程量清单)	总额